建筑与市政工程施工现场八大员岗位读本

劳 务 员

本书编委会 编

中国建筑工业出版社

图书在版编目(CIP)数据

劳务员/《劳务员》编委会编.—北京：中国建筑工业出版社，2014.7
（建筑与市政工程施工现场八大员岗位读本）
ISBN 978-7-112-16740-1

Ⅰ.①劳… Ⅱ.①劳… Ⅲ.①建筑工业-劳务-管理-岗位培训-自学参考资料 Ⅳ.①F407.94

中国版本图书馆CIP数据核字(2014)第074312号

本书根据《建筑与市政工程施工现场专业人员职业标准》（JGJ/T 250—2011）以及工程建设有关的技术规范、标准为依据，结合工程应用的实际，将规范、标准要求具体化、系统化，使理论与实践有机地融为一体。主要介绍了劳务员基础知识、建筑业劳务管理计划、劳务人员资格审查与培训、劳务分包管理、劳动合同管理、劳动纠纷处理、劳务资料管理等内容。

本书可作为建筑工程劳务管理人员的专业培训教材，也可作为建筑工程劳务人员参考用书。

* * *

责任编辑：武晓涛　张　磊
责任设计：董建平
责任校对：陈晶晶　姜小莲

本书配有教学课件，如有需要请发送邮件至289052980@qq.com索取。

建筑与市政工程施工现场八大员岗位读本
劳　务　员
本书编委会　编

*

中国建筑工业出版社出版、发行（北京西郊百万庄）
各地新华书店、建筑书店经销
北京红光制版公司制版
廊坊市海涛印刷有限公司印刷

*

开本：787×1092毫米　1/16　印张：11¾　字数：295千字
2014年11月第一版　2015年11月第四次印刷
定价：27.00元
ISBN 978-7-112-16740-1
(25504)

版权所有　翻印必究
如有印装质量问题，可寄本社退换
（邮政编码　100037）

本书编委会

主　编　杨　振

参　编　于　涛　　丁备战　　万绕涛　　勾永久
　　　　　左丹丹　　刘思蕾　　刘　洋　　吕德龙
　　　　　邢丽娟　　李　凤　　李延红　　李德建
　　　　　李　慧　　闵祥义　　张素敏　　张　鹏
　　　　　张　静　　赵长歌　　孟红梅　　周天华
　　　　　顾祖嘉　　徐境鸿　　梁东渊　　韩广会

前 言

随着我国建筑业的不断改革和发展,其产业结构也发生了深刻的变化,原来的固化劳动用工制度被打破,形成了多元化用工方式。随着建筑企业对施工作业劳务分包进度的推进,出现了一些深层次的矛盾和问题严重扰乱了建筑市场秩序,如招工不规范、私招滥雇、非法用工、违法劳务分包、劳务分包合同争议等。加强对建筑企业劳动用工管理,提高劳务队伍职业素质,规范建设工程劳务作业分包行为,维护建筑业劳动者的合法权益,促进建筑业的健康发展,是一项系统工作,迫切需要培养一批具有专业知识和技能的施工现场劳务管理人员。

为了加强建筑工程施工现场专业人员队伍建设,规范专业人员的职业能力评价,指导专业人员的使用与教育培训,确保工程质量和安全生产,住房和城乡建设部制定了《建筑与市政工程施工现场专业人员职业标准》(JGJ/T 250—2011),本文主要依据该标准及相关规范、条文,详细地介绍了建筑施工现场劳务员应掌握的基础知识、岗位知识及专业技能。本书内容由浅入深、从理论到实践、涉及内容广泛、方便查阅、可操作性强。

本书可作为建筑工程劳务管理人员的专业培训教材,也可作为建筑工程劳务人员参考用书。

限于作者水平及阅历,加之编写时间仓促,书中错误及疏漏之处在所难免,恳请广大读者与专家批评指正。

目 录

1 劳务员基础知识 ·· 1
　1.1 劳务员职业能力标准与评价 ··· 1
　　1.1.1 劳务员职业能力标准 ··· 1
　　1.1.2 劳务员职业能力评价 ··· 3
　1.2 劳务员的工作职责 ·· 4
　　1.2.1 劳务计划管理 ··· 4
　　1.2.2 务工人员管理 ··· 4
　　1.2.3 劳动合同管理 ··· 5
　　1.2.4 劳务纠纷处理 ··· 5
　　1.2.5 劳务资料管理 ··· 6
　1.3 流动人口管理和劳动保护 ·· 6
　　1.3.1 流动人口管理 ··· 6
　　1.3.2 劳动保护 ·· 7
　1.4 信访工作基本知识 ·· 9
　　1.4.1 信访工作机构、职责与法律责任 ···································· 9
　　1.4.2 信访渠道与事项的提出和受理 ······································ 11
　　1.4.3 信访人的权利和义务 ··· 12
　1.5 人力资源开发及管理 ··· 13
　　1.5.1 人力资源管理概念 ·· 13
　　1.5.2 人员招聘及动态管理 ··· 14
　　1.5.3 员工培训 ·· 17
　　1.5.4 绩效管理 ·· 18
　　1.5.5 薪酬管理 ·· 19
　1.6 财务管理 ·· 21
　　1.6.1 成本与费用 ··· 21
　　1.6.2 收入与利润 ··· 21

2 建筑业劳务管理计划 ··· 23
　2.1 施工劳动力的类型和结构特点 ·· 23
　　2.1.1 施工劳动力的类型 ·· 23
　　2.1.2 施工劳动力的结构特点 ·· 23
　2.2 劳务用工需求量计划编制 ·· 24
　　2.2.1 劳务用工需求量的预测 ·· 24
　　2.2.2 劳动力需求计划的编制原则和要求 ······························· 24

目　录

  2.2.3　劳动力总需求计划的编制方法 ……………………………… 24
 2.3　劳务用工需求量计算和编制表格 …………………………………… 25
  2.3.1　劳务用工需求量的计算方法 ………………………………… 25
  2.3.2　劳务用工需求量的编制表格 ………………………………… 26
 2.4　劳动力计划平衡的方法 ……………………………………………… 29
  2.4.1　劳动力负荷曲线 ……………………………………………… 29
  2.4.2　劳动力计划平衡 ……………………………………………… 29
 2.5　劳务管理计划的编制 ………………………………………………… 30
  2.5.1　劳务管理计划的含义与内容 ………………………………… 30
  2.5.2　劳务管理计划的过程与措施 ………………………………… 30

3　劳务人员资格审查与培训 …………………………………………………… 34
 3.1　建筑业企业资质评定 ………………………………………………… 34
  3.1.1　企业资质的类别和等级 ……………………………………… 34
  3.1.2　施工总承包企业资质等级标准 ……………………………… 34
  3.1.3　专业承包企业资质等级标准 ………………………………… 38
  3.1.4　建筑业劳务分包企业资质标准 ……………………………… 51
 3.2　劳务队伍资质验证 …………………………………………………… 56
  3.2.1　资格要求 ……………………………………………………… 56
  3.2.2　业绩要求 ……………………………………………………… 57
  3.2.3　政策管理要求 ………………………………………………… 57
 3.3　劳务人员身份、职业资格核验 ……………………………………… 57
  3.3.1　劳务人员通用要求 …………………………………………… 57
  3.3.2　劳务施工队人员持证上岗规范标准 ………………………… 58
  3.3.3　证书审验标准和工作流程 …………………………………… 58
 3.4　施工队伍的信用考核评价 …………………………………………… 59
  3.4.1　施工队伍综合评价的内容 …………………………………… 59
  3.4.2　施工队伍综合评价的方法 …………………………………… 60
  3.4.3　施工队伍综合评价的标准 …………………………………… 60
 3.5　劳务人员实名制管理 ………………………………………………… 62
  3.5.1　实名制管理的作用 …………………………………………… 62
  3.5.2　实名制管理的内容和重点 …………………………………… 63
  3.5.3　实名制管理的程序 …………………………………………… 64
  3.5.4　实名制管理的政府监管 ……………………………………… 66
 3.6　劳务人员培训 ………………………………………………………… 66
  3.6.1　劳务人员培训计划的编制 …………………………………… 66
  3.6.2　劳务培训的实施 ……………………………………………… 69
  3.6.3　劳务培训效果的评估 ………………………………………… 71

4　劳务分包管理 ………………………………………………………………… 74
 4.1　劳务分包的概念与形式 ……………………………………………… 74

目 录

  4.1.1 劳务分包的概念 ·· 74
  4.1.2 劳务分包的形式 ·· 74
 4.2 劳务分包招标投标管理 ·· 75
  4.2.1 劳务分包招标投标基础知识 ··· 75
  4.2.2 劳务分包招标投标工作内容 ··· 76
  4.2.3 劳务分包招标投标工作流程 ··· 81
  4.2.4 劳务分包招标投标备案管理 ··· 82
 4.3 劳务分包合同管理 ··· 83
  4.3.1 劳务分包合同的主体与形式 ··· 83
  4.3.2 劳务分包合同主要内容和条款 ··· 84
  4.3.3 劳务分包合同价款的确定 ·· 87
  4.3.4 劳务分包合同管理 ·· 88
 4.4 劳务分包作业管理 ··· 92
  4.4.1 劳务分包队伍进出场管理 ·· 92
  4.4.2 劳务分包质量管理 ·· 93
  4.4.3 劳务分包进度管理 ·· 102
  4.4.4 劳务分包成本管理 ·· 107
 4.5 劳务分包费用管理 ··· 119
  4.5.1 劳务人员工资的计算方式 ·· 119
  4.5.2 劳务费结算与支付管理的程序 ··· 119
  4.5.3 劳务费结算与兑付的制度要求 ··· 120
  4.5.4 劳务费结算支付报表制度 ·· 120

5 劳动合同管理 ·· 121
 5.1 劳动合同基础知识 ··· 121
  5.1.1 劳动合同的概念 ·· 121
  5.1.2 劳动合同的种类 ·· 121
  5.1.3 劳动合同的形式 ·· 123
 5.2 劳动合同的必备条款 ··· 124
  5.2.1 劳动用工模式 ·· 124
  5.2.2 劳动合同期限和试用期限 ·· 125
  5.2.3 工作内容和工作时间 ··· 125
  5.2.4 劳动工资报酬的确定与支付 ··· 126
  5.2.5 劳动者基本权益保护条款 ·· 126
 5.3 劳动合同的订立、变更与解除 ··· 127
  5.3.1 劳动合同的订立 ·· 127
  5.3.2 劳动合同的履行 ·· 131
  5.3.3 劳动合同的变更 ·· 133
  5.3.4 劳动合同的解除与终止 ··· 135
  5.3.5 劳动合同的违约责任 ··· 138

5.4 劳动合同的管理与审查 ……………………………………………………… 139
   5.4.1 劳动合同的管理 ………………………………………………………… 139
   5.4.2 劳动合同的审查 ………………………………………………………… 140

6 劳动纠纷处理 …………………………………………………………………… 142
6.1 劳动纠纷处理基础知识 …………………………………………………… 142
   6.1.1 劳动纠纷的概念 ………………………………………………………… 142
   6.1.2 劳动纠纷的构成 ………………………………………………………… 142
   6.1.3 劳动纠纷的特征 ………………………………………………………… 142
   6.1.4 劳动纠纷的类型 ………………………………………………………… 143
   6.1.5 劳动纠纷处理的范围 …………………………………………………… 144
6.2 劳动纠纷的处理方法 ……………………………………………………… 145
   6.2.1 纠纷处理的合同内方法 ………………………………………………… 146
   6.2.2 劳动纠纷协商 …………………………………………………………… 146
   6.2.3 劳动纠纷调解 …………………………………………………………… 149
   6.2.4 劳动纠纷仲裁 …………………………………………………………… 155
   6.2.5 劳动纠纷诉讼 …………………………………………………………… 158
6.3 劳务工资纠纷的应急预案 ………………………………………………… 162
   6.3.1 劳务工资纠纷的表现及原因 …………………………………………… 162
   6.3.2 劳务工资纠纷应急处理的原则 ………………………………………… 162
   6.3.3 劳务工资纠纷应急预案的编制 ………………………………………… 163
   6.3.4 劳务工资纠纷应急预案的实施要点 …………………………………… 165
   6.3.5 劳务工资纠纷的解决方法及途径 ……………………………………… 166
6.4 工伤事故善后处理工作 …………………………………………………… 168
   6.4.1 工伤及工伤的认定 ……………………………………………………… 168
   6.4.2 工伤或伤亡职工的治疗与抚恤 ………………………………………… 168
   6.4.3 工伤及伤亡保险事项的处理 …………………………………………… 171

7 劳务资料管理 …………………………………………………………………… 174
7.1 劳务资料的收集与整理 …………………………………………………… 174
   7.1.1 劳务管理资料的种类与内容 …………………………………………… 174
   7.1.2 劳务资料管理 …………………………………………………………… 176
7.2 劳务资料档案编制 ………………………………………………………… 178
   7.2.1 劳务管理资料档案编制要求 …………………………………………… 178
   7.2.2 劳务管理资料档案保管 ………………………………………………… 178

参考文献 ………………………………………………………………………… 180

1 劳务员基础知识

1.1 劳务员职业能力标准与评价

1.1.1 劳务员职业能力标准

1. 职业能力标准的一般规定

(1) 建筑与市政工程施工现场专业人员应具有中等职业（高中）教育及以上学历，并具有一定实际工作经验，且身心健康。

(2) 建筑与市政工程施工现场专业人员应具备必要的表达、计算以及计算机应用能力。

(3) 建筑与市政工程施工现场专业人员主要应具备以下职业素养：

1) 具有社会责任感和良好的职业操守，诚实守信，严谨务实，爱岗敬业，团结协作。
2) 遵守相关法律法规、标准和管理规定。
3) 树立安全至上、质量第一的理念，坚持安全生产、文明施工。
4) 具有节约资源、保护环境的意识。
5) 具有终生学习理念，不断学习新知识、新技能。

(4) 建筑与市政工程施工现场专业人员工作责任，标准规定分为"负责"、"参与"两个层次。

1) "负责"表示行为实施主体是工作任务的责任人和主要承担人。
2) "参与"表示行为实施主体是工作任务的次要承担人。

(5) 建筑与市政工程施工现场专业人员教育培训的目标要求，本标准规定，专业知识的认知目标要求分为"了解"、"熟悉"以及"掌握"三个层次。

1) "了解"是最低水平要求，是指对所列知识有一定的认识和记忆。
2) "熟悉"是次高水平要求，包括能记忆所列知识，并能对所列知识加以叙述和概括。
3) "掌握"是最高水平要求，包括能记忆所列知识，并能对所列知识加以叙述和概括，同时能运用知识分析和解决实际问题。

2. 劳务员职业能力标准要求

(1) 劳务员的工作职责主要分为以下几个方面：

1) 劳务管理计划：
① 参与制定劳务管理计划。
② 参与组建项目劳务管理机构和制定劳务管理制度。

2) 资格审查培训：

①负责验证劳务分包队伍资质，办理登记备案；参与劳务分包合同签订，对劳务队伍现场施工管理情况进行考核评价。

②负责审核劳务人员身份、资格，办理登记备案。

③参与组织劳务人员培训。

3）劳动合同管理：

①参与或监督劳务人员劳动合同的签订、变更、解除、终止及参加社会保险等工作。

②负责或监督劳务人员进出场及用工管理。

③负责劳务结算资料的收集整理，参与劳务费的结算。

④参与或监督劳务人员工资支付，负责劳务人员工资公示及台账的建立。

4）劳务纠纷处理：

①参与编制、实施劳务纠纷应急预案。

②参与调解、处理劳务纠纷和工伤事故的善后工作。

5）劳务资料管理：

①负责编制劳务队伍和劳务人员管理资料。

②负责汇总、整理、移交劳务管理资料。

(2) 劳务员应具备的专业技能主要包括以下几方面内容：

1）劳务管理计划。能够参与编制劳务需求及培训计划。

2）资格审查培训：

①能够验证劳务队伍资质。

②能够审验劳务人员身份、职业资格。

③能够对劳务分包合同进行评审，对劳务队伍进行综合评价。

3）劳动合同管理：

①能够对劳动合同进行规范性审查。

②能够核实劳务分包款、劳务人员工资。

③能够建立劳务人员个人工资台账。

4）劳务纠纷处理：

①能够参与编制劳务人员工资纠纷应急预案，并组织实施。

②能够参与调解、处理劳资纠纷和工伤事故的善后工作。

5）劳务资料管理。能够编制、收集、整理劳务管理资料。

(3) 劳务员应掌握的专业知识主要有：

1）通用知识：

①熟悉国家工程建设相关法律法规。

②了解工程材料的基本知识。

③了解施工图识读的基本知识。

④了解工程施工工艺和方法。

⑤熟悉工程项目管理的基本知识。

2）基础知识：

①熟悉流动人口管理和劳动保护的相关规定。

②掌握信访工作的基本知识。

③ 了解人力资源开发及管理的基本知识。
④ 了解财务管理的基本知识。
3）岗位知识：
① 熟悉与本岗位相关的标准和管理规定。
② 熟悉劳务需求的统计计算方法和劳动定额的基本知识。
③ 掌握建筑劳务分包管理、劳动合同、工资支付和权益保护的基本知识。
④ 掌握劳务纠纷常见形式、调解程序和方法。
⑤ 了解社会保险的基本知识。

1.1.2 劳务员职业能力评价

1. 劳务员职业能力评价的一般要求

（1）建筑与市政工程施工现场专业人员的职业能力评价，采取专业学历、职业经历以及专业能力评价相结合的综合评价方法。其中专业能力评价采用专业能力测试方法。

（2）专业能力测试主要包括专业知识和专业技能测试，应重点考查运用相关专业知识和专业技能解决工程实际问题的能力。

（3）建筑与市政工程施工现场专业人员参加职业能力评价，其施工现场职业实践年限应符合表1-1的规定。

施工现场职业实践最少年限（年）　　　　　　表1-1

岗位名称	土建类本专业专科及以上学历	土建类相关专业专科及以上学历	土建类本专业中职学历	土建类相关专业中职学历	非土建类中职以上学历
施工员、质量员、安全员、标准员、机械员	1	2	3	4	—
材料员、劳务员、资料员	1	2	3	4	4

（4）建筑与市政工程施工现场劳务员专业能力测试的内容，应符合本章1.1.1节中"2. 劳务员职业能力标准要求"的规定。

（5）建筑与市政工程施工现场专业人员专业能力测试，专业知识部分应采取闭卷笔试方式；专业技能部分应以闭卷笔试方式为主，具备条件的可部分采用现场实操测试。专业知识考试时间宜为2小时，专业技能考试时间宜为2.5小时。

（6）建筑与市政工程施工现场专业人员专业能力测试，专业知识和专业技能考试均采取百分制。专业知识和专业技能考试成绩同时合格，方为专业能力测试合格。

（7）已通过施工员、质量员职业能力评价的专业人员，参加其他岗位的职业能力评价，可免试部分专业知识。

（8）建筑与市政工程施工现场专业人员的职业能力评价，应由省级住房和城乡建设行政主管部门统一组织实施。

（9）对专业能力测试合格，且专业学历和职业经历符合规定的建筑与市政工程施工现场专业人员，颁发职业能力评价合格证书。

2. 劳务员专业能力测试权重

劳务员专业能力测试权重应符合表 1-2 的规定。

劳务员专业能力测试权重表　　　　　　　　　　表 1-2

项　次	分　类	评价权重
专业技能	劳务管理计划	0.10
	资格审查校训	0.20
	劳动合同管理	0.40
	劳务纠纷处理	0.20
	劳务资料管理	0.10
	小计	1.00
专业知识	通用知识	0.20
	基础知识	0.40
	岗位知识	0.40
	小计	1.00

1.2　劳务员的工作职责

1.2.1　劳务计划管理

随着工人维权意识和劳务管理要求的不断提高，劳务员在具体工作中主要应抓好以下几个方面工作：

（1）参与制定劳务管理计划。具体落实劳务用工管理，适度地提高企业管理要求。在现有阶段，施工企业设立劳务管理岗位，将劳务管理职责固定到人，形成劳务管理明晰化、纠纷问题有人管的格局。

（2）引导建筑业工人自我维权，逐步增强他们自我管理的意识。在建筑业，农民工是施工企业的主体，也是建筑工程的创作者，增强他们的自我维权、自我管理意识，不仅可以保障工人的权益，还能够从根本上提高施工企业的劳务管理能力。

（3）引导社会加大对建筑业农民工的关注，全面构建农民工管理和服务体系。要通过对农民工进行全方位的关怀，解决他们的居住、教育以及医疗等现实问题，使他们留得住、干得好、少顾虑。

1.2.2　务工人员管理

1. 务工人员资格审查培训

（1）负责验证劳务分包队伍资质，办理登记备案。参与劳务分包合同签订，对劳务队伍现场施工管理情况进行考核评价。

（2）负责审核劳务人员身份、资格，办理登记备案。

（3）参与组织劳务人员培训。

2. 务工人员的考勤管理

(1) 考勤是发放工资的依据之一，必须指定专人负责。

(2) 劳务分包项目考勤表由劳务公司负责填报，在规定日期前必须报总包企业项目部劳务管理员汇总备查。

(3) 各作业班组务工人员的考勤，由经济责任人指定或委托班组长负责，务工人员互相监督核对，经责任人审查确认后，原件在规定日期前交项目部财务入账，复制1份交劳务管理员留存供相关部门备查。

(4) 务工人员必须严格遵守项目部的劳动纪律。工作时间不迟到、早退，不得无故缺勤。请病假、事假须办理请假手续，未经同意擅自休假按旷工处理，并且连续旷工超过规定的天数的视为自行解除劳动合同处理。

(5) 施工现场的务工人员必须按入场的时间、真实姓名按实考勤，不得弄虚作假，故意伪造考勤表，虚报多报人数冒领工资款，一经查实，应严厉处罚。

3. 务工人员工资发放管理

(1) 为了保证务工人员工资的顺利发放，建立职工工资支付保证制度，按工程合同的规定比例存入工资保证支付账户。

(2) 务工人员的工资发放，要根据出勤及完成工作量的情况，由作业班组负责编制工资发放表并报项目部审核。按月支付务工人员的工资，且工资月支付数额不得低于当地企业最低工资标准。

(3) 务工人员凭身份证、劳动合同以及录用胸卡领取工资。未签订劳动合同和未持有效证件的人员，工资不予发放。

(4) 实施劳务作业分包的，由劳务分包企业专（兼）职劳动管理员负责务工人员的考勤和工资发放表的编制，工资发放表和完成的工作量报公司项目部审核并存档。经核实后支付约定劳务分包工程款，并督促劳务分包单位及时并按规定要求发放务工人员的工资。

1.2.3 劳动合同管理

(1) 参与或监督劳务人员劳动合同的签订、变更、解除、终止以及参加社会保险等工作。

(2) 参与或监督劳务人员工资支付，负责劳务人员工资公示及台账的建立。

(3) 负责劳务结算资料的收集整理，参与劳务费的结算。

(4) 负责或监督劳务人员进出场及用工管理。

1.2.4 劳务纠纷处理

(1) 加强施工现场务工人员的规范管理，尽可能减少和杜绝劳务纠纷。深入了解务工人员的思想动态，及早发现纠纷的苗头和不稳定因素，把劳务纠纷消除在萌芽状态。

(2) 做好劳务纠纷预防工作，建立完善务工人员的管理台账（即施工现场务工人员考勤表、工资发放表以及务工人员情况登记表）。

(3) 在施工现场醒目位置张挂劳务纠纷投诉电话，并告知接待人姓名，以确保投诉举报渠道畅通。

(4) 对投诉内容受理人员应做好记录，并及时查明情况，迅速做出处理，以防事态扩大。

(5) 接到行业管理或相关部门投诉信息后，受理人应及时与当事人取得联系，查清劳务纠纷原因，并做好协调处理工作，处理结果如实地反馈相关单位。

(6) 充分发挥企业调解会的作用，尽可能把劳务纠纷做到内部消化解决，努力构建和谐社会氛围。

(7) 尽力遏制无理取闹、恶意讨要工资行为，坚决打击黑社会势力的敲诈行为。

(8) 对随意拖欠或克扣务工人员工资，对公司声誉造成不良影响的人员，公司应对其通报批评并做出相应的处罚。

1.2.5 劳务资料管理

(1) 负责编制劳务队伍和劳务人员管理资料。
(2) 负责汇总、整理、移交劳务管理资料。

1.3 流动人口管理和劳动保护

1.3.1 流动人口管理

1. 流动人口享有的权益

流动人口享有的权益主要有以下几点：
(1) 享有就业、生活和居住的城镇公共服务的权益。
(2) 享有社会保障的权益。
(3) 享有在流入地就业的权益。
(4) 享有子女平等接受义务教育权益。
(5) 享有改善居住条件的权益。
(6) 享有医疗保障的权益。
(7) 享有计划生育服务的权益。
(8) 享有就业服务和培训的权益。
(9) 享有参与政治活动的权益。

2. 流动人口权益的保障

目前我国已经初步形成了包括社会救助、社会保险、社会福利、优抚安置以及住房保障等多层次的社会保障体系框架。然而，现行的社会保障制度基本上是以城镇人口为基础的，流动人口的社会保障仍然处于初步探索阶段。妥善解决流动人口的社会保障问题，是社会和谐的不可或缺的因素。

由于流动人口具有很高的流动性，从现实和可操作性的角度上讲，流动人口权益保障体系的构建不可能一步到位，因此，为了确保流动人口与城市户籍人口一样，享受公平的社会保障待遇，应建立内容多元化的社会保险体系，真正解除流动人口在工伤、医疗、失业、养老以及相关方面的后顾之忧。

3. 流动人口从业管理

中华人民共和国国务院令第370号《无照经营查处取缔办法》由2002年12月18日

1.3 流动人口管理和劳动保护

国务院第67次常务会议通过,要求任何单位和个人不得违反法律、法规的规定,从事无照经营。

对于依照法律、法规规定,须经许可审批的涉及人体健康、公共安全、安全生产、环境保护以及自然资源开发利用等的经营活动,许可审批部门必须严格依照法律、法规规定的条件和程序进行许可审批。工商行政管理部门必须凭许可审批部门颁发的许可证或者其他批准文件办理注册登记手续,核发营业执照。

4. 政府部门对流动人口管理职责

政府部门对流动人口的主要管理职责见表1-3。

政府部门对流动人口的管理职责 表1-3

序号	管理职责	内容
1	公安机关负责对流动人口的户籍管理和治安管理	(1) 办理暂住户口登记,签发和查验"暂住证"; (2) 对流动人口中3年内有犯罪记录的和有违法犯罪嫌疑的人员进行重点控制; (3) 对出租房屋、施工工地、路边店、集贸市场、文化娱乐场所等流动人口的落脚点以及活动场所,进行治安整顿和治安管理; (4) 依法严厉打击流窜犯罪活动,建立健全的社会治安防范网络; (5) 协助民政部门开展收容遣送工作; (6) 与有关部门一起疏导"民工潮"
2	劳动部门负责对流动就业人员的劳动管理与就业服务	(1) 为流动就业人员提供就业信息和职业介绍、就业训练、社会保险等服务; (2) 对施工单位招聘使用的外地人员、个人流动就业情况进行调控和管理; (3) 办理"外出就业登记卡"和"外来人员就业证"; (4) 对用人单位和职业介绍机构遵守有关法规的情况进行劳动监察,维护劳动力市场秩序; (5) 依法处理用人单位与外来务工经商人员有关的劳动争议,保护双方的合法权益; (6) 负责疏导"民工潮"
3	建设部门	(1) 负责对成建制施工队伍和工地的管理以及流动人口聚集地的规划管理,协助有关部门落实流动人口管理的各项措施; (2) 负责小城镇的开发建设,促进农村剩余劳动力的就地就近转移; (3) 负责对房屋出租的管理和市容、环境卫生的监察

1.3.2 劳动保护

劳动保护是指在生产过程中,为了确保员工的安全与健康,改善劳动条件以及防止职业病和工伤事故所采取的一系列措施。劳动保护的目的主要是为劳动者创造安全、卫生、舒适的工作条件,消除和预防劳动生产过程中可能发生的伤亡、职业病和急性职业中毒,保障劳动者的身心健康,促进劳动生产率的提高。

1. 不同环境下劳动保护措施

为了能够更好地保护劳动者的职业健康、人身权利以及安全生产,我国《职业病防治法》、《安全生产法》以及其他相关法律法规对不同的作业环境下的劳动保护措施做出了一系列规定，详见表1-4。

不同的作业环境下的劳动保护措施　　　　　　　　　　表1-4

序号	保护措施	内　　容
1	防治职业病环境下的劳动保护措施	根据《职业病防治法》相关条款的规定，企业、事业单位和个体经济组织等用人单位，应当采取劳动保护措施，防止劳动者因接触粉尘、放射性物质和其他有毒、有害因素而引起疾病，即职业病。 用人单位必须采用有效的职业病防护设施，并为劳动者提供个人使用的职业病防护用品。如果提供的职业病防护用品不符合防治职业病的要求，不得使用
2	安全生产环境下的劳动保护措施	为了预防和减少生产安全事故，保障人民群众生命财产安全，我国《安全生产法》中的相关条款明确规定了生产经营单位的安全生产和劳动保护措施。 生产经营单位应当对从业人员进行安全生产教育和培训，建立教育培训档案，保证从业人员具备必要的安全生产知识，熟悉有关的安全生产规章制度和安全操作规程，掌握本岗位的安全操作技能。未经安全生产教育和培训合格的从业人员，不得上岗作业。 生产经营单位采用新工艺、新技术、新材料或者使用新设备，必须进行可行性技术论证，了解、掌握其安全技术特性，采取有效的安全防护措施，并对从业人员进行专门的安全生产教育和培训
3	工程施工环境下的劳动保护措施	建设工程施工前，施工单位负责项目管理的技术人员应当对有关安全施工的技术要求向施工作业班组、作业人员做出详细说明，在施工现场入口处、施工起重机械、临时用电设施、脚手架、出入通道口、楼梯口、电梯井口、孔洞口、桥梁口、隧道口、基坑边沿、爆破物及有害危险气体和液体存放处等危险部位，设置明显的安全警示标志。 施工单位应当根据不同施工阶段和周围环境及季节、气候的变化，在施工现场采取相应的安全施工措施。 施工单位应当将施工现场的办公、生活区与作业区分开设置，并保持安全距离；办公、生活区的选址应当符合安全性要求。职工的膳食、饮水、休息场所等应当符合卫生标准。施工单位不得在尚未竣工的建筑物内设置员工集体宿舍。 施工单位应当遵守有关环境保护法律、法规的规定，在施工现场采取措施，防止或者减少粉尘、废气、废水、固体废物、噪声、振动和施工照明对人和环境的危害和污染。应制定用火、用电、使用易燃易爆材料等各项消防安全管理制度和操作规程，设置消防通道、消防水源，配备消防设施和灭火器材，并在施工现场入口处设置明显标志

2. 劳动保护费用的规定

劳动保护费用是指由于工作需要为生产作业人员配备或提供工作服、手套以及安全保护用品等所产生的支出。

(1) 劳动保护费用的基本规定

劳动保护费支出是指由于工作需要在规定范围和标准内的劳动保护用品、安全防护用品支出，其中主要包括清凉饮料、解毒剂等防暑降温用品以及应由劳动保护费开支的保健食品、特殊工种保健津贴待遇等费用，职业病预防检查费等。广义的劳动保护费支出还应包括劳动保护宣传费用，购置不构成固定资产的安全装置、卫生设备、通风设备等，然而，增加固定资产的劳动保护措施费不应包括在内。

根据国家的有关规定，生产经营单位按照保障安全生产要求，用于隐患排查治理、配备劳动防护用品、进行安全生产教育培训以及应急演练等费用，在生产成本中据实列支。

(2) 劳动保护费用的其他规定

根据《国家税务总局关于印发〈企业所得税税前扣除办法〉的通知》(国税发[2000]084号)第十五条和第五十四条有关规定：纳税人实际发生的合理的劳动保护支出，可以扣除。税法没有规定具体的列支标准，只要是企业发生的合理性的劳保支出可据实列支。判断劳动保护费是否能够税前扣除的关键是：

1) 劳动保护费是物品而不是现金。
2) 劳动保护用品是因工作需要而配备的，而不是生活用品。
3) 从数量上看，能满足工作需要即可，超过工作需要的量而发放的具有劳动保护性质的用品就是福利用品了，应在福利费中开支。

1.4 信访工作基本知识

1. 信访的概念

信访是指公民、法人或者其他组织采用书信、电子邮件、传真、电话以及走访等形式，向各级人民政府工作部门反映情况，提出建议、意见或者投诉请求，依法由有关行政机关处理的活动。

信访人是指采用上述形式，反映情况，提出建议、意见或者诉求的公民、法人或其他组织。

2.《信访工作条例》的制定、实施

2005年1月5日，经国务院第73次常务会议通过《信访条例》，以中华人民共和国国务院令（第431号）公布，当年5月1日起施行。该条例的实施，为了保持各级人民政府同人民群众的密切联系，保护信访人的合法权益，维护信访秩序，促进社会主义和谐社会建设。

加强信访工作，维护信访秩序，保护信访人的合法权益以及维护企业和社会的和谐稳定，是建筑企业特别是由国有资产监督管理部门监管的大型建筑集团企业的重要职责和义务。

1.4.1 信访工作机构、职责与法律责任

1. 信访工作机构和职责

（1）信访工作机构

各级人大常委会、各级人民政府以及街道办事处均应设立信访工作机构，并配备专职信访工作人员；各级人民政府工作部门和各级人民法院、检察院根据需要设立或确定负责信访工作的机构，配备相应的工作人员。

各建筑集团企业应根据本单位实际工作需要设立专（兼）职信访工作机构，配备适当数量的工作人员。

（2）信访工作的职责

信访工作机构应履行的职责主要有以下几个方面：

1) 处理信访请求。
2) 办理信访事项。
3) 提供与信访人提出的信访请求有关的咨询服务。

4）协调、督促检查信访请求的处理和信访事项办理意见的落实，提出改进工作、追究责任的建议。

5）研究、分析信访情况，开展调查研究，及时向有关国家机关提出完善政策和改进工作的建议。

6）宣传有关法律、法规、政策，引导信访人依法信访。

7）指导、督促、检查下级国家机关的信访工作，总结交流信访工作经验。

8）其他依法应当履行的职责。

各建筑集团企业信访工作机构要在履行上述职责的同时，从企业实际出发，协调办理本单位、本系统信访事项；排查、研究分析信访情况，开展调查研究，及时向本单位领导或相关单位提出改进工作和完善制度、政策的意见和建议。

2. 信访工作的法律责任

（1）国家机关信访工作人员应遵守的规定主要有：

1）文明接待，尊重信访人，不得刁难和歧视信访人。对依法不予受理的信访请求，应当告知信访人并做好解释、疏导工作。

2）按照信访工作的处理程序，依法及时处理信访事项，不得置之不理、敷衍塞责、推诿拖延。对不属本机关受理的信访请求，应当告知信访人向有权处理的国家机关提出。

3）坚持原则，秉公办事，不得徇私舞弊、收受贿赂、接受信访人请客送礼。

4）遵守保密制度，不得泄露控告人、检举人的姓名及控告、检举的内容，不得泄露、扩散信访人要求保密及可能对信访人权益造成损害的内容。

5）对信访人有关信访事项办理情况的查询，除涉及国家秘密、商业秘密、个人隐私的事项外，应当如实答复，不得拒绝。

6）与信访人或信访事项有直接利害关系的，应当回避。

7）按照档案管理的规定，建立并妥善保管信访档案，不得丢失、篡改、隐匿或者擅自销毁。

国家机关信访工作人员应遵守上述规定，如有违反，由所在单位批评教育；情节严重，构成犯罪的，依法追究刑事责任；尚未构成犯罪的，依法给予行政处分。

（2）国家机关有下列情形之一，经督办拒不纠正的，由有关国家机关予以通报批评；造成严重后果的，追究其相关责任。

1）无正当理由未按规定的期限办理信访事项的。

2）未按规定反馈信访事项办理结果的。

3）未按规定程序办理信访事项的。

4）办理信访事项推诿、敷衍、拖延的。

5）不执行信访答复意见的。

6）答复意见认定事实不清、依据或者程序存在明显错误的。

7）虚报办理结果或者办理结果不落实的。

8）其他需要督办的情形。

（3）国家机关及其工作人员对可能造成社会影响的重大、紧急信访事项和信访信息，隐瞒、谎报、缓报，或者授意他人隐瞒、谎报、缓报，造成严重后果，构成犯罪的，应对直接负责的主管人员和其他直接责任人员依法追究刑事责任；尚不构成犯罪的，依法给予行政处分。压制、打击报复信访人，构成犯罪的，依法追究刑事责任；尚不构成犯罪的，依法给予行政处分。

1.4.2 信访渠道与事项的提出和受理

1. 信访渠道

信访工作机构应当在信访接待场所、本机关网站或者通过其他方式向社会公布的事项主要有以下几个方面：

(1) 信访工作机构的通信地址、电子信箱、受理电话、接待场所以及来访接待时间。

(2) 本机关信访事项受理范围。

(3) 与信访工作有关的法律、法规、规章、工作规范以及信访事项的处理程序。

(4) 查询信访事项办理情况的方式。

(5) 实行负责人信访接待日的机关，公开接待日的安排。

(6) 其他方便信访人的事项。

2. 信访事项提出的形式

信访人提出信访事项，通常应采用书信、电子邮件以及传真等书面形式；信访人提出请求的，还应载明信访人的姓名（名称）、住址、请求、事实以及理由。

有关机关对采用口头形式提出的投诉请求，应当记录信访人的姓名（名称）、住址、请求、事实以及理由。

信访人采用走访形式提出信访事项的，应当到有关机关设立或者指定的接待场所提出。多人采用走访形式提出共同的信访事项的，应当推选代表，代表人数不得超过5人。

3. 信访事项的受理、办理

信访事项的受理、办理主要可以参考以下几点规定：

(1) 信访事项受理范围

1) 信访人对企业内部管理事项提出的意见、建议和投诉请求。

2) 信访人对企业管理人员的职务行为提出的意见、建议和投诉请求。

3) 上级单位或有关方面交办、转办的信访事项。

4) 信访人对企业产品、服务质量提出的意见、建议和投诉请求。

5) 其他应当由本单位受理的信访事项。

(2) 信访事项受理的有关规定

1) 总承包企业各单位信访工作机构对接到的信访请求，应按规定进行登记，并认真审阅信访材料，了解信访人反映的主要问题及诉求。能够当场答复是否受理的，应当场答复；不能当场答复的，应当自收到信访请求之日起15日内告知信访人。对属于本单位下属单位职责范围内的信访请求，应当转送或交办到责任单位进行处理，同时告知信访人；不属于本单位受理范围的信访请求，可以告知信访人向有权处理的单位或国家机关提出。

2) 各单位应区别不同情况对信访人提出的信访请求进行答复：

对信访人提出的信访请求，通常采取口头告知、答复，信访人要求书面告知、答复的，可以酌情给予书面告知、答复。

多人采用联名信或走访形式提出共同信访请求的，可以对代表进行告知、答复。

因信访人提供的姓名（名称）、住址、联系方式不清、不实而无法告知、答复的，不予告知、答复。

各单位对收到的信访请求应当首先进行积极的内部调解，做出明确的处理意见并答复信访人。对信访人不服调解意见的，分别采取以下方式处理：

① 涉及劳动关系方面的信访请求，引导信访人通过劳动仲裁渠道解决。

② 涉及经济纠纷等应通过仲裁、诉讼途径解决的信访请求，引导信访人依法通过仲裁机构或人民法院解决。

③ 涉及企业领导干部管理、国有资产管理、国有企业改革等方面的信访请求，引导信访人向上一级工作部门提出复查申请。

④ 其他信访请求，按照信访请求的性质，引导信访人到相关部门寻求帮助。

3) 各单位接到上级工作部门转送或交办的信访请求后，应在接到之日起5个工作日内提出拟办意见。确定属于本单位职责范围的，应当受理，并告知信访人；确定不属于本单位职责范围而不予受理的，向转送、交办单位说明理由，并交还有关材料。

(3) 信访事项办理的相关规定

1) 各单位对于受理的信访事项，应经过调查分析，依照法律、法规、政策以及相关规定分别做出以下处理，并根据信访人的要求，口头或书面答复信访人：

① 请求事实清楚，符合或者部分符合法律、法规、规章或者其他有关规定的，予以支持或部分支持；并督促有关责任单位在规定期限内做出处理。

② 请求缺乏事实根据或者不符合法律、法规、规章或者其他有关规定的，不予支持。

③ 请求事由缺乏法律依据无法解决的，告知信访人，并作好解释工作。

2) 上一级工作部门收到信访人的复查、复核申请后，应认真审查。信访人未在规定期限内提交复查、复核申请或不能提交相关材料的，不予受理。经审查符合复查、复核条件的应当受理，并区别不同情况做出如下处理：

① 答复意见、复查意见认定事实清楚，适用依据正确的，予以支持。

② 答复意见、复查意见认定事实不清，适用依据错误或者违反法定程序的，区分情况，予以撤销、变更或责令答复、复查单位限期重新做出答复意见或复查意见。

3) 信访人反映的情况或提出的建议、意见，有利于改进工作、促进国有企业改革发展的，应当认真研究并积极采纳。

4) 集团各单位发生到上级单位或各级行政机关的集体信访或非正常信访时，责任单位应及时派人到现场进行疏导、处置；必要时，责任单位的党政主要领导要亲临现场主持信访事项处理工作。

1.4.3 信访人的权利和义务

1. 信访人的权利

信访人的权利主要应符合以下几点规定：

(1) 了解信访工作制度和信访事项的处理程序。

(2) 要求信访工作人员提供与其信访请求有关的咨询服务。

(3) 向办理机关查询其信访事项的办理情况。

(4) 对有直接利害关系的信访工作人员提出回避请求。

(5) 法律、法规、规章规定的其他权利。

（6）要求对姓名以及涉及个人隐私的事项予以保密。

2. 信访人的义务

信访人在信访活动中主要应依法履行以下几点义务：

（1）遵守法律、法规，尊重社会公德，自觉维护社会公共秩序和信访秩序，不得损害国家、社会、集体的利益和其他公民的合法权利。

（2）履行符合法律、法规、规章、政策的处理决定。

（3）提出的信访请求客观真实，不得歪曲、捏造事实，不得诬告、陷害他人。

（4）法律、法规规定的其他义务。

（5）依照法律、法规规定的方式和程序进行信访活动。

1.5 人力资源开发及管理

1.5.1 人力资源管理概念

1. 资源

按照逻辑从属关系，人力资源属于资源这一大的范畴，是资源的一种具体形式。《辞海》把资源解释为"资财的来源"。资源是人类赖以生存的物质基础，对资源从不同的角度有不同的解释，从经济学的角度来看，资源是指能给人们带来新的使用价值和价值的客观存在物，它泛指社会财富的源泉。从财富创造的角度来看，资源是指为了创造物质财富而投入生产过程的一切要素。

2. 人力资源

人力资源主要可以理解为：人所具有的对价值创造起贡献作用，并且能够被组织所利用的体力和脑力的总和。这个解释主要应包括以下几个要点：

（1）人力资源的本质是人所具有的脑力和体力的总和，因此，可以将其统称为劳动能力。

（2）劳动能力要能对财富的创造起贡献作用，成为社会财富的源泉。

（3）劳动能力还要能够被组织所利用，这里的"组织"可以大到一个国家或地区，也可以小到一个企业或作坊。

3. 人力资源管理

人力资源管理是指运用现代化的科学方法，对与一定物力相结合的人力进行合理的培训、组织以及调配，使人力、物力经常保持最佳比例，同时对人的思想、心理以及行为进行恰当的诱导、控制和协调，充分发挥人的主观能动性，以促使人尽其才，事得其人，人事相宜，从而实现组织目标。

人力资源管理的功能主要体现为：吸纳、维持、开发以及激励这四个方面，如图 1-1 所示。

（1）吸纳功能

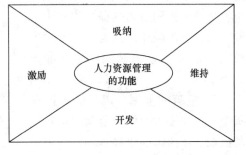

图 1-1 人力资源管理的功能

吸纳功能是指吸引并让优秀的人才加入本企业。吸纳功能是基础，为其他功能的实现提供了条件。

(2) 维持功能

维持功能是指让已经加入的员工继续留在本企业。维持功能是保障。

(3) 开发功能

开发功能是指让员工保持能够满足当前及未来工作需要的技能。开发功能是手段，只有让员工掌握了相应的工作技能，激励功能的实现才会具备客观条件，否则会导致员工"心有余而力不足"。

(4) 激励功能

激励功能是指让员工在现有的工作岗位上创造出优良的绩效。激励功能是核心，是其他功能发挥作用的最终目的。

1.5.2 人员招聘及动态管理

1. 人员招聘

招聘是指在企业总体发展战略规划的指导下，制定相应的职位空缺计划，寻找合适的人员来填补这些职位空缺的过程。

为了保证招聘工作的科学规范，提高招聘的效果，招聘活动一般要按照下面几个步骤来进行：确定招聘需求、制定招聘计划、招募、甄选、录用、效果评估，如图1-2所示。

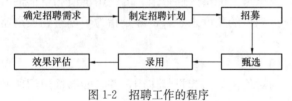

图1-2 招聘工作的程序

(1) 确定招聘需求

确定招聘需求是指整个招聘活动的起点。招聘需求主要包括：数量和质量两个方面。只有明确获知招聘需求，才能够开始进行招聘。招聘需求的确定，要以人力资源规划、职位分析以及胜任素质模型为基础。

(2) 制定招聘计划

招聘需求明确后，人力资源部需要会同用人部门共同制定招聘计划及具体措施。通常，招聘计划主要应包括以下几个方面的内容：招聘的规模、招聘的范围、招聘的时间以及招聘的预算，当然企业还可以根据自己的情况再增加其他的内容。

1) 招聘的规模。招聘的规模就是指企业准备通过招聘活动吸引多少数量的应聘者。通常，企业是通过招聘录用的"金字塔"模型来确定招聘规模的，也就是说，将整个招聘录用过程分为若干阶段，以每个阶段通过的人数和参加人数的比例来确定招聘的规模，如图1-3所示。

2) 招聘的范围。招聘的范围是指企业要在多大的地域范围内进行招聘活动。从招聘的效果考虑，范围越大，效果相应也会越好，但是随着范

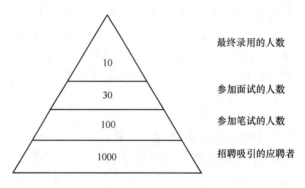

图1-3 招聘录用的"金字塔"模型

围的扩大，企业的招聘成本也会增加，因此，对于理性的企业来说，招聘的范围应当适度，既不能太大也不能太小。

3）招聘的时间。由于招聘工作本身需要耗费一定的时间，再加上选拔录用和岗前培训的时间，因此，填补一个职位空缺往往需要相当长的时间，为了避免企业因缺少人员而影响正常的运转，企业要合理地确定自己的招聘时间，以保证及时填补职位空缺。

4）招聘的预算。在招聘计划中，还要对招聘的预算做出估计，招聘的成本通常由人工费用、业务费用以及其他费用组成。

在计算招聘费用时，应当仔细分析各种费用的来源，把它们归入相应的类别中，以免出现遗漏或重复计算。

（3）招募

招聘计划完成以后，下一个步骤就是招募。招聘主要包括选择招聘的来源和招聘的方法。

招聘的来源是指潜在的应聘者所存在的目标群体。

招聘的方法则是指让潜在的应聘者获知企业招聘信息的方式和途径。

招聘来源和招聘方法的选择，对于招聘活动的效果具有非常重要的影响，若选择的招聘来源不当，目标群体中的人员并不适合从事空缺职位，招聘活动就无法吸引到合适的应聘者。招聘方法同样重要，若企业选择的招聘方法并不能让潜在的应聘者及时获知招聘信息，就无法吸引到应聘者。

（4）甄选

甄选是指人员招聘中最关键的一个环节，甄选质量的高低直接决定着选出来的应聘者能否达到企业的要求；甄选也是技术性最强的一个环节，涉及心理测试、无领导小组讨论等诸多方法。甄选的最终目的是将不符合要求的应聘者淘汰，挑选出符合要求的应聘者供企业进一步筛选。

（5）录用

人员录用决策做的成功与否，对招聘有着极其重要的影响，如果决策失误，则可能使整个招聘过程功亏一篑。在这个阶段涉及的主要工作包括：录用决策、通知录用者及未录用者、员工入职、试用以及正式录用等。

（6）效果评估

整个招聘过程的最后一个步骤就是评估招聘的效果，可以帮助企业发现招聘过程中存在的问题，优化招聘计划以及招聘方法和来源，提高以后招聘的效果。效果评估通常应从以下几个方面着手：

1）招聘的时间。在招聘计划中一般都有对招聘时间的估计，在招聘活动结束后，要将招聘过程中各个阶段所用的时间与计划的时间进行对比，对计划的准确性进行评估和分析，为以后更加准确地制定招聘时间奠定基础。

2）招聘的成本。招聘成本的评估包括两个方面：

① 将实际发生的招聘费用与预算的费用进行对比，以利于下次更准确地制定预算。

② 计算各种招聘方法的招聘单价，从而找出最优的招聘方法。

其他条件相同时，招聘单价越低，说明这种招聘方法越有效。招聘单价可以通过下面的公式计算：

$$招聘单价 = 招聘费用 / 应聘者人数 \qquad (1-1)$$

3）应聘比率。这是对招聘效果数量方面的评估，其他条件相同时，应聘的比率越高，说明招聘的效果越好。应聘比率可以通过下面的公式计算：

$$应聘比率 = （应聘人数 / 计划招聘人数）\times 100\% \qquad (1-2)$$

4）录用比率。这是对招聘效果质量方面的评估，其他条件相同时，录用的比率越高，说明招聘的效果越好。录用比率可以通过下面的公式计算：

$$录用比率 = （录用人数 / 应聘人数）\times 100\% \qquad (1-3)$$

2. 人员动态管理

人员动态的管理主要可以参照表 1-5 进行。

人员动态的管理　　　　　　　表 1-5

序号	动态管理区域	管理内容	备 注
1	内部流动管理	内部调动及其管理	内部调动是指员工在企业中横向流动，在不改变薪酬和职位等级的情况下变换工作。内部调动可以由企业提出，也可以由员工提出。由企业提出的调动主要有三方面的原因： (1) 内部调动可以满足企业调整组织结构的需要； (2) 为了使企业中更多的员工获得激励； (3) 可以使企业员工的晋升渠道保持畅通
		职务轮换及其管理	职务轮换又称轮岗，指根据工作要求安排新员工或具有潜力的管理人员在不同的工作部门或岗位工作一段时间，时间通常为一到两年，以丰富新员工或管理人员的工作经验。 企业为提高职务轮换的有效性应着重注意以下几点：首先，在为新员工安排职务轮换时，选择与其相适应的工作；其次，职务轮换时间长短取决于培训对象的学习能力及学习效果，而不是机械地规定某一时间段；最后，职务轮换所在的部门经理应受过专门的有关培训，具有较强的沟通、指导和督促能力
		晋升及其管理	晋升是指员工由于工作业绩出色和企业工作的需要，沿着企业等级，由较低的职位等级上升到较高的职位等级。 通常，合理的晋升管理可以对员工起到良好的激励作用，有利于员工队伍的稳定，避免人才外流。另外，合理晋升制度的制定和执行，可以激励员工为达到明确可靠的晋升目标而不断进取，致力于提高自身能力和素质，改进工作绩效，从而促进企业效益的提高。 有效的晋升管理应遵循以下三项原则： (1) 晋升过程正规、平等和透明； (2) 晋升选拔注重能力； (3) 对能力的评价要注重对员工技能、绩效、经验、适应性以及素质等因素的综合考察
		降职及其管理	降职是一个员工在企业中由原有职位向更低职位的移动。这一方法是与晋升相对的

1.5 人力资源开发及管理

续表

序号	动态管理区域	管理内容	备注
2	员工流出管理	解聘及其管理	解聘是企业与员工解除聘约。由于是非自愿的流出,所以解聘政策的实施有可能会带来一些风险。首先,解聘员工可能会引起被解聘员工的控告和起诉。其次,由于被解聘员工受到各方面的压力,可能会对企业的管理人员或与之相关人员进行人身伤害。因此,企业在采取解聘措施时应格外慎重,并要遵循一些原则以尽量避免不良后果的出现。首先,要遵守公平原则;其次,要建立必要的制度,规范解聘员工的工作和行为;最后,一旦员工被解聘,企业应尽可能地提供一些再就业的咨询等,以此来减轻因解聘员工带来的不良后果
		人员精简及其管理	人员精简是一个包括人事裁减、招聘冻结、组织重组和兼并等内容的术语,是企业为降低成本而采取的一系列行为。通常,人员精简主要是裁减企业的劳动力规模

上述的员工流出主要是指非自愿流出,即由于各种原因,由企业一方先提出让员工离开,而并非员工自己主动提出流出企业。非自愿流出包括解聘、人员精简等。

1.5.3 员工培训

培训是一个系统化的行为改变过程,其最终目的就是通过工作能力、知识水平的提高以及个人潜能的发挥,明显地表现出工作上的绩效特征。工作行为的有效提高是培训与开发的关键所在。

1. 培训的形式

员工培训的主要形式见表 1-6。

员工培训的形式　　　　表 1-6

序号	形式	内容
1	讲授法	讲授法属于传统的培训方式,常用于一些理念性知识的培训。其优点是运用方便,便于培训者控制整个培训过程。然而单向信息传递,反馈效果差
2	视听技术法	视听技术法是指通过现代视听技术,对员工进行培训。其主要应用于介绍企业概况、传授技能等培训内容,也可用于概念性知识的培训。优点是运用视觉与听觉的感知方式,直观鲜明。然而,学员的反馈与实践较差,且制作和购买的成本高,内容易过时
3	讨论法	按照费用与操作的复杂程度又可分成一般小组讨论与研讨会两种方式。研讨会多以专题演讲为主,中途或会后允许学员与演讲者进行交流沟通。优点是信息可以多向传递,与讲授法相比反馈效果较好,但费用较高。而小组讨论法的特点是信息交流方式为多向传递,学员的参与性高,费用较低。多用于巩固知识,训练学员分析、解决问题的能力与人际交往的能力,但运用时对培训教师的要求较高
4	案例研讨法	通过向培训对象提供相关的背景资料,让其寻找合适的解决方法。这一方式费用低,反馈效果好,可以有效训练学员分析解决问题的能力。另外,近年的培训研究表明,案例讨论的方式也可用于知识类的培训,且效果更佳

续表

序号	形式	内 容
5	角色扮演法	受训者在培训教师设计的工作情况中扮演角色,其他学员与培训教师在学员表演后作适当的点评。由于信息传递多向化、反馈效果好、实践性强、费用低,因而多用于人际关系能力的训练
6	自学法	这一方式较适合于一般理念性知识的学习,由于成人学习具有偏重经验与理解的特性,让具有一定学习能力与自觉的学员自学既经济又实用的方法,但此方法也存在监督性差的缺陷
7	互动小组法	也称敏感训练法。此法主要适用于管理人员的人际关系与沟通训练。让学员在培训活动中以亲身体验来提高处理人际关系的能力。其优点是可明显提高人际关系与沟通的能力,但其效果在很大程度上依赖于培训教师的水平
8	网络培训法	是一种新型的计算机网络信息培训方式,投入较大。但由于使用灵活,符合分散式学习的新趋势,节省学员集中培训的时间与费用。这种方式信息量大,新知识、新观念传递优势明显,更适合成人学习。因此,特别为实力雄厚的企业所青睐,也是培训发展的一个必然趋势

2. 培训的内容

企业员工培训的主要内容见表1-7。

企业员工培训的内容 表1-7

序号	内容	备 注
1	应掌握的知识	员工要了解企业的发展战略、企业愿景、规章制度、企业文化、市场前景及竞争;员工的岗位职责及本职工作基础知识和技能;如何节约成本,控制支出,提高效益;如何处理工作中发生的一切问题,特别是安全问题和质量事故等。 这类的课程应由人力资源管理部门和主管部门共同完成,分工协作并相互督促
2	技能技巧	技能是指为满足工作需要必备的能力,而技巧是要通过不断地练习才能得到的,熟能生巧,像打字,越练越有技巧。企业高层管理人员必须具备的技能是战略目标地制定与实施,领导力方面的训练;企业中层管理人员的管理技能是目标管理、时间管理、有效沟通、计划实施、团队合作、品质管理、营销管理等,也就是执行力的训练;基层员工是按计划、按流程、按标准等操作实施,也就是完成任务必备能力的训练
3	态度培训	态度决定一切,没有良好的态度,即使能力好也没有用。员工的态度决定其敬业精神、团队合作、人际关系和个人职业生涯发展,决定其能不能建立正确的人生观和价值观,塑造职业化精神。这方面的培训,大部分企业做的是很不够的

1.5.4 绩效管理

1. 绩效管理的内容

对于绩效管理,人们通常把它等同于绩效考核,认为绩效管理就是绩效考核,两者没有什么区别。其实不然,绩效考核只是绩效管理的一个组成部分,最多只是其核心部分而已,并不能完全代表绩效管理的全部内容。完整意义上的绩效管理是由绩效计划、绩效跟进、绩效考核和绩效反馈四个部分组成的一个系统,见表1-8。

1.5 人力资源开发及管理

绩效管理的内容   表1-8

序号	内容	备注
1	绩效计划	绩效计划是整个绩效管理系统的起点,它是指在绩效周期开始时,由上级和员工一起就员工在绩效考核周期内的绩效目标、绩效过程和手段等进行讨论并达成一致。当然,绩效计划并不是只在绩效周期开始时才会进行,它往往会随着绩效周期的推进不断做出相应的修改
2	绩效跟进	绩效跟进是指在整个绩效周期内,通过上级和员工之间持续的沟通来预防或解决员工实现绩效时可能发生的各种问题的过程
3	绩效考核	绩效考核是指确定一定的考核主体,借助一定的考核方法,对员工的工作绩效做出评价
4	绩效反馈	绩效反馈是指通过一定的方式将员工的考核与评价结果向员工本人传达、沟通和说明,使员工客观地认识自我,制定改进措施

2. 绩效管理的考评方法

企业在采取绩效管理的考评方法时,应根据具体的环境和条件以及各类岗位和人员的特点,选择合适的考评方法,常用的考评方法见表1-9。

常用的考评方法   表1-9

序号	分类依据	方法
1	按具体形式区分	量表评定法
		混合标准尺度法
		书面法
2	以员工行为为对象进行考评	关键事件法
		行为观察量表法
		行为定点量表法
		硬性分配法
		排队法
3	按照员工的工作成果进行考评	生产能力衡量法
		目标管理法

1.5.5 薪酬管理

薪酬管理是指企业在经营战略和发展规划的指导下,综合考虑内外部各种因素的影响,确定薪酬体系、薪酬水平、薪酬结构以及薪酬形式,明确员工所应得的薪酬,并进行薪酬调整和薪酬控制的过程。

薪酬调整是指企业根据内外部各种因素的变化,对薪酬水平、薪酬结构和薪酬形式进行相应的变动。

薪酬控制指企业对支付的薪酬总额进行测算和监控,以维持正常的薪酬成本开支,避免给企业带来过重的财务负担。

1. 薪酬管理目标

薪酬管理的目标主要有以下几个方面:

(1) 吸引和留住企业需要的优秀员工。
(2) 鼓励员工积极提高工作所需要的技能。
(3) 创造企业所希望的文化氛围。
(4) 鼓励员工高效率地工作。
(5) 控制运营成本。

2. 薪酬模式类型

概括来讲，薪酬来源有五种主要依据，相应地形成五种基本薪酬模式，见表1-10。

薪酬模式的类型　　　　　　　　　　　　　　表1-10

序号	类型	内容
1	基于岗位的薪酬模式	此种薪酬模式，主要依据岗位在企业内的相对价值为员工付酬。岗位的相对价值高，其工资也高，反之亦然。通俗地讲就是：在什么岗，拿什么钱。 政府组织实施的是典型的依据岗位级别付酬的制度。在这种薪酬模式下，员工工资的增长主要依靠职位的晋升。因此，其导向的行为是：遵从等级秩序和严格的规章制度，千方百计获得晋升机会，注重人际网络关系的建设，为获得职位晋升采取相应的行为
2	基于绩效的薪酬模式	基于岗位的薪酬模式假设，岗位职责的履行必然会带来好的结果，然而在企业不确定性因素较多、变革成为常规的环境下，这种假设成立的条件发生了极大地变化。企业要求员工根据环境变化主动设定目标，挑战过去；企业更强调做正确的事，注重结果，而不是过程。 因此，按绩效付酬就成为必然选择，其依据可以是企业的整体绩效、部门的整体绩效，也可以是团队或者个人的绩效，具体选择哪个作为绩效付酬的依据，要看岗位的性质。总体来说，要考虑多个绩效结果。绩效付酬导向的员工行为很直接，员工会围绕着绩效目标开展工作，为实现目标会竭尽全能，力求创新，"有效"是员工行为的准则，而不是岗位付酬制度下的规范。实际上，绩效付酬降低了管理成本，提高了产出
3	基于技能的薪酬模式	技能导向工资制的依据很明确，就是员工所具备的技能水平。这种工资制度假设：技能高的员工的贡献大。其目的在于促使员工提高工作的技术和能力水平。在技能工资制度下的员工往往会偏向于合作，而不是过度地竞争
4	基于市场的薪酬模式	基于市场的薪酬模式是指参照同等岗位的劳动力市场价格来确定薪酬待遇。该模式立足于人才市场的供需平衡原理，具有较强的市场竞争力和外部公平性。可以将企业内部同外部劳动力市场进行及时的有机互联，防止因为人才外流而削弱企业的竞争力。 不过，能够完全进行市场对比的企业多发生在充分竞争的企业或者行业之间；再则，过分同外部市场挂钩将加重企业自身的支付压力，不利于内部公平，其不足之处也显而易见
5	基于年功的薪酬模式	基于年功的薪酬模式是一种简单而传统的薪酬制度，它是按照员工为企业服务期的长短而支付或增加薪酬的一种管理制度，往往与终生雇佣制相关联。 在基于年功的薪酬模式下，员工的工资和职位主要是随年龄和工龄的增长而提高。中国国有企业过去的工资制度在很大程度上带有年功工资的色彩，虽然强调技能的作用，但在评定技能等级时，相当程度上是"论资排辈"。 年功工资的假设是服务年限长导致工作经验多，工作经验多，业绩自然会高；老员工对企业有贡献，应予以补偿。其目的在于鼓励员工对企业忠诚，强化员工对企业的归属感，导向员工终生服务于企业。在人才流动程度低、从业相对稳定的环境下，如果员工确实忠诚于企业并不断进行创新，企业可以实施年功工资制。其关键在于外部人才竞争环境比较稳定，否则很难成功地实施年功工资

1.6 财务管理

1.6.1 成本与费用

费用和成本是两个并行使用的概念,两者之间既有联系也有区别。成本虽说也是一种耗费,但和费用并不是一个概念。成本是针对一定的成本核算对象而言的;而费用则是针对一定的期间而言的。

1. 费用与成本的联系

费用与成本都是企业为达到生产经营目的而发生的支出,主要体现为企业资产的减少或负债的增加,并需要由企业生产经营实现的收入来补偿。企业在一定会计期间内所产生的生产费用是构成产品成本的基础,成本是按一定对象所归集的费用,是对象化了的费用。产品成本是企业为生产一定种类和数量的产品所发生的生产费用的汇集,两者在经济内容上是一致的,并且在一定情况下费用和成本可以相互转化。

2. 费用与成本的区别

成本和费用之间也是相互区别的。企业一定期间内的费用构成完工产品生产成本的主要部分,然而,本期完工产品的生产成本包括以前期间发生而应由本期产品成本负担的费用,如待摊费用;也可能包括本期尚未发生、但应由本期产品成本负担的费用,如预提费用;本期完工产品的成本可能还包括部分期初结转的未完工产品的成本,即以前期间所发生的费用。企业本期发生的全部费用也不都形成本期完工产品的成本,它主要还包括一些应结转到下期的未完工产品上的支出以及一些不由具体产品负担的期间费用。

1.6.2 收入与利润

1. 收入

(1) 收入的分类

收入的分类主要可以参照表 1-11。

收 入 的 分 类 表 1-11

序 号	分类依据	类 型
1	按收入的性质分类	销售商品收入
		提供劳务收入
		让渡资产使用权收入
		建造(施工)合同收入
2	按企业营业的主次分类	主营业务收入
		其他业务收入

(2) 收入的确认

收入的确认是指收入入账的时间。

收入的确认主要应解决以下两个问题:

1) 定时。定时是指收入在什么时候记入账册。

2) 计量。计量则指以什么金额登记，是按总额法，还是按净额法，劳务收入按完工百分比法，还是按完成合同法。

收入的确认主要包括产品销售收入的确认和劳务收入的确认。另外，还包括提供他人使用企业的资产而取得的收入（如利息、使用费以及股利等）。

2. 利润

（1）利润的构成

在进行利润分配之前，首先需要计算出企业在一定时期内实现的利润总额，再扣减企业应向国家缴纳的所得税额，计算税后净利润。建筑企业利润是企业施工生产经营成果的集中体现，也是衡量企业施工生产经营管理业绩的主要指标。建筑企业利润总额是企业在一定时期内生产经营的最终成果，主要包括营业利润、投资净收益以及营业外收支净额。而净利润则是由利润总额减去应纳所得税额之后计算所得。

利润的计算公式为：

$$利润总额 = 营业利润 + 投资净收益 + 营业外收支净额 \quad (1-4)$$

$$净利润 = 利润总额 - 应纳所得税额 \quad (1-5)$$

（2）利润的分配

企业实现的净利润应按照有关规定进行分配，其分配顺序见表1-12。

利润的分配顺序　　　　表1-12

序号	分配顺序	内　　容
1	弥补以前年度亏损	按照税法的规定，企业发生的年度亏损，可以用下一纳税年度所得税前的利润弥补；下一纳税年度的所得不足弥补的，可以逐年延续弥补。延续弥补最长不得超过5年，5年后用税后利润弥补
2	提取企业公积金	企业当期实现的净利润，加上年初未分配利润（或减去年初未弥补的亏损）和其他转入后的余额，为可供分配的利润。企业可供分配的利润，按照下列顺序进行分配： （1）提取法定盈余公积金。法定盈余公积金的提取比例，一般为当年实现净利润的10%，但以前年度累积的法定盈余公积金达到注册资本的50%时，可以不再提取； （2）提取法定公益金。法定公益金的提取比例一般为当年实现净利润的5%～10%
3	向投资者分配的利润或股利	可供分配的利润减去应提取的法定盈余公积金、法定公益金后，即为可供投资者分配的利润。可供投资者分配的利润，按照下列顺序进行分配： （1）应付优先股股利。应付优先股股利是指企业按照利润分配方案分配给优先股股东的现金股利； （2）提取任意盈余公积金。任意盈余公积金是指企业经股东大会或类似机构批准按照规定的比例从净利润中提取的盈余公积金。任意盈余公积金与法定盈余公积金的区别就在于其提取比例由企业自主决定； （3）应付普通股股利。应付普通股股利是指企业按照利润分配方案分配给普通股股东的现金股利。企业分配给投资者利润，也在本项目核算； （4）转作资本（或股本）的普通股股利，转作资本（或股本）的普通股股利是指企业按照利润分配方案以分派股票股利的形式转作的资本（或股本）。企业以利润转增的资本，也在本项目核算
4	未分配利润	可供投资者分配的利润，经过上述分配后，所余部分为未分配利润（或未弥补亏损）。未分配利润可留待以后年度进行分配。企业如发生亏损，可以按规定由以后年度利润进行弥补。企业未分配的利润（或未弥补的亏损）应当在资产负债表的所有者权益项目中单独反映

2 建筑业劳务管理计划

2.1 施工劳动力的类型和结构特点

2.1.1 施工劳动力的类型

建筑业施工劳动力的类型主要有以下三种：
(1) 企业自有工人。
(2) 聘用外来劳务企业工人。
(3) 使用劳务派遣工人。

2.1.2 施工劳动力的结构特点

施工劳动力的结构特点见表 2-1。

施工劳动力的结构特点 表 2-1

序号	特　点	内　容
1	总承包企业自有劳动力少，使用劳务分包企业劳动力多	现阶段，建筑施工企业实行管理层与作业层"两层分离"的用工体制，总承包企业只在关键工种、特殊工种保留企业自有一线作业工人，施工现场一线的工人以劳务分包企业劳动力为主，总承包企业只派出相关管理人员和技术骨干监督、管理工作
2	城镇劳动力少，农村劳动力多	建筑业目前属于"脏、累、险、差"的劳动密集型行业，多年来难于从城镇招收建筑业工人，同时由于使用农民工的成本低廉，使大量农村剩余劳动力成为建筑业工人的主要来源
3	长期工少，短期工多	这是由于建筑施工劳动的流动性和间断性引起的。在不同地区之间流动施工时，招聘的工人都是短期的合同工或临时工，聘用期最长为该建筑产品的整个施工期。通常是按各分部、分项工程的技术要求雇用不同工种和不同技术等级的工人，有时甚至可能按工作日或工时临时雇用工人。对于管理人员、技术人员、各工种的技术骨干，聘用期会相对较长
4	高技能工人少，一般技工和普通工多	这是由于建筑生产总体技术水平不高和劳动技能要求不均衡决定的。建筑施工劳动的许多方面一般技工和普通工即可胜任。即使对技术要求较高的工种，也常常需要一定数量的普通工做一些辅助工作。只有少数工种，如电工、电焊工、测量工、装饰工等高技能工人的比重相对高一些
5	女性工人少，男性工人多	由于建筑业的劳动强度和作业方式的特殊性，是不适宜妇女从事的行业。妇女适宜在建筑业从事一些辅助性工作、后勤服务工作，但这些工作岗位的比例有限，一般不超过10%，与社会上其他行业妇女的平均就业率相差甚远

2.2 劳务用工需求量计划编制

2.2.1 劳务用工需求量的预测

1. 劳务用工需求量预测的原则

（1）劳务需求预测应以劳动定额为依据。

（2）劳务需求预测应围绕企业（项目）的施工组织设计中工程项目的开、竣工日期和施工部位及工程量，测算具体劳务需求的工种和数量。

2. 劳动力需求的预测计算方法

（1）依据项目工期进度安排，确定工程部位所需的工种以及各个工种的具体劳务人员的需求数量。

（2）根据企业（项目）跨年度和在施项目的劳务使用情况，测算可供给的劳务企业的工种、数量，从而计算出企业（项目）的劳务净需求。如某工种的劳务净需求为正数，则需引进新的劳务企业或施工队伍；反之，则过剩，需要精简或调剂。

（3）在掌握劳务人员余缺并确定劳务净需求的基础上，编制劳务需求计划。

2.2.2 劳动力需求计划的编制原则和要求

1. 劳动力需求计划的编制原则

劳动力需求计划的编制原则主要有以下几点：

（1）控制人工成本，实现企业劳动力资源市场化的优化配置。

（2）符合企业（项目）施工组织设计和整体进度要求。

（3）根据企业需要遴选专业分包、劳务分包队伍，提供合格劳动力，以确保工程进度及工程质量、安全生产。

（4）依据国家及地方政府的法律法规对分包企业的履约及用工行为实施监督管理。

2. 劳动力需求计划的编制要求

（1）要保持劳动力均衡使用。劳动力使用不均衡，不仅会给劳动力调配带来困难，还会出现过多、过大的需求高峰，同时也增加了劳动力的管理成本，还会带来住宿、交通、饮食以及工具等方面的问题。

（2）根据工程的实物量和定额标准分析劳动需用总工日，确定生产工人、工程技术人员的数量和比例，以便对现有人员进行调整、组织和培训，以确保现场施工的劳动力到位。

（3）要准确计算工程量和施工期限。劳动力管理计划的编制质量，不仅与计算的工程量的准确程度有关，而且与工期计划得合理与否有直接的关系。工程量越准确，工期越合理，劳动力使用计划越准确。

2.2.3 劳动力总需求计划的编制方法

1. 劳动力总量需求计划的编制程序

确定建筑工程项目劳动力的需求量，是劳动力管理计划的重要组成部分，它不仅决定了劳动力的招聘计划、培训计划，而且直接影响其他管理计划的编制。劳动力总量需求计划的编制程序见表2-2。

劳动力总量需求计划的编制程序　　　　　表2-2

序号	程序	内　容
1	确定劳动效率	确定劳动力的劳动效率，是劳动力需求计划编制的重要前提，只有确定了劳动力的劳动效率，才能制定出科学、合理的计划。建筑工程施工中，劳动效率通常用"产量/单位时间"或"工时消耗量/单位工作量"来表示。 在一个工程中，分项工程通常是确定的，它可以通过图纸和工程量清单的规范计算得到，而劳动效率的确定却十分复杂。在建筑工程中，劳动效率可以在《劳动定额》中直接查到，它代表社会平均先进水平的劳动效率。但在实际应用时，必须考虑到具体情况，如环境、气候、地形、地质、工程特点、实施方案的特点、现场平面布置、劳动组合、施工机具等，进行合理调整
2	确定劳动力投入量	劳动力投入量也称劳动组合或投入强度，在劳动力投入总工时一定的情况下，假设在持续的时间内，劳动力投入强度相等，而且劳动效率也相等，在确定每日班次及每班次的劳动时间时，可计算： $$\text{劳动投入量} = \frac{\text{劳动力投入总工时}}{\text{班次/日} \times \text{工时/班次} \times \text{活动持续时间}}$$ $$= \frac{\text{工程量} \times \text{工时消耗量} \times \text{单位工程量}}{\text{班次/日} \times \text{工时/班次} \times \text{活动持续时间}} \quad (2\text{-}1)$$
3	劳动力需求量计划的编制	在编制劳动力需求量计划时，由于工程量、劳动力投入量、持续时间、班次、劳动效率，每班工作时间之间存在一定的变量关系，因此，在计划中要注意他们之间的相互调节。 在工程项目施工中，经常安排混合班组承担一些工作任务，此时，不仅要考虑整体劳动效率，还要考虑到设备能力的制约，以及与其他班组工作的协调。 劳动力需求量计划还应包括对现场其他人员的使用计划，如为劳动力服务的人员（如医生、厨师、司机等）、工地警卫、勤杂人员、工地管理人员等，可根据劳动力投入量计划按比例计算，或根据现场实际需要安排

2. 劳动力总量需求计划的编制方法

劳动力总量需求计划编制的主要方法见表2-3。

劳动力总量需求计划的编制方法　　　　　表2-3

序号	编制方法	内　容
1	经验比较法	与同类项目进行模拟比较计算。可用产值人工系数或投资人工系数来比较计算。在资料比较少的情况下，仅具有施工方案和生产规模的资料时可用这种方法
2	分项综合系数法	利用实物工程量中的综合人工系数计算总工日。例如，机械挖土方，平时定额为0.2工时/立方米；设备安装，大型压缩机安装为20工时/吨
3	概算定额法	用概（预）算中的人工含量计算劳动力需求总量

2.3　劳务用工需求量计算和编制表格

2.3.1　劳务用工需求量的计算方法

1. 平均人数计算

计算公式如下：

$$\text{平均人数} = \text{用工所需日历工日数} \div \text{月度日历日数} \tag{2-2}$$

2. 计划平均人数，计划工资总额和计划实际用工的计算

计算公式如下：

$$\text{计划平均人数} = \text{计划用工总工日} \div \text{计划工期天数} \tag{2-3}$$

$$\text{计划工资总额} = \text{计划用工总工日} \times \text{工日单价} \tag{2-4}$$

$$\text{计划实际用工} = \text{计划用工总工日} \div \text{计划劳动生产率指数} \tag{2-5}$$

3. 计划工人劳动生产率、计划工资总额和计划平均工资的计算

计算公式如下：

$$\text{计划工人劳动生产率} = \text{计划施工产值} \div \text{计划平均人数} \tag{2-6}$$

$$\text{计划工资总额} = \text{计划施工产值} \times \text{百元产值系数} \tag{2-7}$$

$$\text{计划平均工资} = \text{计划工资总额} \div \text{计划平均人数} \tag{2-8}$$

4. 劳动定额完成情况指标的计算

（1）指标1：执行定额面指标

执行定额面指标是指工人中执行定额工日占全部作业工日的比重。鼓励有条件执行定额的尽量执行定额。

全部作业工日：指出勤工日中扣除开会、出差以及学习等非生产工日以及停工工日后的生产作业工日，包括全日加班工日。

计算公式如下：

$$\text{全部作业工日} = \text{制度内实际作业工日} + \text{加班工日} \tag{2-9}$$

$$\text{制度内实际作业工日} = \text{出勤工日} - \text{停工工日（非生产工日）} \tag{2-10}$$

执行定额工日是指全部作业工日中，按定额考核工效，计发奖金或计件工资的实际工日数。

计算公式如下：

$$\text{执行定额工日} = \text{全部作业工日} - \text{未执行定额工日} \tag{2-11}$$

执行定额面是指执行定额工日占全部作业工日的比重。

计算公式如下：

$$\text{执行定额面} = \text{执行定额工日} \div \text{全部作业工日} \times 100\% \tag{2-12}$$

（2）指标2：定额完成程度指标

定额完成程度指标是指完成定额工日与实用工日相比的比率，比率越高时，表示定额完成情况越好。

完成定额工日是指本期完成的实际验收工程量按劳动定额计算的所需定额工日数。

计算公式如下：

$$\text{完成定额工日数} = \Sigma(\text{完成工作量} \times \text{劳动定额}) \tag{2-13}$$

$$\text{劳动定额完成程度} = \text{完成定额工日数} \div \text{全部作业工日数} \times 100\% \tag{2-14}$$

2.3.2 劳务用工需求量的编制表格

1. 劳务用工需求量计划的主要内容

劳务用工需求量计划的内容主要应包括以下两大部分：

2.3 劳务用工需求量计算和编制表格

(1) 项目部劳动力计划编制的主要内容

1) 根据企业（项目）工程组织设计的开竣工时间和具体施工部位及工程量，工程安排所需劳务企业或施工队伍。

2) 按工期进度要求及实际劳务需求，编制工程施工部位劳务需求计划表。

3) 根据劳务净需求的新增部分，制定具体的补充或调剂计划。

4) 劳务净需求涉及引进新的劳务企业或施工队伍时，劳务需求计划应包括：

① 引进劳务企业或施工队伍的资质类别、等级、规模以及引进的渠道，通过资质审核、在施工程考察、劳务分包招投标、分包合同签订、分包合同及分包劳务人员备案等具体内容。

② 引进企业或施工队伍进场的具体时间以及入场安全教育培训和住宿管理等内容。

(2) 公司劳动力需求计划编制的主要内容

总承包企业的劳务主管部门应依据本公司生产部门的年度、季度、月度生产计划，制定劳动力招用、管理和储备的计划草案，汇总本公司各项目部计划需求后形成公司的《劳务管理工作计划表》予以实施，并根据现场生产需要进行动态调整。

2. 劳务用工需求计划表

劳务用工需求计划表见表2-4。

劳务用工需求计划表　　　　表2-4

序号	工程项目名称	需求队伍类型	需求时限	需求队伍人数	落实人数	缺口人数	解决途径
1							
2							
3							
	合计						

____年度建筑施工企业劳动力供应保障月报表

表2-5

____年1—__月施工产值及劳动力情况 方式为：

序号	项目名称	工程项目（项）			开复工面积（万m²）			竣工项目（项）	竣工面积（m²）	施工总产值（万元）			分包企业数	人数		人数	月劳动缺口数		是否申请调剂解决 希望推荐当地劳务企业调剂确定（是/否）	希望与劳务基地联系确定（是/否）
		小计	结转	新开	小计	结转	新开			小计	结转	新开		计划数	其中已落实	人数	短缺工种名称	短缺工种人数		
1		2	3	4	5	6	7	8	9	10	11	12	13	14	15	16	17	18		
合计																				
其中：																				

填报人： 电话： 填报日期： 年 月 日

2.4 劳动力计划平衡的方法

2.4.1 劳动力负荷曲线

一个施工项目从准备、开工、土建、安装以及竣工各阶段所需设计人员、采购人员、施工人员包括各工种工人和管理人员的数量都不相等，而且时间也不同。根据资源耗用规律，人力需要量是从少到多，逐渐形成相对平稳的高峰，然后逐渐减少。这一规律，可采用函数 $f(x)$ 来表示，该函数曲线所描述的就是劳动力动员直方图的包络曲线，可称为劳动力负荷曲线，曲线有限点的坐标值的表格形成就是劳动力动员计划。

1. 制定劳动力负荷曲线的原始条件

（1）施工项目的工程范围、工作规范、工程设计以及施工图设计。

（2）施工项目所在地区的环境条件：项目的分部、分项工程量。

（3）项目总体施工统筹计划。

（4）设备材料的交货方式、交货时间、供货状态等。

这些条件在施工准备阶段往往不可能完全具备，因此应根据所掌握的资料，运用不同的方法制定劳动力负荷曲线。

2. 劳动力负荷曲线的绘制方法

（1）类比法

分析已经积累的各种类型项目在不同规模下劳动力计划和实际耗用劳动力的高峰系数、高峰持续系数、平均系数以及高峰期人数，以及各工种的数据等。列出实施项目与类比项目间的差异，计算出类比系数（如规模系数、投资比例系数、建安估算值比例系数）。根据计算出的类比系数，结合实际经验进行修正，绘制出劳动力动态直方图和劳动力负荷曲线。

（2）标准（典型）曲线法

当绘制企业各项目劳动力负荷曲线数据不足时，可以采用此法，即套用已有的同类项目标准（典型）劳动力负荷曲线，根据现有项目情况加以修正。

2.4.2 劳动力计划平衡

为使劳动力计划平衡，主要应注意以下几点：

（1）劳动力计划要具体反映出各月、各工种的需求人数，计划逐月累计投入的总人数、高峰人数、高峰持续时间、高峰系数以及总施工周期。

（2）劳动力计划要编制企业按月需求的各工种总计划人数，分施工项目的月度计划使用劳动力总人数等。

（3）劳动力计划通常采表格的形式表达。其制定方法与劳动力需求总量计划直方图基本相同，只是按工种分别计算，汇总制表。

2.5 劳务管理计划的编制

2.5.1 劳务管理计划的含义与内容

1. 劳务管理计划的含义

劳务管理计划是指企业劳务管理人员根据企业自身施工生产需要和劳动力市场供需状况所制定的，从数量和质量方面确保施工进度和工程质量所需劳动力的筛选、引进以及管理的计划。

2. 劳务管理计划的内容

劳务管理计划应围绕国家、地方政府行政部门对施工企业及劳务分包管理规定和企业（项目）的施工组织设计要求，制定具体工程项目所需劳动力的审核、筛选、组织、培训以及日常监督管理计划，其计划的内容见表 2-6。

劳务管理计划的内容　　　　　表 2-6

序号	内容	备注
1	人员的配备计划	根据工程项目的开、竣工日期和施工部位及工程量，拟定具体施工作业人员的工种、数量以及筛选、组织劳动力进场或调剂的具体时间、渠道和措施
2	教育培训计划	对参与项目施工人员进行安全、质量和文明施工教育的措施
3	考核计划	对分包企业的分包合同的履约情况、管理制度的建立健全及执行情况、劳动合同签约情况以及劳务人员的工资发放情况等劳动用工行为的考核办法和措施
4	应急预案	施工现场劳动力短缺、停工待料、劳动纠纷等突发事件处理的应急预案

2.5.2 劳务管理计划的过程与措施

1. 劳务管理计划的流程

劳务管理计划的流程图如图 2-1 所示。

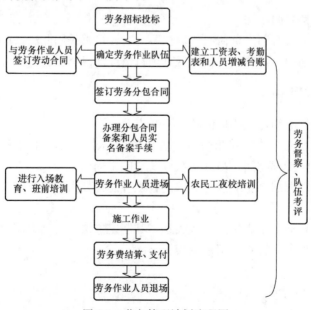

图 2-1　劳务管理计划流程图

2.5 劳务管理计划的编制

2. 劳务管理计划的过程与措施

劳务管理计划的过程与措施见表 2-7。

劳务管理计划的过程与措施　　　　　　表 2-7

序号	过程	措施
1	劳务分包招标投标	(1) 招标人进行招标方式登记备案 (2) 总承包劳务管理部门对投标的作业队伍进行资格预审 (3) 招标人发出招标文件并报总承包劳务管理部门备案 (4) 招标人和投标人到总承包劳务管理部门，在总承包劳务管理部门监督下开标 (5) 招标投标情况书面报告备案
2	新作业队伍引进	(1) 采用招标投标方式选择队伍 1) 项目经理部选择作业队伍参与投标报名并上报二级公司劳务部门 2) 二级公司劳务部门审核劳务企业资质 3) 二级公司填报《分包单位投标资格预审表》并上报上级总承包劳务管理部门 4) 总承包劳务管理部门审核把关，核查该企业、队伍的相关资质 5) 经审核批准后，队伍方可参与投标 (2) 采用议标方式选择队伍 1) 项目经理部严格审核队伍所属劳务企业资质并将相关资料上报二级公司劳务主管部门 2) 二级公司劳务主管部门审核相关资质 3) 二级公司劳务主管部门填报《作业队伍引进申报表》，将审核材料汇总上报上级总承包劳务管理部门 4) 总承包劳务管理部门审核把关，核查该队伍的相关资质 5) 经审核批准后，签订劳务分包合同并办理备案手续
3	合同签订及备案	(1) 项目经理部与劳务分包人确定合同中各项条款 (2) 项目经理部草拟劳务分包合同报送二级公司进行审核、会签 (3) 劳务企业在网上录入合同及作业人员信息 (4) 劳务企业将生成花名册及实名身份证名册按照政府主管部门相关要求进行审核、盖章，并连同合同一并报送总承包劳务管理部门审核 (5) 在二级公司的配合下，由劳务企业到上级总承包劳务管理部门办理人员验证手续 (6) 总承包劳务管理部门将备案材料报送政府建设主管部门进行合同及人员备案 (7) 备案完成后，将相关资料返还二级公司及劳务企业 (8) 总承包劳务管理部门、劳务督察部门将不定期对项目劳务分包合同及作业人员备案情况进行检查
4	职业资格准入审验	(1) 专业与劳务分包施工企业持《合同用工备案花名册》和岗位证书，到总承包劳务管理部门进行证书审验 (2) 证书审验合格后，由总承包劳务管理部门开具《劳务分包企业证书审核注册登记备案表》；凭此表及已加盖验证单位证书审验章的名册，办理备案手续 (3) 证书审验不合格，专业与劳务分包施工企业应在 15 个工作日内提交相关资料进行复审，复审不合格，必须再进行培训鉴定

2 建筑业劳务管理计划

续表

序号	过程	措　施
5	劳动力管理	（1）作业人员与劳务企业签订劳动合同 （2）劳务企业建立劳务作业人员花名册，核验作业人员身份，留存身份证复印件 （3）劳务企业进行证书审验，审验合格后办理人员备案手续，劳务作业人员方可进入施工现场 （4）项目经理部组织劳务作业人员进行入场教育 （5）作业队伍劳务员按规定记录作业人员考勤情况 （6）作业队伍劳务员依照劳动合同约定标准，以实际出勤情况为依据，编制工资表 （7）项目经理部劳务员建立施工作业人员实名增减台账 （8）项目经理部劳务员报送月度劳动力情况报表到二级公司劳务主管部门 （9）二级公司劳务主管部门报送月度劳动力情况报表到总承包劳务管理部门 （10）总承包劳务管理部门根据报表情况深入施工现场对劳动力管理情况进行检查
6	劳务费结算支付	（1）项目经理部劳务费结算人员根据劳务分包合同承包范围、相关规定及劳务企业完成工作量结算劳务费 （2）项目部开具《劳务费发放单》报二级公司劳务主管部门 （3）二级公司劳务主管部门审核《劳务费发放单》，报送总承包劳务管理部门，同时报劳务费分配方案 （4）劳务企业委托取款人员携带企业《劳务费取款委托书》及本人身份证到总承包劳务管理部门办理当年取款证 （5）总承包劳务管理部门审核签认《劳务费发放单》，从劳务费专用账户中拨付劳务费 （6）总承包劳务管理部门每月将劳务费发放数据反馈二级公司
7	劳务管理统计分析工作	（1）劳动力报表 1）定期由项目经理部结合本项目施工生产计划安排，制定劳动力供应计划，报二级公司劳务管理部门，二级公司根据生产计划制定企业劳动力计划，报总承包劳务管理部门 2）每月由项目经理部填报《工程项目作业人员表》，二级公司审核汇总后报总承包劳务管理部门 （2）劳务费报表 1）每月由项目经理部填报《劳务费结算支付情况月报表》，二级公司审核汇总报总承包劳务管理部门 2）总承包劳务管理部门汇总《劳务费结算支付情况月报表》，报总承包企业主管领导审核后将结果发布
8	劳务督察	（1）总承包企业劳务督察部门按照月度、季度检查计划及年度排查计划对各项目经理部劳务管理工作进行检查 （2）项目经理部备查资料均应按照总承包企业的管理要求整理归档，检查资料进行备案存档 （3）对经检查不合格的项目经理部，由总承包企业劳务督察部门下发整改通知书，并按要求进行限期整改 （4）总承包企业劳务督察部门于10个工作日内对检查不合格的项目经理部进行复查，复查合格，项目经理部将检查材料备案存档。复查仍不合格，项目经理部勒令整改、并对该项目部及所属二级公司进行通报 （5）总承包企业劳务督察部门对各二级公司和项目经理部劳务分包合同履约情况进行检查，对检查中存在重大劳务管理隐患的，由督察部门开具《劳务督察管理隐患预警通知单》，并上报隐患报告，经主管领导审核批准后，在总承包企业范围内发布隐患通知 （6）总承包企业劳务督察部门根据检查结果进行月度评价和年度考核工作

2.5 劳务管理计划的编制

续表

序号	过程	措 施
9	队伍考评	（1）总承包企业劳务管理部门负责组织实施劳务作业队伍考评工作，布置考评任务，凡在总承包企业内承接劳务分包工程施工的劳务分包施工作业队均须参加考评 （2）总承包企业范围劳务作业队伍的考评周期为一季度，针对不同工程、不同队伍的实际情况，总承包企业所属二级公司可结合本单位情况制定相应考核评价周期 （3）各二级公司应按照总承包企业年度队伍考评工作要求，建立考核评价体系，劳务管理部门组织项目经理部在规定时间内对所使用作业队伍进行考核评价，总承包劳务管理部门劳务管理、督察部门将对重点项目到现场配合监督考评工作 （4）各二级公司需在项目经理部考评结束后一周内对各队伍考评评价情况进行审核汇总，将考评结果上报总承包劳务管理部门，总承包劳务管理部门将结合考评情况进行现场抽查，并开展综合考核评价申报工作 （5）各劳务作业队伍的考评结果经评价确认后，由总承包劳务管理部门以书面形式予以公布，纳入本年度"施工作业队伍信用评价"考评体系，并作为总承包企业评定优秀劳务作业队伍的重要依据

3. 劳务管理计划的过程与措施

通过实施劳务管理计划，看是否达到以下劳务管理计划的任务：

（1）通过劳务管理计划的实施，掌握企业用工需求变化，合理组织和调剂工程所需劳务队伍，确定劳务队伍和施工作业人员引进渠道、进退场时间，从施工作业人员的数量和质量上为企业实现预定目标提供保证。

（2）通过劳务管理计划的实施，使劳务队伍的审核、考察以及进场的教育培训和生活后勤管理工作更具有针对性。

（3）通过劳务管理计划的实施，使对劳务队伍的日常劳务管理工作更加规范。

3 劳务人员资格审查与培训

3.1 建筑业企业资质评定

《建筑业企业资质管理规定》(建设部令第159号)规定,建筑业企业应当按照其拥有的注册资本、专业技术人员、技术装备以及已完成的建筑工程业绩等条件申请资质,经审查合格,取得建筑业企业资质证书后,方可在资质许可的范围内从事建筑施工活动。

建筑业企业是指从事土木工程、建筑工程、线路管道设备安装工程、装修工程的新建、扩建以及改建等活动的企业。

3.1.1 企业资质的类别和等级

建筑业企业资质分为施工总承包、专业承包以及劳务分包三个序列,见表3-1。

企业资质的类别　　　　　　　　表3-1

序号	类别	内容
1	施工总承包资质的企业	取得施工总承包资质的企业(以下简称施工总承包企业),可以承接施工总承包工程。施工总承包企业可以对所承接的施工总承包工程内各专业工程全部自行施工,也可以将专业工程或劳务作业依法分包给具有相应资质的专业承包企业或劳务分包企业
2	专业承包资质的企业	取得专业承包资质的企业(以下简称专业承包企业),可以承接施工总承包企业分包的专业工程和建设单位依法发包的专业工程。专业承包企业可以对所承接的专业工程全部自行施工,也可以将劳务作业依法分包给具有相应资质的劳务分包企业
3	劳务分包资质的企业	取得劳务分包资质的企业(以下简称劳务分包企业),可以承接施工总承包企业或专业承包企业分包的劳务作业

施工总承包资质、专业承包资质、劳务分包资质序列按照工程性质和技术特点分别划分为若干资质类别。各资质类别按照规定的条件划分为若干资质等级。

建筑业企业资质等级标准和各类别等级资质企业承担工程的具体范围,由国务院建设主管部门会同国务院有关部门制定。

3.1.2 施工总承包企业资质等级标准

根据《建筑业企业资质等级标准》(建建〔2001〕82号),施工总承包企业资质等级标准按专业细分为房屋建筑工程、公路工程、铁路工程、港口与航道工程、水利水电工程、电力工程、矿山工程、冶炼工程、化工石油工程、市政公用工程、通信工程以及机电安装工程12类,本节主要介绍房屋建筑工程施工总承包企业资质等级标准。房屋建筑工程施工总承包企业资质分为特级、一级、二级、三级。

1. 施工总承包企业特级资质标准

根据《施工总承包企业特级资质标准》(建市〔2007〕72号),建筑业企业申请特级资质,必须具备以下条件:

(1) 企业资信能力

1) 企业注册资本金3亿元以上。

2) 企业净资产3.6亿元以上。

3) 企业近三年上缴建筑业营业税均在5000万元以上。

4) 企业银行授信额度近三年均在5亿元以上。

(2) 企业主要管理人员和专业技术人员要求

1) 企业经理具有10年以上从事工程管理工作经历。

2) 技术负责人具有15年以上从事工程技术管理工作经历,且具有工程序列高级职称及一级注册建造师或注册工程师执业资格;主持完成过两项及以上施工总承包一级资质要求的代表工程的技术工作或甲级设计资质要求的代表工程或合同额2亿元以上的工程总承包项目。

3) 财务负责人具有高级会计师职称及注册会计师资格。

4) 企业具有注册一级建造师(一级项目经理)50人以上。

5) 企业具有本类别相关的行业工程设计甲级资质标准要求的专业技术人员。

(3) 科技进步水平

1) 企业具有省部级(或相当于省部级水平)及以上的企业技术中心。

2) 企业近三年科技活动经费支出平均达到营业额的0.5%以上。

3) 企业具有国家级工法三项以上;近五年具有与工程建设相关的、能够推动企业技术进步的专利三项以上,累计有效专利八项以上,其中至少有一项发明专利。

4) 企业近十年获得过国家级科技进步奖项或主编过工程建设国家或行业标准。

5) 企业已建立内部局域网或管理信息平台,实现了内部办公、信息发布、数据交换的网络化;已建立并开通了企业外部网站;使用了综合项目管理信息系统和人事管理系统、工程设计相关软件,实现了档案管理和设计文档管理。

(4) 代表工程业绩

代表工程按专业细分为房屋建筑工程、公路工程、铁路工程、港口与航道工程、水利水电工程、电力工程、矿山工程、冶炼工程、石油化工工程、市政公用工程。其中,房屋建筑工程施工总承包企业特级资质标准代表工程业绩如下:

近5年承担过下列五项工程总承包或施工总承包项目中的三项,且工程质量合格。

1) 高度在100m以上的建筑物。

2) 28层以上的房屋建筑工程。

3) 单体建筑面积5万m^2以上的房屋建筑工程。

4) 钢筋混凝土结构单跨30m以上的建筑工程或钢结构单跨36m以上的房屋建筑工程。

5) 单项建安合同额2亿以上的房屋建筑工程。

2. 施工总承包企业一级资质标准

(1) 企业近5年承担过下列六项中的四项以上工程的施工总承包或主体工程承包,工程质量合格。

1) 25层以上的房屋建筑工程。
2) 高度100m以上的构筑物或建筑物。
3) 单体建筑面积3万m^2以上的房屋建筑工程。
4) 单跨跨度30m以上的房屋建筑工程。
5) 建筑面积10万m^2以上的住宅小区或建筑群体。
6) 单项建安合同额1亿元以上的房屋建筑工程。

(2) 企业经理具有10年以上从事工程管理工作经历或具有高级职称；总工程师具有10年以上从事建筑施工技术管理工作经历并具有本专业高级职称；总会计师具有高级会计职称；总经济师具有高级职称。

企业有职称的工程技术和经济管理人员不少于300人，其中工程技术人员不少于200人；工程技术人员中，具有高级职称的人员不少于10人，具有中级职称的人员不少于60人。

企业具有的一级资质项目经理不少于12人。

(3) 企业注册资本金5000万元以上，企业净资产6000万元以上。
(4) 企业近3年最高年工程结算收入2亿元以上。
(5) 企业具有与承包工程范围相适应的施工机械和质量检测设备。

3. 施工总承包企业二级资质标准

(1) 企业近5年承担过下列六项中的四项以上工程的施工总承包或主体工程承包，工程质量合格。

1) 12层以上的房屋建筑工程。
2) 高度50m以上的构筑物或建筑物。
3) 单体建筑面积1万m^2以上的房屋建筑工程。
4) 单跨跨度21m以上的房屋建筑工程。
5) 建筑面积5万m^2以上的住宅小区或建筑群体。
6) 单项建安合同额3000万元以上的房屋建筑工程。

(2) 企业经理具有8年以上从事工程管理工作经历或具有中级以上职称；技术负责人具有8年以上从事建筑施工技术管理工作经历并具有本专业高级职称；财务负责人具有中级以上会计职称。

企业有职称的工程技术和经济管理人员不少于150人，其中工程技术人员不少于100人；工程技术人员中，具有高级职称的人员不少于2人，具有中级职称的人员不少于20人。

企业具有的二级资质以上项目经理不少于12人。

(3) 企业注册资本金2000万元以上，企业净资产2500万元以上。
(4) 企业近3年最高年工程结算收入8000万元以上。
(5) 企业具有与承包工程范围相适应的施工机械和质量检测设备。

4. 施工总承包企业三级资质标准

(1) 企业近5年承担过下列五项中的三项以上工程的施工总承包或主体工程承包，工程质量合格。

1) 6 层以上的房屋建筑工程。
2) 高度 25m 以上的构筑物或建筑物。
3) 单体建筑面积 5000m² 以上的房屋建筑工程。
4) 单跨跨度 15m 以上的房屋建筑工程。
5) 单项建安合同额 500 万元以上的房屋建筑工程。

（2）企业经理具有 5 年以上从事工程管理工作经历；技术负责人具有 5 年以上从事建筑施工技术管理工作经历并具有本专业中级以上职称；财务负责人具有初级以上会计职称。

企业有职称的工程技术和经济管理人员不少于 50 人，其中工程技术人员不少于 30 人；工程技术人员中，具有中级以上职称的人员不少于 10 人。

企业具有的三级资质以上项目经理不少于 10 人。

（3）企业注册资本金 600 万元以上，企业净资产 700 万元以上。

（4）企业近 3 年最高年工程结算收入 2400 万元以上。

（5）企业具有与承包工程范围相适应的施工机械和质量检测设备。

5. 施工总承包企业承包工程范围

施工总承包企业承包工程范围见表 3-2。

施工总承包企业承包工程范围　　　　　　　　　　表 3-2

序号	企业等级	承包工程范围
1	特级企业	（1）取得施工总承包特级资质的企业可承担本类别各等级工程施工总承包、设计及开展工程总承包和项目管理业务； （2）取得房屋建筑、公路、铁路、市政公用、港口与航道、水利水电等专业中任意一项施工总承包特级资质和其中两项施工总承包一级资质，即可承接上述各专业工程的施工总承包、工程总承包和项目管理业务及开展相应设计主导专业人员齐备的施工图设计； （3）取得房屋建筑、矿山、冶炼、石油化工、电力等专业中任意一项施工总承包特级资质和其中两项施工总承包一级资质，即可承接上述各专业工程的施工总承包、工程总承包和项目管理业务及开展相应设计主导专业人员齐备的施工图设计； （4）特级资质的企业，限承担施工单项合同额 3000 万以上的房屋建筑工程
2	一级企业	可承担单项建安合同额不超过企业注册资本金 5 倍的下列房屋建筑工程的施工： (1) 40 层及以下、各类跨度的房屋建筑工程； (2) 高度 240m 及以下的构筑物； (3) 建筑面积 20 万 m² 及以下的住宅小区或建筑群体
3	二级企业	可承担单项建安合同额不超过企业注册资本金 5 倍的下列房屋建筑工程的施工： (1) 28 层及以下、单跨跨度 36m 及以下的房屋建筑工程； (2) 高度 120m 及以下的构筑物； (3) 建筑面积 12 万 m² 及以下的住宅小区或建筑群体
4	三级企业	可承担单项建安合同额不超过企业注册资本金 5 倍的下列房屋建筑工程的施工： (1) 14 层及以下、单跨跨度 24m 及以下的房屋建筑工程； (2) 高度 70m 及以下的构筑物； (3) 建筑面积 6 万 m² 及以下的住宅小区或建筑群体

3.1.3 专业承包企业资质等级标准

根据《建筑业企业资质等级标准》（建建 [2001] 82号），专业承包企业资质等级标准按专业细分为地基与基础工程、土石方工程、建筑装修装饰工程专业承包企业资质等级标准等60类，本节主要介绍有关房屋建筑工程专业承包企业资质等级标准。

1. 地基与基础工程专业承包企业资质等级标准

地基与基础工程专业承包企业资质分为一级、二级、三级。

（1）承包企业资质条件

地基与基础工程专业承包企业资质条件见表3-3。

地基与基础工程专业承包企业资质条件　　　　　表3-3

序号	标准等级	资 质 条 件
1	一级资质标准	（1）企业近5年承担过下列五项中的三项以上所列工程的施工，工程质量合格： 1）25层以上房屋建筑或高度超过100m构筑物的地基与基础工程； 2）深度超过15m的软弱地基处理； 3）单桩承受荷载在6000kN以上的地基与基础工程； 4）深度超过11m的深大基坑围护及土石方工程； 5）单项工程造价500万元以上地基与基础工程2个或200万元以上地基与基础工程4个。 （2）企业经理具有10年以上从事工程管理工作经历或具有高级职称；总工程师具有10年以上从事地基与基础施工技术管理工作经历并具有相关专业高级职称；总会计师具有中级以上会计职称。 企业有职称的工程技术和经济管理人员不少于60人，其中工程技术人员不少于50人；工程技术人员中，地下、岩土、机械等专业人员不少于25人，具有中级以上职称的人员不少于20人。 企业具有的一级资质项目经理不少于6人。 （3）企业注册资本金1500万元以上，企业净资产1800万元以上。 （4）企业近3年最高年工程结算收入5000万元以上。 （5）企业具有专用施工设备20台以上和相应的运输、检测设备
2	二级资质标准	（1）企业近5年承担过下列四项中的两项以上所列工程的施工，工程质量合格： 1）12层以上房屋建筑或高度超过60m构筑物的地基与基础工程； 2）深度超过13m的软弱地基处理； 3）深度超过8m的深大基坑围护及土石方工程； 4）单项工程造价500万元以上地基与基础工程1个或200万元以上地基与基础工程2个。 （2）企业经理具有8年以上从事工程管理工作经历或具有中级以上职称；技术负责人具有8年以上从事地基与基础施工技术管理工作经历并具有相关专业高级职称；财务负责人具有中级以上会计职称。 企业有职称的工程技术和经济管理人员不少于40人，其中工程技术人员不少于30人；工程技术人员中，地下、岩土、机械等专业人员不少于15人，具有中级以上职称的人员不少于10人。 企业具有的二级资质以上项目经理不少于6人。 （3）企业注册资本金800万元以上，企业净资产1000万元以上。 （4）企业近3年最高年工程结算收入2000万元以上。 （5）企业具有专用施工设备10台以上和相应的运输、检测设备

3.1 建筑业企业资质评定

续表

序号	标准等级	资 质 条 件
3	三级资质标准	(1) 企业近5年承担过下列四项中的两项以上所列工程的施工，工程质量合格： 1) 6层以上房屋建筑物的工程或高度超过25m构筑物的地基与基础工程； 2) 软弱地基处理； 3) 地基与基础混凝土浇筑量累计1万 m³ 以上； 4) 单项工程造价100万元以上地基与基础工程。 (2) 企业经理具有3年以上从事工程管理工作经历；技术负责人具有3年以上从事地基与基础施工技术管理工作经历并具有相关专业中级以上职称；财务负责人具有初级以上会计职称。 企业有职称的工程技术和经济管理人员不少于20人，其中工程技术人员不少于15人；工程技术人员中，地下、岩土、机械等专业人员不少于10人，具有中级以上职称的人员不少于5人。 企业具有的三级资质以上项目经理不少于3人。 (3) 企业注册资本金300万元以上，企业净资产350万元以上。 (4) 企业近3年最高年工程结算收入500万元以上。 (5) 企业具有专用施工设备6台以上和相应的运输、检测设备

(2) 承包工程范围

地基与基础工程专业承包企业承包工程范围见表3-4。

地基与基础工程专业承包企业承包工程范围　　　表3-4

序号	企业等级	承包工程范围
1	一级企业	可承担各类地基与基础工程的施工
2	二级企业	可承担工程造价1000万元及以下各类地基与基础工程的施工
3	三级企业	可承担工程造价300万元及以下各类地基与基础工程的施工

2. 土石方工程专业承包企业资质等级标准

土石方工程专业承包企业资质分为一级、二级、三级。

(1) 承包企业资质条件

土石方工程专业承包企业资质条件见表3-5。

土石方工程专业承包企业资质条件　　　表3-5

序号	标准等级	资 质 条 件
1	一级资质标准	(1) 企业近5年承担过两项以上100万 m³ 或五项以上50万 m³ 土石方工程施工，工程质量合格； (2) 企业经理具有10年以上从事工程管理工作经历或具有高级职称；总工程师具有10年以上从事土石方施工技术管理工作经历并具有相关专业高级职称；总会计师具有中级以上会计职称； 企业有职称的工程技术和经济管理人员不少于60人，其中工程技术人员不少于50人；工程技术人员中，具有中级以上职称的人员不少于20人； 企业具有的一级资质项目经理不少于5人； (3) 企业注册资本金1500万元以上，企业净资产1800万元以上； (4) 企业近3年最高年工程结算收入3000万元以上； (5) 企业具有挖、铲、推、运等机械设备，总机械装备功率1万 kW 以上

3 劳务人员资格审查与培训

续表

序号	标准等级	资 质 条 件
2	二级资质标准	（1）企业近5年承担过两项以上40万 m^3 或五项以上10万 m^3 土石方工程施工，工程质量合格； （2）企业经理具有8年以上从事工程管理工作经历或具有中级以上职称；技术负责人具有8年以上从事土石方施工技术管理工作经历并具有相关专业高级职称；财务负责人具有中级以上会计职称； 企业有职称的工程技术和经济管理人员不少于40人，其中工程技术人员不少于30人；工程技术人员中，具有中级以上职称的人员不少于10人； 企业具有的二级资质以上项目经理不少于5人； （3）企业注册资本金800万元以上，企业净资产1000万元以上； （4）企业近3年最高年工程结算收入2000万元以上； （5）企业具有挖、铲、推、运等机械设备，总机械装备功率5000kW以上
3	三级资质标准	（1）企业近5年承担过两项以上10万 m^3 土石方工程施工，工程质量合格； （2）企业经理具有5年以上从事工程管理工作经历；技术负责人具有5年以上从事土石方施工技术管理工作经历并具有相关专业中级以上职称；财务负责人具有初级以上会计职称； 企业有职称的工程技术和经济管理人员不少于20人，其中工程技术人员不少于15人；工程技术人员中，具有中级以上职称的人员不少于5人； 企业具有的三级资质以上项目经理不少于5人； （3）企业注册资本金300万元以上，企业净资产400万元以上； （4）企业近3年最高年工程结算收入1000万元以上； （5）企业具有挖、铲、推、运等机械设备，总机械装备功率2000kW以上

（2）承包工程范围

土石方工程专业承包企业承包工程范围见表3-6。

土石方工程专业承包企业承包工程范围 表3-6

序号	企业等级	承包工程范围
1	一级企业	可承担各类土石方工程的施工
2	二级企业	可承担单项合同额不超过企业注册资本金5倍且60万 m^3 及以下的土石方工程的施工
3	三级企业	可承担单项合同额不超过企业注册资本金5倍且15万 m^3 及以下的土石方工程的施工

3. 建筑装修装饰工程专业承包企业资质等级标准

建筑装修装饰工程专业承包企业资质分为一级、二级、三级。

（1）承包企业资质条件

建筑装修装饰专业承包企业资质条件见表3-7。

3.1 建筑业企业资质评定

建筑装修装饰专业承包企业资质条件　　　　表 3-7

序号	标准等级	资 质 条 件
1	一级资质标准	（1）企业近 5 年承担过三项以上单位工程造价 1000 万元以上或三星级以上宾馆大堂的装修装饰工程施工，工程质量合格； （2）企业经理具有 8 年以上从事工程管理工作经历或具有高级职称；总工程师具有 8 年以上从事建筑装修装饰施工技术管理工作经历并具有相关专业高级职称；总会计师具有中级以上会计职称； 企业有职称的工程技术和经济管理人员不少于 40 人，其中工程技术人员不少于 30 人，且建筑学或环境艺术、结构、暖通、给水排水、电气等专业人员齐全；工程技术人员中，具有中级以上职称的人员不少于 10 人； 企业具有的一级资质项目经理不少于 5 人； （3）企业注册资本金 1000 万元以上，企业净资产 1200 万元以上； （4）企业近 3 年最高年工程结算收入 3000 万元以上
2	二级资质标准	（1）企业近 5 年承担过两项以上单位工程造价 500 万元以上的装修装饰工程或十项以上单位工程造价 50 万元以上的装修装饰工程施工，工程质量合格； （2）企业经理具有 5 年以上从事工程管理工作经历或具有中级以上职称；技术负责人具有 5 年以上从事装修装饰施工技术管理工作经历并具有相关专业中级以上职称；财务负责人具有中级以上会计职称； 企业有职称的工程技术和经济管理人员不少于 25 人，其中工程技术人员不少于 20 人，且建筑学或环境艺术、结构、暖通、给水排水、电气等专业人员齐全；工程技术人员中，具有中级以上职称的人员不少于 5 人； 企业具有的二级资质以上项目经理不少于 5 人； （3）企业注册资本金 500 万元以上，企业净资产 600 万元以上； （4）企业近 3 年最高年工程结算收入 1000 万元以上
3	三级资质标准	（1）企业近 3 年承担过三项以上单位工程造价 20 万元以上的装修装饰工程施工，工程质量合格； （2）企业经理具有 3 年以上从事工程管理工作经历；技术负责人具有 5 年以上从事装修装饰施工技术管理工作经历并具有相关专业中级以上职称；财务负责人具有初级以上会计职称； 企业有职称的工程技术和经济管理人员不少于 15 人，其中工程技术人员不少于 10 人，且建筑学或环境艺术、暖通、给水排水、电气等专业人员齐全；工程技术人员中，具有中级以上职称的人员不少于 2 人； 企业具有的三级资质以上项目经理不少于 2 人； （3）企业注册资本金 50 万元以上，企业净资产 60 万元以上； （4）企业近 3 年最高年工程结算收入 100 万元以上

（2）承包工程范围

建筑装修装饰工程专业承包企业承包工程范围见表 3-8。

建筑装修装饰工程专业承包企业承包工程范围　　　　表 3-8

序号	企业等级	承包工程范围
1	一级企业	可承担各类建筑室内、室外装修装饰工程（建筑幕墙工程除外）的施工
2	二级企业	可承担单位工程造价 1200 万元及以下建筑室内、室外装修装饰工程（建筑幕墙工程除外）的施工
3	三级企业	可承担单位工程造价 60 万元及以下建筑室内、室外装修装饰工程（建筑幕墙工程除外）的施工

4. 建筑幕墙工程专业承包企业资质等级标准

建筑幕墙包括：全隐框玻璃幕墙、半隐框玻璃幕墙、明框玻璃幕墙、无框玻璃幕墙；各类金属板、人造板、石材幕墙；其他各类建筑幕墙。建筑幕墙工程专业承包企业资质分为一级、二级、三级。

（1）承包企业资质条件

建筑幕墙工程专业承包企业资质条件见表3-9。

建筑幕墙工程专业承包企业资质条件　　　　表3-9

序号	标准等级	资 质 条 件
1	一级资质标准	（1）企业近5年承担过下列两项中的一项以上所列工程的施工，工程质量合格： 1）高度100m以上、单位工程量10000m² 以上建筑幕墙工程2个； 2）高度60m以上、单位工程量6000m² 以上建筑幕墙工程6个； （2）企业经理具有8年以上从事工程管理工作经历或具有高级职称；总工程师具有8年以上从事建筑幕墙施工技术管理工作经历并具有相关专业高级职称；总会计师具有中级以上会计职称； 企业有职称的工程技术和经济管理人员不少于40人，其中工程技术人员不少于30人；工程技术人员中，具有中级以上职称的人员不少于10人，且建筑、结构、机械、材料等相关专业人员齐全； 企业具有的一级资质项目经理不少于5人； （3）企业注册资本金1000万元以上，企业净资产1200万元以上； （4）企业近3年最高年工程结算收入4000万元以上； （5）企业具有与生产、制作、安装配套的检测设备；具有用于建筑幕墙加工制作的厂房面积不少于3000m²；具有制作隐框玻璃幕墙的净化打胶间和固化养护间及配套的机械加工、打胶设备
2	二级资质标准	（1）企业近5年承担过下列两项中的一项以上所列工程的施工，工程质量合格： 1）高度60m以上、单位工程量6000m² 以上建筑幕墙工程2个； 2）高度20m以上、单位工程量2000m² 以上建筑幕墙工程4个； （2）企业经理具有6年以上从事工程管理工作经历或具有中级以上职称；技术负责人具有6年以上从事建筑幕墙施工技术管理工作经历并具有相关专业中级以上职称；财务负责人具有中级以上会计职称； 企业有职称的工程技术和经济管理人员不少于30人，其中工程技术人员不少于25人；工程技术人员中，具有中级以上职称的人员不少于5人，且建筑、结构、机械、材料等相关专业人员齐全； 企业具有的二级资质以上项目经理不少于5人； （3）企业注册资本金500万元以上，企业净资产600万元以上； （4）企业近3年最高年工程结算收入1500万元以上； （5）企业具有与生产、制作、安装配套的检测设备；具有用于建筑幕墙加工制作的厂房面积不少于2000m²；具有制作隐框玻璃幕墙的净化打胶间和固化养护间及配套的机械加工、打胶设备

3.1 建筑业企业资质评定

续表

序号	标准等级	资 质 条 件
3	三级资质标准	（1）企业近5年承担过2个以上单位工程量1000m² 以上建筑幕墙工程施工，工程质量合格； （2）企业经理具有3年以上从事工程管理工作经历；技术负责人具有5年以上从事建筑幕墙施工技术管理工作经历并具有相关专业中级以上职称；财务负责人具有初级以上会计职称； 企业有职称的工程技术和经济管理人员不少于15人，其中工程技术人员不少于10人；工程技术人员中，具有中级以上职称的人员不少于3人； 企业具有的三级资质以上项目经理不少于3人； （3）企业注册资本金200万元以上，企业净资产250万元以上； （4）企业近3年最高年工程结算收入500万元以上； （5）企业具有与生产、制作、安装配套的检测设备；具有用于建筑幕墙加工制作的厂房面积不少于1000m²；具有制作隐框玻璃幕墙的净化打胶间和固化养护间及配套的机械加工、打胶设备

（2）承包工程范围

建筑幕墙工程专业承包企业承包工程范围见表3-10。

建筑幕墙工程专业承包企业承包工程范围 表3-10

序号	企业等级	承包工程范围
1	一级企业	可承担各类型建筑幕墙工程的施工
2	二级企业	可承担单项合同额不超过企业注册资本金5倍且单项工程面积在8000m² 及以下、高度80m及以下的建筑幕墙工程的施工
3	三级企业	可承担单项合同额不超过企业注册资本金5倍且单项工程面积在3000m² 及以下、高度30m及以下的建筑幕墙工程的施工

5. 钢结构工程专业承包企业资质等级标准

钢结构工程专业承包企业资质分为一级、二级、三级。

（1）承包企业资质条件

钢结构工程专业承包企业资质条件见表3-11。

钢结构工程专业承包企业资质条件 表3-11

序号	标准等级	资 质 条 件
1	一级资质标准	（1）企业近5年承担过下列六项中的两项以上钢结构工程施工，工程质量合格： 1）钢结构跨度30m以上； 2）钢结构重量1000t以上； 3）钢结构建筑面积20000m² 以上； 4）网架工程边长70m以上； 5）网架结构重量300t以上； 6）网架结构建筑面积5000m² 以上。 （2）企业经理具有10年以上从事工程管理工作经历或具有高级职称；总工程师具有10年以上从事钢结构、网架工程施工技术管理工作经历并具有相关专业高级职称；总会计师具有高级会计职称； 企业有职称的工程技术和经济管理人员不少于50人，其中工程技术人员不少于40人；工程技术人员中，具有中级以上职称的人员不少于20人； 企业具有的一级资质项目经理不少于6人； （3）企业注册资本金1500万元以上，企业净资产1800万元以上； （4）企业近3年最高年工程结算收入3000万元以上； （5）企业具有与承包工程范围相适应的施工机械和质量检测设备

续表

序号	标准等级	资质条件
2	二级资质标准	(1) 企业近5年承担过下列六项中的两项以上钢结构工程施工,工程质量合格: 1) 钢结构跨度20m以上; 2) 钢结构重量500t以上; 3) 钢结构建筑面积5000m² 以上; 4) 网架工程边长20m以上; 5) 网架结构重量100t以上; 6) 网架结构建筑面积1000m² 以上; (2) 企业经理具有5年以上从事工程管理工作经历;技术负责人具有5年以上从事钢结构、网架工程施工技术管理工作经历并具有相关专业中级以上职称;财务负责人具有中级以上会计职称; 企业有职称的工程技术和经济管理人员不少于30人,其中工程技术人员不少于20人;工程技术人员中,具有中级以上职称的人员不少于6人; 企业具有的二级资质以上项目经理不少于3人; (3) 企业注册资本金800万元以上,企业净资产1000万元以上; (4) 企业近3年最高年工程结算收入1500万元以上; (5) 企业具有与承包工程范围相适应的施工机械和质量检测设备
3	三级资质标准	(1) 企业近5年承担过下列六项中的两项以上钢结构工程施工,工程质量合格: 1) 钢结构跨度10m以上; 2) 钢结构重量100t以上; 3) 钢结构建筑面积1000m² 以上; 4) 网架工程边长10m以上; 5) 网架结构重量5t以上; 6) 网架结构建筑面积200m² 以上; (2) 企业经理具有3年以上从事工程管理工作经历;技术负责人具有3年以上从事钢结构、网架工程施工技术管理工作经历并具有相关专业中级以上职称;财务负责人具有初级以上会计职称; 企业有职称的工程技术和经济管理人员不少于15人,其中工程技术人员不少于12人;工程技术人员中,具有中级以上职称的人员不少于3人; 企业具有的三级资质以上项目经理不少于3人; (3) 企业注册资本金300万元以上,企业净资产360万元以上; (4) 企业近3年最高年工程结算收入500万元以上; (5) 企业具有与承包工程范围相适应的施工机械和质量检测设备

(2) 承包工程范围

钢结构工程专业承包企业承包工程范围见表3-12。

钢结构工程专业承包企业承包工程范围 表3-12

序号	企业等级	承包工程范围
1	一级企业	可承担各类钢结构工程(包括网架、轻型钢结构工程)的制作与安装
2	二级企业	可承担单项合同额不超过企业注册资本金5倍且跨度33m及以下、总重量1200t及以下、单体建筑面积24000m² 及以下的钢结构工程(包括轻型钢结构工程)和边长80m及以下、总重量350t及以下、建筑面积6000m² 及以下的网架工程的制作与安装
3	三级企业	可承担单项合同额不超过企业注册资本金5倍且跨度24m及以下、总重量600t及以下、单体建筑面积6000m² 及以下的钢结构工程(包括轻型钢结构工程)和边长24m及以下、总重量120t及以下、建筑面积1200m² 及以下的网架工程的制作与安装

3.1 建筑业企业资质评定

6. 消防设施工程专业承包企业资质等级标准

消防设施工程专业承包企业资质分为一级、二级、三级。

（1）承包企业资质条件

消防设施工程专业承包企业资质条件见表 3-13。

消防设施工程专业承包企业资质条件　　　　表 3-13

序号	标准等级	资 质 条 件
1	一级资质标准	（1）企业近 5 年承担过两项以上建筑面积 4 万 m^2 以上火灾自动报警系统和固定灭火系统工程施工，工程质量合格； （2）企业经理具有 8 年以上从事工程管理工作经历或具有高级职称；总工程师具有 8 年以上从事消防设施工技术管理工作经历并具有电气、设备或相关专业高级职称；总会计师具有中级以上会计职称； 企业有职称的工程技术和经济管理人员不少于 40 人，其中电气、设备等专业有职称人员不少于 30 人；工程技术人员中，具有相应专业高级职称的人员不少于 5 人，具有相应专业中级职称的人员不少于 10 人，且经消防专业考试合格的工程技术人员不少于 15 人； 企业具有的一级资质项目经理不少于 5 人，且经消防专业考试合格； （3）企业注册资本金 500 万元以上，企业净资产 600 万元以上； （4）企业近 3 年最高年工程结算收入 2500 万元以上； （5）企业具有火灾自动报警系统检测设备、自动喷水灭火系统喷头安装专用工具、消火栓和防烟排烟系统检查测试设备和质量检验设备
2	二级资质标准	（1）企业近 5 年承担过两项以上建筑面积 2 万 m^2 以上火灾自动报警系统和固定灭火系统工程施工，工程质量合格； （2）企业经理具有 5 年以上从事工程管理工作经历或具有高级职称；技术负责人具有 5 年以上从事消防设施工技术管理工作经历并具有电气、设备或相关专业高级职称；财务负责人具有中级以上会计职称； 企业有职称的工程技术和经济管理人员不少于 30 人，其中电气、设备等专业有职称人员不少于 20 人；工程技术人员中，具有相应专业高级职称的人员不少于 3 人，具有相应专业中级职称的人员不少于 6 人，且经消防专业考试合格的工程技术人员不少于 10 人； 企业具有的二级资质以上项目经理不少于 3 人，且经消防专业考试合格； （3）企业注册资本金 300 万元以上，企业净资产 400 万元以上； （4）企业近 3 年最高年工程结算收入 1500 万元以上； （5）企业具有火灾自动报警系统检测设备、自动喷水灭火系统喷头安装专用工具、消火栓和防烟排烟系统检查测试设备和质量检验设备
3	三级资质标准	（1）企业近 5 年承担过两项以上建筑面积 1 万 m^2 以上火灾自动报警系统和固定灭火系统工程施工，工程质量合格； （2）企业经理具有 3 年以上从事工程管理工作经历或具有高级职称；技术负责人具有 3 年以上从事消防设施工技术管理工作经历并具有电气、设备或相关专业高级职称；财务负责人具有中级以上会计职称； 企业有职称的工程技术和经济管理人员不少于 20 人，其中电气、设备等专业有职称人员不少于 10 人；工程技术人员中，具有相应专业高级职称的人员不少于 2 人，具有相应专业中级职称的人员不少于 4 人，且经消防专业考试合格的工程技术人员不少于 5 人； 企业具有的三级资质以上项目经理不少于 2 人，且经消防专业考试合格； （3）企业注册资本金 100 万元以上，企业净资产 150 万元以上； （4）企业近 3 年最高年工程结算收入 500 万元以上； （5）企业具有火灾自动报警系统检测设备、自动喷水灭火系统喷头安装专用工具、消火栓和防烟排烟系统检查测试设备和质量检验设备

(2)承包工程范围

消防设施工程专业承包企业承包工程范围见表3-14。

消防设施工程专业承包企业承包工程范围　　　　表3-14

序号	企业等级	承包工程范围
1	一级企业	可承担各类消防设施工程的施工
2	二级企业	可承担建筑高度100m及以下、建筑面积5万m^2及以下的房屋建筑、易燃、可燃液体和可燃气体生产、储存装置等消防设施工程的施工
3	三级企业	可承担建筑高度24m及以下、建筑面积2.5万m^2及以下的房屋建筑消防设施工程的施工

7. 建筑防水工程专业承包企业资质等级标准

建筑防水工程专业承包企业资质分为二级、三级。

(1)承包企业资质条件

建筑防水工程专业承包企业资质条件见表3-15。

建筑防水工程专业承包企业资质条件　　　　表3-15

序号	标准等级	资 质 条 件
1	二级资质标准	(1)企业近5年承担过两项单项工程造价150万元以上建筑防水工程施工,工程质量合格; (2)企业经理具有10年以上从事工程管理工作经历或具有高级职称;技术负责人具有10年以上从事建筑防水施工技术管理工作经历并具有相关专业中级以上职称;财务负责人具有中级以上会计职称; 企业有职称的工程技术和经济管理人员不少于20人,其中工程技术人员不少于15人;工程技术人员中,具有中级以上职称的人员不少于5人; 企业具有的二级资质以上项目经理不少于5人; (3)企业注册资本金500万元以上,企业净资产600万元以上; (4)企业近3年最高年工程结算收入1000万元以上; (5)企业具有与承包工程范围相适应的施工机械和质量检测设备
2	三级资质标准	(1)企业近5年承担过两项单项工程造价80万元以上建筑防水工程施工,工程质量合格; (2)企业经理具有8年以上从事工程管理工作经历或具有中级以上职称;技术负责人具有8年以上从事建筑防水施工技术管理工作经历并具有相关专业中级以上职称;财务负责人具有初级以上会计职称; 企业有职称的工程技术和经济管理人员不少于15人,其中工程技术人员不少于10人;工程技术人员中,具有中级以上职称的人员不少于3人; 企业具有的三级资质以上项目经理不少于3人; (3)企业注册资本金200万元以上,企业净资产250万元以上; (4)企业近3年最高年工程结算收入400万元以上; (5)企业具有与承包工程范围相适应的施工机械和质量检测设备

(2)承包工程范围

建筑防水工程专业承包企业承包工程范围见表3-16。

3.1 建筑业企业资质评定

建筑防水工程专业承包企业承包工程范围　　　　　　　　　表3-16

序号	企业等级	承包工程范围
1	二级企业	可承担各类房屋建筑防水工程的施工
2	三级企业	可承担单项工程造价200万元及以下房屋建筑防水工程的施工

8. 防腐保温工程专业承包企业资质等级标准

防腐保温工程专业承包企业资质分为一级、二级、三级。

（1）承包企业资质条件

防腐保温工程专业承包企业资质条件见表3-17。

防腐保温工程专业承包企业资质条件　　　　　　　　　表3-17

序号	标准等级	资　质　条　件
1	一级资质标准	（1）企业近5年承担过两项以上单项合同额400万元以上防腐保温工程施工，工程质量合格； （2）企业经理具有10年以上从事工程管理工作经历或具有高级职称；总工程师具有10年以上从事防腐保温施工技术管理工作经历并具有相关专业高级职称，财务负责人具有中级以上会计职称； 企业有职称的工程技术和经济管理人员不少于60人，其中工程技术人员不少于40人；工程技术人员中，具有高级职称的人员不少于5人，具有中级职称的人员不少于20人； 企业具有的一级资质项目经理不少于5人； （3）企业注册资本金1000万元以上，企业净资产1200万元以上； （4）企业近3年最高年工程结算收入2000万元以上； （5）企业具有与承包工程范围相适应的施工机械和质量检测设备
2	二级资质标准	（1）企业近5年承担过两项以上单项合同额200万元以上防腐保温工程施工，工程质量合格； （2）企业经理具有8年以上从事工程管理工作经历或具有中级以上职称；技术负责人具有8年以上从事防腐保温施工技术管理工作经历并具有相关专业中级以上职称；财务负责人具有中级以上会计职称； 企业有职称的工程技术和经济管理人员不少于40人，其中工程技术人员不少于25人；工程技术人员中，具有中级以上职称的人员不少于10人； 企业具有的二级资质以上项目经理不少于5人； （3）企业注册资本金500万元以上，企业净资产600万元以上； （4）企业近5年最高年工程结算收入1000万元以上； （5）企业具有与承包工程范围相适应的施工机械和质量检测设备
3	三级资质标准	（1）企业近5年承担过两项以上单项合同额50万元以上防腐保温工程施工，工程质量合格； （2）企业经理具有5年以上从事工程管理工作经历；技术负责人具有5年以上从事防腐保温施工技术管理工作经历并具有相关专业中级以上职称；财务负责人具有初级以上会计职称； 企业有职称的工程技术和经济管理人员不少于25人，其中工程技术人员不少于15人；工程技术人员中，具有中级以上职称的人员不少于4人； 企业具有的三级资质以上项目经理不少于5人； （3）企业注册资本金200万元以上，企业净资产300万元以上； （4）企业近3年最高年工程结算收入500万元以上； （5）企业具有与承包工程范围相适应的施工机械和质量检测设备

3 劳务人员资格审查与培训

（2）承包工程范围

防腐保温工程专业承包企业承包工程范围见表3-18。

防腐保温工程专业承包企业承包工程范围　　表3-18

序号	企业等级	承包工程范围
1	一级企业	可承担各类防腐保温工程的施工
2	二级企业	可承担单项合同额不超过企业注册资本金5倍的各类防腐保温工程的施工
3	三级企业	可承担单项合同额不超过企业注册资本金5倍的各类防腐保温工程的施工

9. 金属门窗工程专业承包企业资质等级标准

金属门窗工程专业承包企业资质分为一级、二级、三级。

（1）承包企业资质条件

金属门窗工程专业承包企业资质条件见表3-19。

金属门窗工程专业承包企业资质条件　　表3-19

序号	标准等级	资 质 条 件
1	一级资质标准	（1）企业近5年承担过下列三项中的两项以上工程施工，工程质量合格： 1）25层或80m以上建筑物的金属门窗工程； 2）面积6000m^2以上的金属门窗工程； 3）单项合同额500万元以上的金属门窗工程； （2）企业经理具有5年以上工程管理工作经历或具有中级以上职称；总工程师具有8年以上从事金属门窗施工技术管理工作经历并具有相关专业高级职称；财务负责人具有中级以上会计职称； 企业有职称的工程技术和经济管理人员不少于30人，其中工程技术人员不少于20人；工程技术人员中，具有中级以上职称的人员不少于10人； 企业具有的一级资质项目经理不少于3人； （3）企业注册资本金500万元以上，企业净资产600万元以上； （4）企业近3年最高年工程结算收入1500万元以上； （5）企业具有金属门窗加工、制作的厂房面积不小于1500m^2，并具有配套的加工、制作、安装设备和检测器具；具有运用计算机进行金属门窗工程设计的能力
2	二级资质标准	（1）企业近5年承担过下列三项中的两项以上金属门窗工程施工，工程质量合格： 1）12层或40m以上建筑物的金属门窗工程； 2）面积3000m^2以上的金属门窗工程； 3）单项合同额300万元以上的金属门窗工程； （2）企业经理具有3年以上工程管理工作经历或具有中级以上职称；技术负责人具有5年以上从事金属门窗施工技术管理工作经历并具有相关专业中级以上职称；财务负责人具有中级以上会计职称； 企业有职称的工程技术和经济管理人员不少于15人，其中工程技术人员不少于10人；工程技术人员中，具有中级以上职称的人员不少于5人； 企业具有的二级资质以上项目经理不少于3人； （3）企业注册资本金200万元以上，企业净资产250万元以上； （4）企业近3年最高年工程结算收入800万元以上； （5）企业具有金属门窗加工、制作的厂房面积不小于800m^2，并具有配套的加工、制作、安装设备和检测器具；具有运用计算机进行金属门窗工程设计的能力

3.1 建筑业企业资质评定

续表

序号	标准等级	资 质 条 件
3	三级资质标准	（1）企业近2年承担过下列三项中的两项以上金属门窗工程施工，工程质量合格： 1）6层或20m以上建筑物的金属门窗工程； 2）面积1000m² 以上的金属门窗工程； 3）单项合同额100万元以上的金属门窗工程； （2）企业经理具有2年以上工程管理工作经历；技术负责人具有5年以上从事金属门窗施工技术管理工作经历并具有相关专业中级以上职称；财务负责人具有中级以上会计职称； 企业有职称的工程技术和经济管理人员不少于8人，其中工程技术人员不少于5人；工程技术人员中，具有中级以上职称的人员不少于3人； 企业具有的三级资质以上项目经理不少于3人； （3）企业注册资本金100万元以上，企业净资产120万元以上； （4）企业近2年最高年工程结算收入300万元以上； （5）企业具有金属门窗加工、制作的厂房面积不小于500m²，并具有配套的加工、制作、安装设备和检测器具

（2）承包工程范围

金属门窗工程专业承包企业承包工程范围见表3-20。

金属门窗工程专业承包企业承包工程范围　　　　表3-20

序号	企业等级	承包工程范围
1	一级企业	可承担各类铝合金、塑钢等金属门窗工程的施工
2	二级企业	可承担单项合同额不超过企业注册资本金5倍的下列铝合金、塑钢等金属门窗工程的施工： （1）28层及以下建筑物的金属门窗工程； （2）面积8000m² 及以下的金属门窗工程
3	三级企业	可承担单项合同额不超过企业注册资本金5倍的下列铝合金、塑钢等金属门窗工程的施工： （1）14层及以下建筑物的金属门窗工程； （2）面积4000m² 及以下的金属门窗工程

10. 建筑智能化工程专业承包企业资质等级标准

建筑智能化工程主要可以分为：计算机管理系统工程、楼宇设备自控系统工程、保安监控及防盗报警系统工程、智能卡系统工程、通信系统工程、卫星及共用电视系统工程、车库管理系统工程、综合布线系统工程、计算机网络系统工程、广播系统工程、会议系统工程、视频点播系统工程、智能化小区综合物业管理系统工程、可视会议系统工程、大屏幕显示系统工程、智能灯光、音响控制系统工程、火灾报警系统工程以及计算机机房工程。

建筑智能化工程专业承包企业资质分为一级、二级、三级。

（1）承包企业资质条件

建筑智能化工程专业承包企业资质条件见表3-21。

3 劳务人员资格审查与培训

建筑智能化工程专业承包企业资质条件 表 3-21

序号	标准等级	资质条件
1	一级资质标准	(1) 企业近5年承担过两项造价1000万元以上建筑智能化工程施工，工程质量合格； (2) 企业经理具有10年以上从事工程管理工作经历或具有高级职称；总工程师具有10年以上从事施工管理工作经历并具有相关专业高级职称；总会计师具有中级以上会计职称； 企业有职称的工程技术和经济管理人员不少于100人，其中工程技术人员不少于60人，且计算机、电子、通信、自动化等专业人员齐全；工程技术人员中，具有高级职称的人员不少于5人，具有中级职称的人员不少于20人； 企业具有的一级资质项目经理不少于5人； (3) 企业注册资本金1000万元以上，企业净资产1200万元以上； (4) 企业近3年最高年工程结算收入3000万元以上； (5) 企业具有与承包工程范围相适应的施工机械和质量检测设备
2	二级资质标准	(1) 企业近5年承担过两项造价500万元以上建筑智能化工程施工，工程质量合格； (2) 企业经理具有5年以上从事工程管理工作经历或具有中级以上职称；技术负责人具有5年以上从事施工管理工作经历并具有相关专业中级职称；财务负责人具有初级以上会计职称； 企业有职称的工程技术和经济管理人员不少于50人，其中工程技术人员不少于30人，且计算机、电子、通信、自动化等专业人员齐全；工程技术人员中，具有高级职称的人员不少于3人，具有中级职称的人员不少于10人； 企业具有的二级资质以上项目经理不少于8人； (3) 企业注册资本金500万元以上，企业净资产600万元以上； (4) 企业近3年最高年工程结算收入1000万元以上； (5) 企业具有与承包工程范围相适应的施工机械和质量检测设备
3	三级资质标准	(1) 企业近5年承担过两项造价200万元以上建筑智能化或综合布线工程施工，工程质量合格； (2) 企业经理具有5年以上从事工程管理工作经历；技术负责人具有5年以上从事施工管理工作经历并具有相关专业中级以上职称；财务负责人具有初级以上会计职称； 企业有职称的工程技术和经济管理人员不少于20人，其中工程技术人员不少于12人，且计算机、电子、通信、自动化等专业人员齐全；工程技术人员中，具有高级职称的人员不少于1人，具有中级职称的人员不少于4人； 企业具有的三级资质以上项目经理不少于3人； (3) 企业注册资本金200万元以上，企业净资产240万元以上； (4) 企业近3年最高年工程结算收入300万元以上； (5) 企业具有与承包工程范围相适应的施工机械和质量检测设备

(2) 承包工程范围

建筑智能化工程专业承包企业承包工程范围见表3-22。

建筑智能化工程专业承包企业承包工程范围 表 3-22

序号	企业等级	承包工程范围
1	一级企业	可承担各类建筑智能化工程的施工
2	二级企业	可承担工程造价1200万元及以下的建筑智能化工程的施工
3	三级企业	可承担工程造价600万元及以下的建筑智能化工程的施工

3.1.4 建筑业劳务分包企业资质标准

根据《建筑业企业资质等级标准》(建建[2001]82号),建筑业劳务分包企业资质标准按专业细分为木工作业分包、砌筑作业分包、抹灰作业分包企业资质等级标准等13类。

1. 木工作业分包企业资质标准

木工作业分包企业资质分为一级、二级。

(1) 分包企业资质条件

木工作业分包企业资质条件见表3-23。

木工作业分包企业资质条件　　　　　　　　　　　　　　　表3-23

序号	标准等级	资　质　条　件
1	一级资质标准	(1) 企业注册资本金30万元以上; (2) 企业具有相关专业技术员或本专业高级工以上的技术负责人; (3) 企业具有初级以上木工不少于20人,其中,中、高级工不少于50%;企业作业人员持证上岗率100%; (4) 企业近3年最高年完成劳务分包合同额100万元以上; (5) 企业具有与作业分包范围相适应的机具
2	二级资质标准	(1) 企业注册资本金10万元以上; (2) 企业具有本专业高级工以上的技术负责人; (3) 企业具有初级以上木工不少于10人,其中,中、高级工不少于50%;企业作业人员持证上岗率100%; (4) 企业近3年承担过2项以上木工作业分包,工程质量合格; (5) 企业具有与作业分包范围相适应的机具

(2) 作业分包范围

木工作业分包范围见表3-24。

木工作业分包范围　　　　　　　　　　　　　　　　　　　表3-24

序号	标准等级	作业分包范围
1	一级资质标准	可承担各类工程的木工作业分包业务,但单项业务合同额不超过企业注册资本金的5倍
2	二级资质标准	可承担各类工程的木工作业分包业务,但单项业务合同额不超过企业注册资本金的5倍

2. 砌筑作业分包企业资质标准

砌筑作业分包企业资质分为一级、二级。

(1) 分包企业资质条件

砌筑作业分包企业资质条件见表3-25。

砌筑作业分包企业资质条件　　　　　　　　　　　　　　　表3-25

序号	标准等级	资　质　条　件
1	一级资质标准	(1) 企业注册资本金30万元以上; (2) 企业具有相关专业技术员或高级工以上的技术负责人; (3) 企业具有初级以上砖瓦、抹灰技术工人不少于50人,其中,中、高级工不少于50%;企业作业人员持证上岗率100%; (4) 企业近3年最高年完成劳务分包合同额100万元以上; (5) 企业具有与作业分包范围相适应的机具

续表

序号	标准等级	资质条件
2	二级资质标准	(1) 企业注册资本金 10 万元以上； (2) 企业具有相关专业技术员或中级工等级以上的技术负责人； (3) 企业具有初级以上砖瓦、抹灰技术工人不少于 20 人，其中，中、高级工不少于 30%；企业作业人员持证上岗率 100%； (4) 企业近 3 年承担过 2 项以上砌筑作业分包，工程质量合格； (5) 企业具有与作业分包范围相适应的机具

(2) 作业分包范围

砌筑作业分包企业资质条件及作业分包范围见表 3-26。

砌筑作业分包范围　　　　　　　　　　表 3-26

序号	标准等级	作业分包范围
1	一级资质标准	可承担各类工程砌筑作业（不含各类工业炉窑砌筑）分包业务，但单项业务合同额不超过企业注册资本金的 5 倍
2	二级资质标准	可承担各类工程砌筑作业（不含各类工业炉窑砌筑）分包业务，但单项业务合同额不超过企业注册资本金的 5 倍

3. 抹灰作业分包企业资质标准

抹灰作业分包企业资质不分等级。可承担各类工程的抹灰作业分包业务，但单项业务合同额不超过企业注册资本金的 5 倍。

(1) 企业注册资本金 30 万元以上。

(2) 企业具有相关专业技术员或本专业高级工以上的技术负责人。

(3) 企业具有初级以上抹灰工不少于 50 人，其中，中、高级工不少于 50%；企业作业人员持证上岗率 100%。

(4) 企业近 3 年承担过 2 项以上抹灰作业分包，工程质量合格。

(5) 企业具有与作业分包范围相适应的机具。

4. 石制作分包企业资质标准

石制作分包企业资质不分等级。可承担各类石制作分包业务，但单项业务合同额不超过企业注册资本金的 5 倍。

(1) 企业注册资本金 30 万元以上。

(2) 企业具有相关专业技术员或具有 5 年以上石制作经历的技术负责人。

(3) 企业具有石制作工人不少于 10 人。

(4) 企业近 3 年承担过 2 项以上石制作作业分包，工程质量合格。

(5) 企业具有与作业分包范围相适应的机具。

5. 油漆作业分包企业资质标准

油漆作业分包企业资质不分等级。可承担各类工程油漆作业分包业务，但单项业务合同额不超过企业注册资本金的 5 倍。

(1) 企业注册资本金 30 万元以上。

(2) 企业具有相关专业技术员或本专业高级工以上的技术负责人。

(3) 企业具有初级以上油漆工不少于 20 人，其中，中、高级工不少于 50%；企业作业人员持证上岗率100%。

(4) 企业近3年承担过2项以上油漆作业分包，工程质量合格。

(5) 企业具有与作业分包范围相适应的机具。

6. 钢筋作业分包企业资质标准

钢筋作业分包企业资质分为一级、二级。

(1) 分包企业资质条件

钢筋作业分包企业资质条件见表3-27。

钢筋作业分包企业资质条件　　　　　　　　　表3-27

序号	标准等级	资 质 条 件
1	一级资质标准	(1) 企业注册资本金30万元以上； (2) 企业具有相关专业助理工程师或技师以上职称的技术负责人； (3) 企业具有初级以上钢筋、焊接技术工人不少于20人，其中，中、高级工不少于50%；企业作业人员持证上岗率100%； (4) 近3年中最高年完成劳务分包合同额100万元以上； (5) 企业具有与作业分包范围相适应的机具
2	二级资质标准	(1) 企业注册资本金10万元以上； (2) 企业具有专业技术员或高级工以上的技术负责人； (3) 企业具有初级以上钢筋、焊接技术工人不少于10人，其中，中、高级工不少于30%；企业作业人员持证上岗率100%； (4) 企业近3年承担过2项以上钢筋绑扎、焊接作业分包，工程质量合格； (5) 企业具有与作业分包范围相适应的机具

(2) 作业分包范围

钢筋作业分包范围见表3-28。

钢筋作业分包范围　　　　　　　　　表3-28

序号	标准等级	作业分包范围
1	一级资质标准	可承担各类工程钢筋绑扎、焊接作业分包业务，但单项业务合同额不超过企业注册资本金的5倍
2	二级资质标准	可承担各类工程钢筋绑扎、焊接作业分包业务，但单项业务合同额不超过企业注册资本金的5倍

7. 混凝土作业分包企业资质标准

混凝土作业分包企业资质不分等级。可承担各类工程混凝土作业分包业务，但单项业务合同额不超过企业注册资本金的5倍。

(1) 企业注册资本金30万元以上。

(2) 企业具有相关专业助理工程师职称或技师以上的技术负责人。

(3) 企业具有初级以上混凝土技术工人不少于30人，其中，中、高级工不少于50%；企业作业人员持证上岗率100%。

(4) 企业近3年最高年完成劳务分包合同额100万元以上。

(5) 企业具有与作业分包范围相适应的机具。

8. 脚手架搭设作业分包企业资质标准

脚手架搭设作业分包企业资质分为一级、二级。

(1) 分包企业资质条件

脚手架搭设作业分包企业资质条件见表3-29。

脚手架搭设作业分包企业资质条件　　　　　　表3-29

序号	标准等级	资 质 条 件
1	一级资质标准	(1) 企业注册资本金50万元以上； (2) 企业具有相关专业助理工程师或技师以上的技术负责人； (3) 企业具有初级以上架子工技术工人不少于50人，其中，中、高级工不少于50%；企业作业人员持证上岗率100%； (4) 企业近3年最高年完成劳务分包合同额100万元以上； (5) 企业具有与作业分包范围相适应的机具
2	二级资质标准	(1) 企业注册资本金20万元以上； (2) 企业具有相关专业技术员或高级工以上的技术负责人； (3) 企业具有初级以上架子工技术工人不少于20人，其中，中、高级工不少于30%；企业作业人员持证上岗率100%； (4) 企业具有与作业分包范围相适应的机具

(2) 作业分包范围

脚手架搭设作业分包范围见表3-30。

脚手架搭设作业分包范围　　　　　　表3-30

序号	标准等级	作业分包范围
1	一级资质标准	可承担各类工程的脚手架（不含附着升降脚手架）搭设作业分包业务，但单项业务合同额不超过企业注册资本金的5倍
2	二级资质标准	可承担20层或高度60m以下各类工程的脚手架（不含附着升降脚手架）作业分包业务，但单项业务合同额不超过企业注册资本金的5倍

9. 模板作业分包企业资质标准

模板作业分包企业资质分为一级、二级。

(1) 分包企业资质条件

模板作业分包企业资质条件见表3-31。

模板作业分包企业资质条件　　　　　　表3-31

序号	标准等级	资 质 条 件
1	一级资质标准	(1) 企业注册资本金30万元以上； (2) 企业具有相关专业助理工程师或技师以上的技术负责人； (3) 企业具有初级以上相应专业的技术工人不少于30人，其中，中、高级工不少于50%；企业作业人员持证上岗率100%； (4) 企业近3年最高年完成劳务分包合同额100万元以上； (5) 企业具有与作业分包范围相适应的机具

续表

序号	标准等级	资 质 条 件
2	二级资质标准	（1）企业注册资本金10万元以上； （2）企业具有相关专业技术员或高级工以上的技术负责人； （3）企业具有初级以上相应专业的技术工人不少于15人，其中，中、高级工不少于30%；企业作业人员持证上岗率100%； （4）企业具有与作业分包范围相适应的机具

（2）作业分包范围

模板作业分包范围见表3-32。

模板作业分包范围 表3-32

序号	标准等级	作业分包范围
1	一级资质标准	可承担各类工程模板作业分包业务，但单项业务合同额不超过企业注册资本金的5倍
2	二级资质标准	可承担普通钢模、木模、竹模、复合模板作业分包业务，但单项业务合同额不超过企业注册资本金的5倍

10. 焊接作业分包企业资质标准

焊接作业分包企业资质分为一级、二级。

（1）分包企业资质条件

焊接作业分包企业资质条件见表3-33。

焊接作业分包企业资质条件 表3-33

序号	标准等级	资 质 条 件
1	一级资质标准	（1）企业注册资本金30万元以上； （2）企业具有相关专业助理工程师或技师以上的技术负责人； （3）企业具有初级以上焊接技术工人不少于20人，其中，中、高级工不少于50%；企业作业人员持证上岗率100%； （4）企业近3年最高年完成劳务分包合同额100万元以上； （5）企业具有与作业分包范围相适应的机具
2	二级资质标准	（1）企业注册资本金10万元以上； （2）企业具有相关专业技术员或高级工以上的技术负责人； （3）企业具有初级以上焊接技术工人不少于10人，其中，中、高级工不少于50%；企业作业人员持证上岗率100%； （4）企业近3年承担过2项以上焊接作业分包，工程质量合格； （5）企业具有与作业分包范围相适应的机具

（2）作业分包范围

焊接作业分包范围见表3-34。

焊接作业分包范围 表3-34

序号	标准等级	作业分包范围
1	一级资质标准	可承担各类工程焊接作业分包业务，但单项业务合同额不超过企业注册资本金的5倍
2	二级资质标准	可承担普通焊接作业的分包业务，但单项业务合同额不超过企业注册资本金的5倍

3 劳务人员资格审查与培训

11. 水暖电安装作业分包企业资质标准

水暖电安装作业分包企业资质不分等级。可承担各类工程的水暖电安装作业分包业务，但单项业务合同额不超过企业注册资本金的5倍。

(1) 企业注册资本金30万元以上。

(2) 企业具有相应专业助理工程师或技术师以上的技术负责人。

(3) 企业具有初级以上水暖、电工及管道技术工人不少于30人，其中，中、高级工不少于50%；企业作业人员持证上岗率100%。

(4) 企业近3年承担过2项以上水暖电安装作业分包，工程质量合格。

(5) 企业具有与作业分包范围相适应的机具。

12. 钣金工程作业分包企业资质标准

钣金工程作业分包企业资质不分等级。可承担各类工程的钣金作业分包业务，但单项业务合同额不超过企业注册资本金的5倍。

(1) 企业注册资本金30万元以上。

(2) 企业具有本专业助理工程师或技师以上的技术负责人。

(3) 企业具有初级以上钣金等技术工人不少于20人，其中，中、高级工不少于50%；企业作业人员持证上岗率100%。

(4) 企业近3年承担过2项以上钣金作业分包，工程质量合格。

(5) 企业具有与作业分包范围相适应的机具。

13. 架线工程作业分包企业资质标准

架线工程作业分包企业资质不分等级。可承担各类工程的架线作业分包业务，但单项业务合同额不超过企业注册资本金的5倍。

(1) 企业注册资本金50万元以上。

(2) 企业具有本专业工程师以上职称的技术负责人。

(3) 企业具有初级以上架线技术工人不少于60人，其中，中、高级工不少于50%；企业作业人员持证上岗率100%。

(4) 企业近3年承担过2项以上架线作业分包，工程质量合格。

(5) 企业具有与作业分包范围相适应的机具。

3.2 劳务队伍资质验证

施工企业或用人单位劳务管理部门（或人员）在审验劳务队伍资质时，应注意以下几方面问题。

3.2.1 资格要求

(1) 施工队伍所在的劳务企业符合建筑业企业资质管理相关要求。

(2) 施工队伍属于当地建设主管部门、行业协会以及企业考核评价合格的队伍。

(3) 劳务队伍各项规章制度健全，管理人员配备齐全并持证上岗，能够认真执行各级劳务管理政策、规定以及规范。

(4) 有稳定的劳动力队伍，工种配备完整、技壮工搭配合理，无劳动力不足而严重影响工程进度现象。

3.2.2 业绩要求

能够遵守合同，保证工期、质量、安全，能服从项目经理部日常管理，与项目经理部配合融洽。能够积极配合政府主管部门和项目经理部妥善处理突发事件，保证企业和谐发展及社会稳定。

3.2.3 政策管理要求

1. 劳务管理

分包队伍管理体系健全，劳务管理人员持证上岗。办理合同备案和人员备案及时，发生工程变更及劳务分包合同约定允许调整的内容及时进行洽商，合同履约情况良好，作业人员身份证复印件、岗位技能证书以及劳动合同齐全且未过有效期，每月按考勤情况按时足额发放劳务作业人员工资，施工队伍人员稳定，根据项目经理部农民工夜校培训计划按时参加夜校培训，服从项目经理部日常管理，确保未出现各类群体性事件，保障企业及社会稳定。

2. 安全管理

安全管理体系健全，人员进场安全教育覆盖率达到100%，考核合格率达到100%，按规定比例配备专职安全员，按规定配备和使用符合标准的劳保用品，特种作业人员必须持特种作业操作证上岗，施工中服从管理，无违章现象、无伤亡事故。

3. 生产管理

施工组织紧凑，能够按时完成生产计划，施工现场内干净、整洁，无材料浪费，成品、半成品保护到位。

4. 技术质量管理

无质量事故发生，承接工程达到质量标准和合同约定工期要求，严格按照技术交底施工，质量体系健全，严格进行自检，无返工现象。

5. 行保管理

食堂必须办理卫生许可证，炊事员持有健康证且保持良好的个人卫生；食堂食品卫生安全符合规定，无食物中毒；生活责任区干净、整洁；无浪费水电现象；落实职业病防护相关管理规定。

3.3 劳务人员身份、职业资格核验

3.3.1 劳务人员通用要求

通用要求主要应包括以下几点：

（1）劳务作业人员必须与劳务企业签订书面劳动合同，并在建设主管部门完成人员备案。劳动合同应一式三份分别由施工作业人员、劳务企业以及总承包企业留存归档。

（2）劳务作业人员应当按政府规定进行安全培训和普法维权培训，考核合格后方可入场施工作业。

(3) 劳务作业人员应当100%具备相应工种岗位资格证书。

3.3.2 劳务施工队人员持证上岗规范标准

(1) 专业与劳务分包企业施工队伍必须配备相应的管理人员，不得低于注册人数的8%，全部管理人员应100%持有国家相关部门颁发的管理岗位证书。

(2) 管理人员配备应符合以下标准：

1) 施工队伍人数达到50人必须配备1名专职安全员。其中，50人以下，按50人计算。

2) 每个注册的专业与劳务分包企业的法人代表、项目负责人以及专职安全员必须具有安全资格证书。

3) 施工队伍人数在百人以上的专业与劳务分包企业，必须配备1名专职劳务员，不足百人的可配备兼职管理人员。

(3) 一般技术工人、特种作业人员、劳务普工注册人员必须100%持有相应工种的岗位证书。

(4) 对于专业与劳务分包工程队伍人数超过50人的，其中级工比例不低于40%、高级工比例不得低于5%。

(5) 在施工现场，不得使用未成年工、童工，所有从事施工作业人员年龄不得在55周岁以上，其中登高架设作业人员（架子工）年龄应控制在45周岁以下。

(6) 未达到上述标准的专业与劳务分包施工企业应在15个工作日内提交相关资料进行复审，复审不合格，须由劳务主管部门进行补充培训或鉴定。

3.3.3 证书审验标准和工作流程

1. 证书审验标准

(1) 专业与劳务分包企业出具的证书版本和格式必须符合国家统一证书核发标准，否则视为假证。

(2) 证书内文字必须按规定的要求书写，其书写部分不得有涂改、照片处必须加盖钢印，其钢印必须压照片，否则该证书不予承认。

(3) 特种作业、特种设备、建筑行业起重设备操作人员证书必须在规定的有效时间内，已过期或未按规定时间进行复检者均为失效证书不予承认。

2. 操作流程

(1) 专业与劳务分包施工企业办理人员实名制备案前，首先持《合同用工备案花名册》和岗位证书，提交建筑集团职业技能开发中心（部门）进行备案人员的证书审验工作。

(2) 证书审验时专业与劳务分包施工企业负责人或代理负责人必须在场。

(3) 证书审验合格单位，由建筑集团职业技能开发中心（部门）开具"劳务分包企业证书审核注册登记备案表"；专业与劳务分包企业凭"劳务分包企业证书审核注册登记备案表"及名册，到集团劳务主管部门办理备案手续。

(4) 证书审验中，出现专业与劳务分包施工企业职工名册内有无证人员，其无证人员必须在相应时间内进行培训并取得相关岗位职业资格证书。

3. 注意事项

（1）管理人员须持《国家住房和城乡建设部管理人员岗位证书》。

（2）技术工人须持国家人力资源和社会保障部《中华人民共和国职业资格证书》或国家住房和城乡建设部《中华人民共和国住房和城乡建设部职业技能岗位证书》。

（3）特种设备作业人员或特种作业人员须持国家相关管理部门颁发的特种设备作业人员或特种作业人员操作证书。

（4）特种设备的电梯安装人员须持质量技术监督管理局核发的《中华人民共和国特种设备作业人员证》。

（5）建筑行业起重设备操作人员须持建设主管部门核发的《中华人民共和国住房和城乡建设部建筑施工特种作业人员操作资格证》。

（6）劳务普工须持国家住房和城乡建设部《中华人民共和国住房和城乡建设部职业技能岗位证书》。

4. 相关规定

（1）对未办理证书审验的专业与劳务分包施工队伍一律不予办理备案手续。

（2）将证书审验工作作为劳务管理考核评价工作指标。

（3）劳务管理部门应积极配合，督促入场作业队伍及时办理证书审验，对入场人员所持证书不符合规定的，应尽快实施补充培训和参加补充鉴定，确保入场作业队伍尽快完成备案手续。

3.4 施工队伍的信用考核评价

3.4.1 施工队伍综合评价的内容

施工队伍综合评价的主要内容见表 3-35。

施工队伍综合评价内容　　　　　表 3-35

序号	内容	备注
1	劳务管理	分包队伍管理体系健全，劳务管理人员持证上岗。办理合同备案和人员备案及时，发生工程变更及劳务分包合同约定允许调整的内容及时进行洽商，合同履约情况良好，作业人员身份证复印件、岗位技能证书、劳动合同齐全且未过有效期，每月按考勤情况按时足额发放劳务作业人员工资，施工队伍人员稳定，根据项目经理部农民工夜校培训计划按时参加夜校培训，服从项目经理部日常管理，保证不出现各类群体性事件，保障企业和社会稳定
2	安全管理	安全管理体系健全，人员进场安全教育面达到 100%；考核合格率达到 100%，按规定比例配备专职安全员，按规定配备和使用符合标准的劳保用品，特种作业人员必须持有效证件上岗，施工中服从管理无违章现象、无伤亡事故
3	生产管理	施工组织紧凑，能够按时完成生产计划，施工现场内干净、整洁，无材料浪费，成品、半成品保护到位
4	技术质量管理	无质量事故发生，承接工程达到质量标准和合同约定工期要求，严格按照技术交底施工，质量体系健全，严格进行自检，无返工现象

续表

序号	内容	备注
5	行保管理	食堂必须办理卫生许可证，炊事员必须持有健康证且保持良好的个人卫生。食堂食品卫生安全符合规定，无食物中毒。生活责任区干净、整洁。无浪费水电现象。落实职业病防护相关管理规定
6	综合素质	信誉良好、顾全大局，服从项目经理部日常管理，与项目经理部配合融洽。积极配合政府和项目经理部妥善处理突发事件，保证公司和社会稳定

3.4.2 施工队伍综合评价的方法

施工队伍综合评价的方法见表3-36。

施工队伍综合评价方法　　　　表 3-36

序号	方法	内容
1	考评周期	总承包企业范围劳务作业队伍的考评周期为一季度，针对不同工程、不同队伍的实际情况，各分公司可结合本单位情况制定相应考核评价周期
2	考评方式	由公司劳务主管部门统一部署考评工作，各分公司劳务管理部门组织项目部在规定时间内对所使用作业队伍进行考核，公司劳务主管部门将对重点项目到现场进行配合监督。各分公司须在项目部考评结束后一周内对各队伍考评表进行审核汇总，考评结果上报公司劳务主管部门，公司劳务主管部门将结合考评情况进行现场检查
3	信息反馈	（1）凡在公司范围内承接劳务分包工程施工的劳务作业队伍，经考评不合格将限期整改，同时要求作业队长参加考核培训。连续两次考评均不合格队伍，公司劳务主管部门将按照不合格队伍予以公布； （2）凡属公司当年新引进队伍，考评不合格，公司劳务主管部门将按照不合格队伍予以公布，同时建议分公司劳务管理部门签订合同变更或终止协议，降低合同履约风险，该队伍不得在公司范围内承揽新工程； （3）凡不配合项目部进行考评工作或考评周期内发生严重影响社会稳定的违法行为、聚众围堵事件或恶性恶意讨要事件、责任安全事故和质量事故的劳务作业队伍，公司劳务主管部门将按照不合格队伍予以公布，该队伍不得在公司范围内承揽新工程

3.4.3 施工队伍综合评价的标准

评价实行百分制，考评结果95分（含95分）以上为优秀；85~94分为合格；85分以下（含85分）为不合格。各劳务作业队伍的考评结果经确认后，由企业劳务主管部门以书面形式予以公布，纳入本年度"施工作业队伍"考评体系，并作为公司评定优秀劳务作业队伍的重要依据，各项考核标准见表3-37。

3.4 施工队伍的信用考核评价

劳务分包（施工作业队）考评表　　　　　表 3-37

序号	考评项目		检查标准	分值	得分	存在问题
1	劳务管理	队伍管理体系	队伍管理班子健全，配备工程技术、安全、质量、财务、治安、劳务管理等人员，设专职劳务员，且持有住建委核发的劳务员上岗证	3		
2		劳务分包合同履约监管	作业队签订劳务分包合同并及时办理备案，分包合同未过期限，洽商变更复核签认手续，合同履约情况良好	5		
3		人员管理	按规定完成人员备案，身份证、上岗证、劳动合同与花名册所列人员一一对应且无过期，劳动合同有本人签字，人员稳定，增减台账实名记录	5		
4		工资支付	监理健全统一的考勤表，工资表和相关台账，保证农民工工作足额、实名制支付；月度工资发放不低于当地最低工资标准	5		
5		农民工夜校管理	夜校教育记录有本人签字，且每月每人不少于2次	2		
6	安全管理	安全管理体系	安全管理体系健全，按比例配备专职安全员	4		
7		入场教育	人员进场安全教育面达到100%；考核合格率达到100%	4		
8		劳保用品	按规定配备和使用符合标准的劳保用品	4		
9		特种作业	特种作业人员必须持有效证件上岗	4		
10		事故预防	施工中服从管理，无违章现象、无伤亡事故	4		
11	生产管理	施工组织	施工组织紧凑，能够按时完成生产计划	5		
12		施工现场	施工现场内干净、整洁，无材料浪费	5		
13		产品保护	成品、半成品保护到位	5		
14	质量管理	质量体系	质量监管体系健全	4		
15		质量达标	承接工程达到质量保证合同约定工期要求	4		
16		技术交底	严格按照技术交底施工	4		
17		质量检验	严格进行自检，无返工现象	4		
18		质量保证	无质量事故发生	4		
19	行政管理	食堂卫生	食堂必须办理卫生许可证，炊事员必须持有健康证且保持良好的个人卫生。食堂食品卫生安全符合规定，无食物中毒	5		
20		生活区管理	生活区管理达到住建委下发的"文明生活区标准"要求	5		
21		资源节约	无浪费水电等资源现象	5		
22		职业病防护	落实职业病防护相关管理规定	5		

续表

序号	考评项目		检查标准	分值	得分	存在问题
23	综合素质	日常管理	积极配合项目部日常管理，与项目部配合融洽	2		
24		突发事件妥善处理	积极配合政府和项目部妥善处理突发事件，保证社会稳定	3		
25	否决项目	工人工资应及时、足额支付	未按要求及时、足额支付工人工资，引发纠纷或群体性事件	−10		
26		发生工伤事故	未按要求做好安全防护工作，发生伤亡事故	−10		
现场情况说明	受检队伍现场共计____人，其中： 管理人员____人、初级技工____人、中级技工____人、高级技工____人、普工____人。 18~30岁____人，30~45岁____人，45~55岁____人，55岁以上____人。 本省人员____人，外省人员____人，人员所占省市和自治区____个。					

项目经理（签字）　　　　　检查人（签字）　　　　　检查日期　　年　月　日

3.5　劳务人员实名制管理

劳务工人实名制管理是在贯彻实施国务院《关于切实解决建设领域拖欠工程款问题的通知》（国办发［2003］94号）的过程中，由各地方工程建设行政主管部门和建筑企业提出的。

实名制管理制度是指直接用工的建筑企业通过建立健全劳务用工管理制度，建立劳务人员信息档案，登记记录劳务人员的基本身份信息、培训和技能状况、从业经历、出勤情况、诚信信息、工资结算以及支付情况等。

3.5.1　实名制管理的作用

建筑业劳务用工实名制管理是近年来建筑业的一项创新管理，是强化现场合法用工管理和保证农民工工资发放到个人的一项重要措施，是规范建筑市场的正常秩序、加强建筑企业用工合法性管理的一项重要举措。

（1）通过实名制管理，对规范总分包单位双方的用工行为，杜绝非法用工和劳资纠纷，维护农民工合法权益，具有一定的积极作用。

（2）通过实名制数据采集，能及时掌握、了解施工现场的人员状况，有利于工程项目施工现场劳动力的管理和调剂。

（3）通过实名制数据公示，公开劳务分包单位企业人员考勤状况，公开每一个农民工的出勤状况，以避免或减少因工资和劳务费的支付而引发的纠纷隐患或恶意讨要事件的发生。

（4）通过实名制方式，为项目经理部施工现场劳务作业的安全管理、治安保卫管理提供第一手资料。

(5) 通过实名制管理卡的金融功能的使用，可以简化企业工资发放程序，避免农民工因携带现金而产生的不安全，为农民工提供了极大的便利。

3.5.2 实名制管理的内容和重点

1. 总承包、专业承包企业实名制管理的内容和重点

(1) 总承包、专业承包企业应设置劳务管理机构和劳务员，制定劳务管理制度。劳务员应持有岗位证书，切实履行劳务管理的职责。

(2) 劳务员要做好劳务管理工作内业资料的收集、整理以及归档。其资料主要应包括以下几种：

1) 企业法人营业执照。
2) 资质证书。
3) 建筑企业档案管理手册。
4) 安全生产许可证。
5) 项目施工劳务人员动态统计表。
6) 劳务分包合同。
7) 交易备案登记证书。
8) 劳务人员备案通知书。
9) 劳动合同书。
10) 身份证复印件。
11) 岗位技能证书复印件。
12) 月度考勤表。
13) 月度工资发放表等。

(3) 总承包企业劳务员根据劳务分包单位提供的劳务人员信息资料，逐一核对是否持有身份证、劳动合同以及岗位技能证书，不具备以上条件的人员不得使用，不允许其进入施工现场。

(4) 项目经理部劳务员负责项目日常劳务管理和相关数据的收集统计工作，建立劳务费、农民工工资结算兑付情况统计台账，检查监督劳务分包单位对农民工工资的支付情况，对劳务分包单位在支付农民工工资中存在的问题，应要求其限期整改。

(5) 项目经理部的劳务员要严格按照劳务管理相关规定，加强对现场的监控，规范分包单位的用工行为，确保其合法用工。依据实名制要求，监督劳务分包企业做好劳务人员的劳动合同签订、人员增减变动台账。

2. 劳务分包企业实名制管理的内容和重点

(1) 劳务分包企业应设置劳务管理机构和劳务员，制定劳务管理制度。劳务员应持有岗位证书，切实履行劳务管理的职责。

(2) 劳务分包单位的劳务员在进场施工前，应按实名制管理要求，将进场施工人员花名册、身份证原件、劳务分包合同文本以及岗位技能证书原件及时报送总承包企业，由总承包企业审核后，留存相关资料复印件备案。

(3) 劳务员要做好劳务管理工作内业资料的收集、整理以及归档。

内业资料主要应包括以下几种：

1) 企业法人营业执照。
2) 资质证书。
3) 建筑企业档案管理手册。
4) 安全生产许可证。
5) 项目施工劳务人员动态统计表。
6) 劳务分包合同。
7) 交易备案登记证书。
8) 劳务人员备案通知书。
9) 劳动合同书。
10) 身份证复印件。
11) 岗位技能证书复印件。
12) 月度考勤表。
13) 月度工资发放表等。

3.5.3 实名制管理的程序

实名制管理的程序见表3-38。

实名制管理程序　　　　　　表3-38

序号	程序	内容
1	施工现场封闭管理	项目部按照相关要求，将施工现场分为施工区和生活区，并进行独立的封闭管理。项目部进出大门24h设立安全保卫人员，负责核实进入人员。初次进入施工现场的人员，首先进入生活区，安全保卫人员要对其进行登记管理，务工人员的登记内容包括：本人姓名、身份证号、籍贯、所属单位（队伍），并出示本人身份证明，由其所在分包单位现场负责人签认后，方可进入生活区。无法提供上述登记内容、无身份证明或无所在单位负责人签认的，一律不得进入项目从事施工。安全保卫人员登记后，要将登记人员及时上报项目部安全保卫负责人，通知项目部劳务管理人员核对人员花名册
2	进场人员花名册管理	进场人员花名册是实名制管理的基础。项目部劳务管理人员必须要求外施队伍负责人在工人进场前，统一按照主管部门规定的格式制作花名册，报项目部劳务管理人员审验。对于新进场人员，项目部劳务管理人员应根据进场人员登记，及时与花名册核对，对于与花名册不符的人员，应要求外施队伍负责人按实际进场人员调整人员花名册，确保进入生活区人员与花名册相一致。劳务分包单位同时应配备持有行政主管部门颁发的《劳务员岗位证书》的专兼职劳务员，以配合总承包单位的劳务管理人员共同做好实名制管理工作
3	入场安全教育管理	由项目部安全管理人员对进场人员进行入场安全教育，组织学习有关法律法规、管理规定，进行安全知识答卷，对新进场人员进行考核。安全生产教育必须以答卷形式进行考试，考试合格后方可上岗，否则清退出场。参加安全教育的人员必须与花名册中人员相一致，不得代笔，凡未进行安全教育或考核不合格的人员，必须予以清退

3.5 劳务人员实名制管理

续表

序号	程 序	内 容
4	身份证与暂住证管理	身份证：凡进入现场的人员，必须提供身份证复印件，由项目部安全管理人员及劳务员留存。没有身份证的必须从户口所在地公安部门开具证明，以证明其身份。无身份证或身份证明的一律不得进入施工现场。项目部劳务管理人员应与安全管理人员及时沟通，保证花名册中人员均持有身份证明。 暂住证：在进行入场教育工作的同时，项目部劳务员应督促协助外施队伍及时到派出所办理暂住证
5	劳动合同签订管理	凡进入施工现场的务工人员，其所在单位必须提供与务工人员签订的劳动合同，劳动合同必须符合行政主管部门提供的最新合同范本样式。项目劳务管理人员必须督促、检查进场的分包企业（用人单位）与每位务工人员签订劳动合同，并留存备案。与务工人员签订的劳动合同必须与花名册相一致，劳动合同签订不得代笔，代笔的视为未签订劳动合同。凡未签订劳动合同的人员，劳务管理人员必须限分包企业（用人单位）在3日内与每位务工人员签订劳动合同，并留存备案
6	岗位证书管理	项目部劳务管理人员必须要求施工队伍负责人在人员进场后3日内，将务工人员上岗证书进行审验，劳务分包合同签订后7日内办理人员注册备案手续。劳务管理人员必须按照现场花名册审核务工人员持证上岗情况，督促无证人员进行相关培训，及时上报人员上岗证书审验手续。对于无证人员，劳务员应要求施工队伍负责人必须在相应时间内安排对其进行培训并取得相关岗位职业资格证书，否则按非法用工予以处罚。施工队伍应在取得证书后及时办理证书审验，劳务员须将务工人员岗位证书以复印件形式进行存档
7	工作卡、床头卡管理	（1）由项目部行政后勤管理人员负责落实务工人员工作卡、床头卡发放工作。务工人员具备身份证或身份证明、持有岗位证书及签订劳动合同，完成入场安全教育后，行政后勤管理人员根据进场花名册，为务工人员办理工作卡、床头卡，并与实际进场人员进行核对。每间工人宿舍要按住宿情况，根据"双卡"填写宿舍表。工作卡、床头卡、宿舍表根据人员流动情况随时办理和修改。出现务工人员工作卡、床头卡丢失情况，施工队伍负责人应在3日内为务工人员重新办理工作卡、床头卡，否则将视为非法用工予以处罚； （2）务工人员必须佩戴胸卡，由保安人员登记后方可进出项目部大门。如无胸卡人员离开项目部大门外出，必须持有劳务分包单位负责人签认的出门条，并进行登记后方可离开。属于撤场人员的，安全保卫人员登记后，要将登记人员及时上报项目部安全保卫负责人，通知项目劳务员核减人员花名册
8	施工区人员管理	对于进入施工区的务工人员必须具备身份证或身份证明、持有岗位证书及签订劳动合同，完成入场安全教育、办理"双卡"后，由项目部信息录入人员根据各外施队伍具备上述条件的务工人员花名册，进行统一编号，并通过身份识别设备进行信息采集。外施队伍现场负责人要根据项目统一要求，指定专人负责组织本队伍人员完成信息采集工作。完成信息采集的务工人员，方可进入施工区进行上岗作业
9	考勤表与工资表管理	（1）劳务分包企业劳务员负责建立每日人员流动台账，掌握务工人员的流动情况，为项目部提供真实的基础资料。项目部劳务员必须要求施工队伍负责人每日上报现场实际人员人数，施工队伍负责人必须对上报人数签字确认，劳务管理人员对比记录人员流动情况。每周要求施工队伍负责人上报施工现场人员考勤，由项目部劳务管理人员与现场花名册进行核对，确定人员增减情况，对于未在花名册中的人员，要求施工队伍负责人按规定办理相关手续； （2）项目部每次结算劳务费时，劳务员必须要求施工队伍负责人提供务工人员工资表，并留存备案。工资表中人员必须与考勤表中人员相一致，且必须由务工人员本人签字、施工队伍负责人签字及其所在企业盖章，方可办理劳务费结算。项目部根据施工队伍负责人所提供的工资表，按时向务工人员的实名制卡内支付工资

3.5.4 实名制管理的政府监管

1. 地方建设行政主管部门的监管

通常，地方建设行政主管部门负责对所辖地区在施项目实名制管理制度和农民工工资支付情况进行督导，主要工作职责包括以下几方面：

(1) 监管辖区内注册的施工总承包企业、专业承包企业和劳务企业保证金的缴存和使用。

(2) 监督本辖区在施工程项目落实农民工实名制管理制度。

(3) 监管本辖区在施工程项目预储账户的设立和使用。

(4) 监督本辖区在施工程项目的农民工工资支付情况。

(5) 按照有关规定，审核总承包企业提供的书面材料，包括《分包人员花名册》、《分包人员考勤及工资明细表》、《分包人员撤场清算表》等，同时网络审核企业的填报信息。

(6) 做好日常检查和纠纷调解工作。

2. 奖励和惩罚机制

建设行政主管部门做出规定：

对连续三年积极落实劳动用工实名制管理规范有序、无欠薪投诉举报的施工企业，住房和城乡建设委员会、人力资源和社会保障局等将其作为评选劳动用工管理优秀单位、给予减免缴存或免缴农民工工资保障金的必要条件之一。

施工企业及项目负责人未按规定落实实名制管理、现场劳务用工管理混乱引发农民工工资纠纷群体性事件或其他产生不良社会影响事件的，由建设行政主管部门和人社部门依法进行处理，并予以通报批评曝光，情节严重的企业记不良行为记录，禁止其参加新的工程项目投标活动，外地企业将会被驱逐出本地建筑市场。

3.6 劳务人员培训

3.6.1 劳务人员培训计划的编制

劳务培训计划是指从企业的发展战略出发，在全面、客观地分析培训需求基础上作出的对培训时间、培训地点、培训者、培训对象、培训方式以及培训内容等的预先系统设定。

1. 劳务培训计划的编制原则

劳务培训计划的编制是一个复杂的系统工程。有许多需要考虑的因素，这些因素直接影响培训计划的质量和效果。编制培训计划的基本原则见表3-39。

编制培训计划的基本原则　　　　　表3-39

序号	原则	内　容
1	注重全面与系统性原则	(1) 全员性。一方面，全员都是受训者，另一方面，全员都是培训者； (2) 全方位性。全方位性主要体现在培训的内容丰富宽广，满足不同层次的需求； (3) 全程性。企业的培训过程贯穿员工职业生涯的始终

3.6 劳务人员培训

续表

序号	原则	内容
2	理论与实践相结合的原则	（1）符合企业培训目的。培训的根本目的是为了提高广大员工在生产中解决具体问题的能力，从而提高企业的效益； （2）发挥学员学习的主动性。理论与实践相结合的原则，要求积极发挥学员的主动性，强调学员的参与和合作
3	培训与提高相结合的原则	（1）培训与提高相结合。全员培训就是有计划、有步骤地对在职的各级各类人员都进行培训，这是提高员工素质的必由之路； （2）组织培训和自我提高相结合。在个人成长环境中，组织和个人的因素都是相当重要的
4	人格素质培训与专业素质培训相结合	（1）从培训的三方面内容，即知识、技能和态度看，三者必须兼备，缺一不可； （2）从培训的难易程度来看，态度的培训更为困难； （3）员工的态度也影响培训效果的好坏； 总之，在培训中应将人格素质的训练融入知识技能的学习中，而不是与现实脱节，甚至成为形式主义
5	人员培训与企业战略文化相适应	（1）培训应服务于企业的总体战略； （2）培训应有助于优秀企业文化的塑造和形成； （3）培训应有助于企业管理工作的有序和优化； （4）人员培训必须面向市场； （5）人员培训必须面向时代

2. 劳务培训计划的编制内容

培训计划必须满足企业及员工两方面的需求，兼顾企业资源条件及员工素质基础，并充分考虑人才培养的超前性及培训结果的不确定性。不同的企业，培训计划的内容不一样。通常，一个比较完整的培训计划应涵盖的内容见表3-40。

劳务培训计划的内容　　　　　　　　　　　表3-40

序号	内容	备注
1	培训的目标	培训的目标是指培训活动所要达到的目的，从受训者角度进行理解就是指培训活动结束后应该掌握什么内容。培训目标的制订不仅对培训活动具有指导意义，而且是培训评估的一个重要依据。设置培训目标，应包括以下三个要素： （1）内容要素，即企业希望员工做什么事情； （2）标准要素，即企业希望员工以什么样的标准来做这件事； （3）条件要素，即在什么条件下要达到这样的标准
2	培训的内容和培训的对象	培训的内容是指应当进行什么样的培训，而培训的对象则是指哪些员工要接受培训，这两项都是培训需求分析的结果。需要强调的是，为了便于受训人员学习，通常都要将培训的内容编制成相应的教材。培训的内容不同，教材的形式也不同。不论教材的形式如何，都要紧紧围绕培训的内容
3	培训者	培训者的选择是培训实施过程中一项重要的工作，培训者选择的恰当与否对于整个培训活动的效果和质量有着直接的影响，优秀的培训者往往都能够使培训工作更加富有成效

续表

序号	内 容	备 注
4	培训的时间	培训时间是指培训在什么时候进行,在培训实施中,这也是非常重要的一点。通常,培训时间的确定要考虑两个因素:一是培训需求,二是受训人员。培训时间确定的科学合理,一方面可以保证满足培训的需求;另一方面也有助于受训人员安心地接受培训,从而保证培训的效果
5	培训的地点和设施	培训地点就是指培训要在什么地方进行,培训地点的选择也会影响培训的效果,合适的地点有助于创造有利的培训条件,建立良好的培训环境,从而增进培训的效果。培训的地点选择主要考虑培训的方式,应当有利于培训的有效实施。 此外,在培训计划中,还应当清楚地列出培训所需的设备,如座椅、音响、投影仪、屏幕、白板、文具等,准备好相应的设备也是培训顺利实施的一个重要保证
6	培训的方式方法和费用	在实践中,培训的方式方法有很多,不同的方法具有不同的特点,企业应当根据自己的具体情况来选择合适的方法。一般情况下,应该根据培训的内容以及成人学习的特点来选择相应培训方法。 此外,由于培训都是需要费用的,因此在计划中还需要编制出培训的预算,这里的培训费用一般只计算直接发生的费用,如培训地点的场租、培训的教材费、培训者的授课费、培训的设备费等。对培训的费用作出预算,既便于获取资金支持以保证培训顺利进行,也是培训评估的一个依据

3. 劳务培训计划的主要内容

建筑业务工人员教育培训的主要内容见表 3-41。

劳务培训计划的主要内容　　　　　　　　表 3-41

序号	内 容	备 注
1	安全生产培训	安全生产是安全与生产的统一,其宗旨是安全促进生产,生产必须安全。搞好安全工作,改善劳动条件,可以调动职工的生产积极性;减少职工伤亡,可以减少劳动力的损失;减少财产损失,可以增加企业效益,无疑会促进生产的发展。而生产必须安全,则是因为安全是生产的前提条件,没有安全就无法生产
2	岗位技能培训	主要围绕砌筑工、木工、架子工、钢筋工、混凝土工、抹灰工、建筑油漆工、防水工、管道工、电工、电焊工、装饰装修工、中小型建筑机械操作工等 14 个建筑业主要工种开展
3	新工艺、新工法和施工技术专题培训	—
4	普法维权培训	包括以下主要内容: (1)《劳动合同法》相关法律知识; (2) 劳务分包合同知识; (3) 房屋建筑与市政基础设施工程劳务管理; (4) 农民工应当掌握的保障工资收入与取得经济补偿的相关法律知识; (5) 女职工和未成年工特殊保护权益; (6) 务工人员发生工伤如何维护合法权益; (7) 务工人员获得法律援助的办法和途径
5	城市生活常识培训	(1) 交通安全知识; (2) 生活安全知识; (3) 文明礼仪常识; (4) 发生违反治安法规行为,影响社会和谐稳定的有关处罚规定

其中，岗位操作技能训练可依托施工现场根据生产实际组织进行。

4. 培训的主要形式

建筑业务工人员教育培训的形式主要有以下几种：

(1) 入场教育和日常现场教育。

(2) 农民工夜校。

(3) 开展岗位技能练兵、岗位技能大赛等活动。

3.6.2 劳务培训的实施

1. 劳务培训的过程

劳务培训实施的过程如图3-1所示。

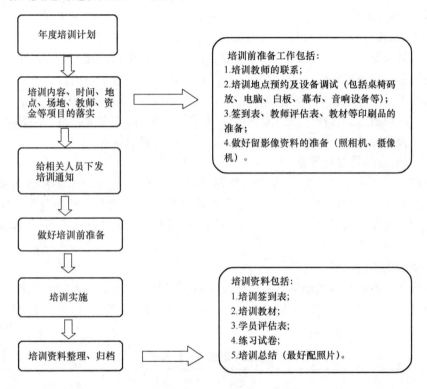

图3-1 培训实施流程图

2. 师资的落实

培训教师的选择是培训实施过程中一项重要内容，教师选择的恰当与否对整个培训活动的效果和质量起着举足轻重的作用，优秀的教师往往可以使培训更加富有成效。

通常，教师的来源主要有以下两个渠道：

(1) 外部渠道

1) 比较专业，具有丰富的培训经验，然而费用较高。

2) 没有什么束缚，可以带来新的观点和理念，然而对企业和员工情况不了解，培训内容的实用性、针对性可能欠缺。

3) 与企业没有直接关系，员工比较容易接受，然而责任心可能不强。

(2) 内部渠道

1) 对企业情况比较了解，培训具有针对性，然而可能缺乏培训经验。

2) 责任心比较强，费用较低，然而受企业现有状况的影响比较大，思路可能没有创新。

3) 可以与受训人员很好地进行交流，然而员工对教师的接受程度可能比较低。

3. 教材的选择

为了便于受训人员学习，通常都要将培训的内容编辑成教材，培训的内容不同，教材的形式也就不同。一些基础性的培训可以使用公开出售的教材，而那些特殊性的培训则要专门编写教材，教材可以由企业自行进行编写，也可以由培训教师提供，然而，无论教材的形式如何，都要紧紧围绕培训的内容。

4. 培训场地选择

培训场地的选择要根据参加培训的人数、培训的形式来确定。

（1）如果采取授课法，就应当在教室或者会议室等有桌椅的地方进行，便于受训人员进行相关记录；如果采用讨论法，就应采用"圆桌形式"的教室布局。

（2）如果是实操法教学或者游戏法教学，就要选择有一定活动空间的地方。

此外，培训地点的选择还应当考虑培训的人数、培训的成本等因素，同时考虑教师授课过程中是否需要投影、白板等设施，准备好相应的位置放置。

5. 培训资金的核算与筹备

培训资金（又称培训经费），是进行培训的物质基础，是培训工作所必须具备的场所、设施以及教师配备等费用的资金保证。能否保证培训经费和能否合理地分配及使用经费，关系到培训的规模、水平以及程度，还关系到培训者与培训对象能否有很好的心态来对待培训。

（1）培训成本的核算

培训成本是指企在员工培训过程中所发生的一切费用，包括培训之前的准备工作、培训的实施过程以及培训结束后的效果评估等各项活动的各种费用。培训成本项目的核算只要可以分为两种，见表3-42。

培训成本项目的核算方法　　　　　　　　表3-42

序号	核算方法	内容
1	利用会计方法计算培训成本	主要是按照一定的成本科目进行统计计算。目前使用较多的是按下列几种项目统计计算培训成本： （1）培训项目开发或购买成本； （2）培训教师的课酬、交通费、食宿费等费用； （3）培训对象交通及住宿等方面的成本； （4）设备、设施等硬件的使用成本； （5）向培训教师和培训对象提供的培训材料成本； （6）教学辅助人员、管理人员的工资； （7）培训对象学习期间的工资，因参加培训而损失的生产率或发生的替代成本
2	利用资源需求模型计算培训成本	资源需求模型是从培训项目开始的准备阶段一直到项目全部终止，按照培训项目设计成本、培训项目实施成本、培训项目需求分析评估成本、培训项目成果的跟踪调查以及效果评估成本等科目进行成本的核算。 总之，利用资源需求模型的方法核算培训成本，有利于分析不同阶段所需设备、设施、人员和材料的成本支出情况；有助于分析不同培训项目成本的总体差异，为科学合理地选择培训项目提供依据；有利于对比不同培训项目的不同阶段发生的费用以突出重点问题，对成本实施有效的监控

(2) 培训资金的筹备

按照国家关于教育培训经费管理的有关规定和建筑行业实际情况，对劳务企业管理人员和务工人员开展教育培训工作采取分层次，多渠道分担办法。

1) 政府出资解决农民工培训经费。

对广大农民工的普法教育培训、岗位培训主要由政府出资解决。省（市）建设主管部门每年拨付一定的费用，组织开展本行政区域内农民工的普及培训。

2) 劳务企业管理人员培训经费由劳务企业和个人承担。

对劳务企业经理、施工队长以及专业管理人员的岗位资格培训和继续教育，主要由劳务企业或取得岗位资格证书的个人出资解决。

3) 总承包企业对进场务工人员组织开展的普及培训、现场培训和新工艺、新工法培训由企业从教育经费中解决。

4) 行业培训经费由行业协会有偿服务解决。

对由省（市）建设主管部门委托行业协会开展的全行业统一培训，由行业协会采取合理有偿服务形式解决培训经费来源。

3.6.3 劳务培训效果的评估

1. 培训评估的含义

培训评估就是对员工培训活动的价值作出判断。评估技术通过建立培训效果评估指标以及评估体系，对培训是否达到预期目标、培训计划是否具有成效等进行检查与评价，然后把评估结果反馈给相关部门作为下一步培训计划与培训需求分析的依据。

2. 培训评估的内容与作用

培训评估实际上是对有关培训信息进行处理和应用的过程。培训评估意义的体现来自于对培训过程的全程评估。全程评估主要可以分为培训前的评估、培训中的评估和培训后的评估三个阶段，其内容及作用见表3-43。

评估的内容及作用   表3-43

序号	评估过程名称	内　容	作　用
1	培训前评估	培训需求整体评估，培训对象知识、技能和工作态度评估，工作成效及行为评估，培训计划评估等	—
2	培训中评估	培训对象的态度和持久性、培训的时间安排及强度、提供的培训量、培训组织准备工作评估、培训内容和形式的评估、培训教师和培训工作者评估等	保证培训活动按照计划进行及培训执行情况的反馈和培训计划的调整；从培训中找出不足，归纳出教训，及时修整等
3	培训后评估	培训目标达成情况评估，培训效果效益综合评估，培训工作者的工作绩效评估等	有助于树立以结果为本的意识及扭转目标错位的现象，是提高培训质量的有效途径

3. 员工培训评估的基本步骤

员工培训评估的基本步骤见表 3-44。

员工培训评估的基本步骤　　　　表 3-44

序号	步骤名称	内　容
1	评估的可行性分析及需求分析	在对培训项目进行评估之前,要确定评估是否有价值,评估是否有必要进行,以有效地防止不必要地浪费。可行性分析包括两方面:一是决定该培训项目是否交由评估者评估;二是了解项目实施的基本情况。两方面内容为以后的评估设计奠定基础。在培训项目开发之前,必须将评估目标确定下来,而需求分析应提供培训项目必须达到的目标,并使这些目标最终得到完善
2	选定评估的对象	应针对新开发课程的培训需求、课程设计、应用效果等方面,新教师的教学方法、质量等综合能力方面,新培训方式的课程组织、教材、课程设计等方面进行评估
3	建立基本的数据库	在进行评估之前,必须将项目执行前后的数据收集齐备。收集的数据最好是各时段内的数据,以便进行分析比较。数据收集的方法回答了为什么要实施评估这样一个基本问题
4	选择评估方法	确定培训项目目标之前首先选择评估方法,因为评估方法的选择会影响培训项目目标的制定。只有在确定评估方法的基础上,才能设计出合理的评估方案并选择正确的测量工具,同时对评估的时机和进度作出准确地判断。常用的评估方法有培训前后的测试、学员的反馈意见、对学员进行的培训后跟踪、采取行动计划以及工作的完成情况等
5	决定评估策略	评估策略决定了与评估有关的谁来评估、在什么地方评估和在什么时候评估的问题。这些关键问题在计划评估时是很重要的,通常应由个人或一个小组负责收集数据比较合适
6	确定评估目标	培训项目的目标为课程设计者和学员指明了方向,为是否应该实施该培训项目提供了依据
7	收集数据	在适当的时候要收集数据,这样可以使评估计划达到预期的效果
8	对数据进行分析和解释	数据分析有时会有巨大的挑战。当数据收齐并达到预先确定的目标以后,接下来的步骤就是对数据进行分析以及对分析结果进行解释
9	计算培训项目成本收益	员工培训项目的开展需要投入一定资金,若要考虑培训的经济效益,就要计算投资回报率。通过投资回报率这一重要指标进行衡量和对比。其计算公式如下: 　　投资回报率＝项目净利润/项目成本×100%　　　　(3-1)

4. 培训总结

培训总结主要以根据实际情况写出公正合理的评估报告为主要形式。评估报告的主要内容见表 3-45。

3.6 劳务人员培训

培训总结的内容　　　　　　　　　　　　　　　　　　表3-45

序号	内容	备注
1	导言	说明被评估的培训项目的概况，介绍评估目的和评估性质，撰写者要说明此评估方案实施以前是否做过类似的评估
2	概述评估实施的过程	—
3	阐述评估结果	—
4	评估结果和参考意见	—
5	附录	包括收集和分析资料用的问卷、部分原始资料等
6	报告提要	对报告要点的概括，帮助读者迅速掌握报告要点

4 劳务分包管理

4.1 劳务分包的概念与形式

4.1.1 劳务分包的概念

劳务分包指施工单位或者专业分包单位将其承包工程的劳务作业发包给劳务分包单位完成的活动。即甲施工单位承揽工程后,自己购买施工材料,然后另外请乙劳务单位负责找工人进行施工,然而,还是由甲单位组织施工管理。

劳务分包是现在施工行业的普遍做法,法律在一定范围内允许。然而,禁止劳务公司将承揽到的劳务分包再转包或者分包给其他的公司。禁止主体工程劳务分包,主体工程的完成具有排他性、不可替代性。

4.1.2 劳务分包的形式

1. 自带劳务承包

自带劳务承包是指企业内部正式职工经过企业培训考核合格成为工长,劳务人员原则上由工长招募,人员的住宿、饮食以及交通等由企业统一管理,工资由企业监督工长发放或由工长编制工资发放表由企业直接发放。

公司将所承建的部分工程通过签订承包合同的形式,交由本公司职工具体承包施工,该承包人自招工人,就形式而言,工程由承包人负责施工与管理,工人的报酬也是由承包人支付,这似乎在承包人与工人之间已形成了劳务关系。然而,该承包人系公司的职工,是以公司的名义履行承包合同并与他人发生法律关系,故该承包合同属于内部承包合同。承包经营属企业内部经营管理方式的变化,不产生施工合同履行主体变更问题。该承包人招用工人行为应视为公司的行为,被招用的工人与公司之间存在劳动关系,与承包人之间则不存在劳务关系。

2. 零散的劳务承包

零散的劳务承包是指企业临时用工,通常是为了一个工程项目而临时招用工人。

承包人的法律地位不应等同于分包人,而是根据受劳务作业方有无用工资格分别界定为劳动关系或劳务关系,即劳动者或劳务地位。理由为承包人仅仅是工费承包,并且通常从事的是工程中单一工种的作业,其个人收入与施工效益直接挂钩,但对工程项目的承建不进行独立管理,也不对工程质量承担终身责任,仅对发包人承担"合格"的质量责任。承包人在提供劳务期间属临时性质的劳务人员,对施工期间发生的伤害事故、质量安全问题均不能承担责任。

3. 成建制的劳务分包

成建制的劳务分包是指以企业的形态从施工总承包企业或专业承包企业处分项、分部或单位工程地承包劳务作业。该劳务承包实质属于工程分包性质,承包人地位等同于分包人地位。

可见自带劳务承包、零散的劳务承包,一定程度上可以说是临时用工,劳务作业分包含义只能涵盖成建制的劳务分包,对其他两种情形不能等同。

4.2 劳务分包招标投标管理

4.2.1 劳务分包招标投标基础知识

1. 劳务分包招标投标的概念

招标投标是在市场经济条件下进行工程建设、货物买卖、财产出租以及中介服务等经济活动的一种竞争形式和交易方式,是引入竞争机制订立合同(契约)的一种法律形式。

工程招标是指招标人或招标单位在购买大批物资、发包工程项目或某一有目的业务活动前,按照公布的招标条件,公开或书面邀请投标人或投标单位在接受招标文件要求的前提下前来投标,以便招标人从中择优选定的一种交易行为。

工程投标就是投标人或投标单位在同意招标人拟定的招标文件的前提下,对招标项目提出自己的报价和相应的条件,通过竞争企图为招标人选中的一种交易方式。该方式是投标人之间通过直接竞争,在规定的期限内以比较合适的条件达到招标人所需的目的。

2. 劳务分包招投标的特点

劳务分包招投标工作的特点见表 4-1。

劳务分包招投标工作的特点　　　　　　　　　　表 4-1

序号	特　点	内　　容
1	劳务分包项目的标的额小、项目数量大	大量劳务分包项目的标的额都在十几万、几十万或数百万。不像总承包或专业承包项目的标的额动辄上千万甚至若干亿元。但劳务分包项目的数量却远远大于总承包项目和专业承包项目的数量。由于通常采用的是分部或分段招标发包,在总承包交易中心招标发包的一个项目到了劳务交易中心后,就演变成了若干个劳务分包项目。这给劳务分包招投标管理服务机构和人员增大了工作负荷
2	劳务分包项目投标报价复杂	施工总承包或专业承包项目的投标报价由于有主管部门的多年规范与指导,执行的基本上是现行的工程量清单方式,采用的是人工、材料、机具、管理等费用的包干方式进行发承包。劳务分包由于没有预决算的审查与审计,各总承包单位根据自身的情况和多年的管理形成多种形式的劳务分包投标报价方式。一种是定额预算直接费中人工费加适量管理费的报价方式;另一种是定额工日单价乘以总工日报价方式;还有就是平方米单价乘以总面积的报价方式。另外,由于招标范围的不同,报价也不一样。有纯人工费的招标,也有人工费如部分小型机具和生产辅料等不同的组合报价。这些都为劳务分包招投标工作的开展增加了难度

续表

序号	特点	内容
3	劳务分包招投标操作周期短	按照相关规定要求，完成一个总承包工程项目招标投标过程的法定时效为107d，这个时间作为总承包工程是允许的，也是可行的。但总承包企业未在总承包市场中标获得工程，不允许其进行劳务分包招标，因此如果其一旦在总承包市场中标获得工程，建设单位会要求其马上进场施工，而不会给其3个月的时间进行劳务分包的招标，这就使得劳务分包的操作周期必然缩短

3. 劳务分包中标基本条件

劳务分包队伍必须在招标投标中择优产生，所选劳务分包队伍必须是总承包企业认定的合格劳务分包方，每个招标项目不得少于三家投标单位。选择参加投标的劳务分包队伍时，应全面分析其工程业绩、经营管理状况及其在工程项目部所在地的实际人员规模、后续劳动力供应能力以及技术工种配套比例等情况，选择信誉高、评价好并符合该项目施工要求的队伍参加投标。

4.2.2 劳务分包招标投标工作内容

1. 劳务分包招标文件条款的内容

（1）投标人资格预审情况。
（2）工程概况。
（3）现场情况简介。
（4）招标要求。
（5）投标报价要求。
（6）劳务费的结算与支付。
（7）投标须知。
（8）开标须知。
（9）附件。
（10）补充条款。

2. 劳务分包投标文件条款的内容

（1）投标函。
（2）投标授权书。
（3）承诺书。
（4）劳务投标书。
（5）报价明细表。
（6）拟派劳务人员情况。
（7）同类施工业绩。
（8）公司等级资质材料。
（9）质量管理措施。
（10）安全控制措施。

3. 建设工程劳务分包招标文件范例

建设工程劳务分包招标文件
（＿＿＿＿＿＿＿＿工程）

工程名称：＿＿＿＿＿＿＿＿＿＿＿＿＿＿＿＿

招标人（盖章）：＿＿＿＿＿＿＿＿＿＿＿＿＿

法定代表人或委托代理人签字：＿＿＿＿＿＿＿

经办人：＿＿＿＿＿＿＿＿ 联系电话：＿＿＿＿＿＿＿

发出时间：＿＿年＿＿月＿＿日

目　　录

一、投标人资格预审情况

二、工程概况

三、现场情况简介

四、招标要求

五、投标报价要求

六、劳务费的结算与支付

七、投标须知

八、开标须知

九、评标和中标须知

十、附件

十一、补充条款

十二、说明

劳务分包招标文件条款

第一条 投标人资格预审情况

经招标人资格预审，参加本工程投标的投标人均符合招标人资格预审的有关规定和条件，可以参加本工程劳务分包项目的投标。

第二条 工程概况

2.1 工程名称：_____。

2.2 工程地址：_____。

2.3 建设单位：_____。

2.4 建筑面积：_____。

2.5 结构类型：_____。

2.6 层数：地下_____层、地上_____层。

2.7 层高：地下_____米、地上_____米。

2.8 檐高：_____米。

2.9 计划开工日期：<u>2011</u>年____月____日、计划竣工日期：<u>2012</u>年____月____日，具体开工时间以开工令为准。

2.10 其他情况介绍（工程的性质、背景、现场环境等）：<u>现场场地平整，道路畅通，无其他障碍影响</u>。

第三条 现场情况简介

3.1 现场场地：<u>本工程场地面积4000平方米，首层建筑面积1100平方米</u>。

3.2 现场临时设施情况：<u>需要按施工总平面图搭建现场临时设施</u>。

3.3 现场机械配置：<u>按施工总平面图，满足工程需要</u>。

3.4 生活区设置：<u>按施工总平面图，满足工程需要</u>。

第四条 招标要求

4.1 本工程采用<u>邀请</u>方式招标，从<u> 3 </u>家投标人中确定中标人。

4.2 招标范围<u>图纸所示的全部建筑安装工程，包括建筑、装饰、给水排水、强电、弱电（只做预埋管线穿带线）工程等全部图纸所示内容；不包括防水、桩基础、门窗、地基处理工程</u>。

4.3 工程质量要求：<u>合格</u>。

4.4 工期要求<u>424</u>日历天，工程计划于<u>2011</u>年____月____日开工，至<u>2012</u>年____月____日竣工。

4.5 安全文明施工<u>××市安全文明工地标准</u>。

4.6 材料供应方式与管理<u>主要材料由发包人采购，承包人负责保管；辅料及低值易耗品由承包人自行采购，其费用纳入报价</u>。

4.7 拟派项目管理班子的基本条件：<u>施工安全管理和其他专业管理人员及特殊工种</u>

作业须持证上岗。项目经理必须为本工程专职人员，特殊工种工人持证上岗率100％，施工人员均应有同类工程的施工经验。

其中项目经理资质等级：<u>必须持有××市或××省建设主管部门颁发的二级项目经理资质证书</u>。

4.8 投标保证金：<u>不适用</u>。

第五条 投标报价要求

5.1 报价依据：<u>《××市建设工程量清单计价定额》及相关文件结合市场情况综合报价</u>。

5.2 报价包含内容和费用：<u>各专业图纸中所含全部内容及现场零星用工</u>。

5.3 报价需要说明的有关问题：<u>所报价格除了包括人工费外，还包括一般低值易耗材料及中小型机具的费用，同时应充分考虑文明安全施工及现场零工因素</u>。

5.4 报价方式：<u>各专业平方米单价、总价</u>。

5.5 报价中对工程质量、工期进度、文明安全施工方面的奖罚措施：<u>依据发包人与《施工承包合同》约定：1. 工程质量达不到要求，除无偿返修直至达到约定的质量等级外，还应支付合同约定的质量违约金（合同价款的5％）；2. 由于承包人原因工程工期进度达不到要求，每拖期一天罚款壹拾万元，最多不超过合同价款的10％；3. 文明安全施工方面达不到要求，一切费用均由承包人承担</u>。

第六条 劳务费的结算与支付

6.1 支付

6.1.1 招标人将根据工程部位分阶段按完成工程量的80％支付劳务费；

6.1.2 工程竣工验收合格后支付结算价的90％；

6.1.3 工程竣工30日内付清全部结算款。

6.2 结算

6.2.1 本工程不发生零工，如遇特殊情况发生零工时所签零工统一在工程竣工时结算；

6.2.2 施工过程中发生的设计变更和工程洽商，按《××市建设工程工程量清单计价定额》及相关文件计算劳务费，统一在工程竣工时结算，当其单项价款大于1000元时计入结算价，小于等于1000元时不予计算（不追加累计）；

6.2.3 除遇特殊情况工程发生重大变更外，低值易耗品、中小型机具等一次性包死，不再调整。

第七条 投标须知

7.1 投标文件应包括以下内容：

7.1.1 投标书；

7.1.2 施工方案（包括质量保证措施、劳动力计划安排、安全文明施工、材料节约措施、生活管理要求等）；

7.1.3 投标人业绩情况；

7.1.4 投标人实力情况（包括企业资质、本工程项目经理资质、本工程管理人员比例、特种作业人员持证率、操作人员持证率）。

7.2 招标人以实物工程量方式招标的，投标人应向招标人领取实物量清单。

7.3 招标人采取不设标底方式招标的,应在招标文件中说明,投标人不得以低于本企业成本价报价。

7.4 投标文件要密封,需填写密封日期,按要求加盖投标人单位公章和法定代表人印章,并于<u>2011</u>年___月___日___时___分前送达<u>××市××建筑工程有限责任公司</u>。

7.5 投标人在获得招标文件后,如果有问题需招标人解释和答疑的,应在开标会议前<u>3</u>天,向招标人提出书面质疑文件。

第八条 开标须知

8.1 本工程于<u>2011</u>年___月___日___时___分在<u>××市专业劳务发包承包交易中心</u>召开开标会议。

8.2 开标时,有下列情况之一的,应当作为无效投标文件,不得进入评标。

8.2.1 投标文件未按照招标文件的要求予以密封或未按时送达的;

8.2.2 投标文件中的投标函和承诺书未按招标文件的要求加盖印章或签字的,投标人法定代表人或委托代表人没有合法、有效的委托书的;

8.2.3 投标文件内容不全,关键内容字迹模糊、无法辨认的;

8.2.4 投标人未按照招标文件的要求,提供投标保证金的;

8.2.5 投标人无代表参加开标会议。

第九条 评标和中标须知

9.1 本工程由招标人组织的评标委员会进行评标,评标委员会由劳动经济、工程技术、经营管理、施工安全等方面的专业人员组成,成员为<u>7</u>人。

9.2 本工程按综合评标方式进行评标,并评出中标人。

9.3 招标人将本工程的招标投标情况以书面报告形式向当地建筑工程专业劳务发包承包交易中心内的招投标管理机构备案,得到回复通过后,向中标人和未中标人发中标通知书和未中标通知书。

9.4 中标人须在接到中标通知书之日起 30 天内与招标人签订施工合同。并在签订合同之日起 7 日内到当地建设工程专业劳务发包承包交易中心内的招投标管理机构办理合同备案手续。

第十条 附件

附件 1:施工图纸

附件 2:工程实物量清单

附件 3:投标书

附件 4:××市建设工程劳务项目施工招标评标办法(试行)或其他评标办法。

附件 5:投标文件密封袋和密封条<u>自备</u>。

第十一条 补充条款

11.1 发包人不承诺最低报价中标;

第十二条 说明

12.1 本示范文本适用于采用招标方式进行发包的大型公用、基础设施、工业建设项目和一般民用、工业建设项目及专业工程中的劳务分包项目。

12.2 招标人可以根据招标项目的特点,对本示范文本的内容充实细化、修改删节。

4.2.3 劳务分包招标投标工作流程

1. 劳务招标投标管理工作的主要环节

(1) 劳务招标投标管理工作主要包括：

1) 资格预审。
2) 发标。
3) 投标。
4) 开标。
5) 评标。
6) 定标。
7) 签订合同。

(2) 为加强对招投标的控制，应重点抓好以下两个环节：

1) "抓好投标资格预审，保证入围规范"。其目的在于把好进口关，以确保参加投标人的素质，形成高水平投标队伍间的竞争，达到优中选优。

2) "全面监控开标流程，保证过程规范"。做好开标工作，在"公开、公平、公正"的原则下，以确保开标过程的规范化。

2. 劳务招标投标管理工作流程

(1) 劳务招标投标管理工作流程如图 4-1 所示。

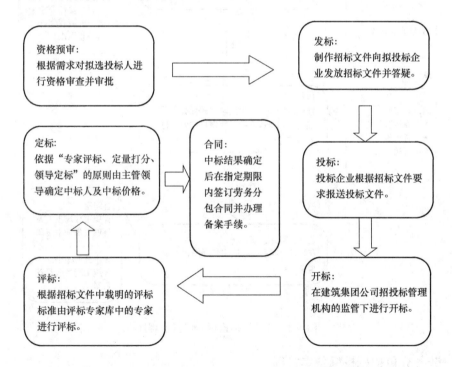

图 4-1 劳务招标投标管理工作流程图

(2) 劳务招标投标具体操作程序如图 4-2 所示。

4 劳务分包管理

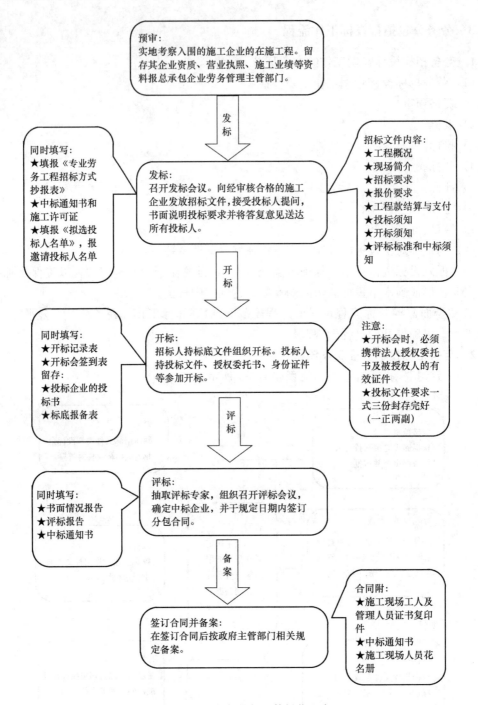

图 4-2 劳务招标投标具体操作程序

4.2.4 劳务分包招标投标备案管理

劳务招标投标过程需依据当地建设工程专业劳务发包承包交易中心的要求，填写相关表格完成招投标材料的备案，通常应进行的备案见表 4-2。

4.3 劳务分包合同管理

劳务分包招标投标备案　　　　　　　　　　表 4-2

序号	备案名称	内　容
1	招标登记备案	(1) 编制《专业劳务分包工程招标方式抄报表》 (2) 出具建设单位提供的《建筑工程施工许可证》（复印件即可） (3) 提交一级市场（总包、专业承包）中标通知书（复印件即可） (4) 填写《拟选投标人名单》
2	招标文件备案	招标文件包含内容：工程概况、现场简介、招标要求、报价要求、工程款结算与支付、投标须知、开标须知、评标和中标须知
3	招投标情况书面报告备案	(1) 填写《投标报名表》 (2) 编写劳务招投标过程《书面情况报告》 (3) 归集投标单位编制的《专业项目投标书》或《劳务项目投标书》及中标人的投标文件 (4) 填写《专业工程标底报备表》或《劳务工程标底报备表》 (5) 归集《开标会议签到表》 (6) 填写《开标记录表》 (7) 编制《评标报告》 (8) 评委打分表及汇总表 (9) 编制《决表报告》 (10) 总包单位发出《专业、劳务中标通知书》 (11) 评标委员会名单
4	分包合同备案	(1) 总包单位发出《专业、劳务中标通知书》 (2) 中标单位与总包单位签订分包合同（合同备案）

注：全部表格均需加盖本单位有效红章。

4.3 劳务分包合同管理

劳务分包合同是指在建筑行业内，施工责任单位和负责招募工人施工的施工单位双方依法签订的一种关于劳务分包的合同。

4.3.1 劳务分包合同的主体与形式

1. 劳务分包合同订立的主体

劳务作业发包时，发包人、承包人应当依法订立劳务分包合同。

（1）劳务作业发包人是指发包劳务作业的施工总承包或专业承包企业，劳务作业发包人不得将劳务作业发包给个人或者不具备与所承接工程相适应的资质等级以及未取得安全生产许可证的企业。

（2）劳务作业承包人是指承揽劳务作业的具有与所承接工程相适应的资质等级并取得安全生产许可证的劳务分包企业。劳务作业承包人不得将所承接的劳务作业转包给其他企业或个人。

（3）建设单位不得直接将劳务作业发包给劳务分包企业或个人。

2. 劳务分包合同的形式

劳务分包合同的主要形式见表 4-3。

劳务分包合同的形式 表 4-3

序号	形 式	内 容
1	自带劳务承包	自带劳务承包是指企业内部正式职工经过企业培训考核合格成为工长，劳务人员原则上由工长招募，人员的住宿、饮食、交通等由企业统一管理，工资由企业监督工长发放或由工长编制工资发放表由企业直接发放。 公司将所承建的部分工程通过签订承包合同的形式，交由本公司职工具体承包施工，该承包人自招工人，就形式而言，工程由承包人负责施工与管理，工人的报酬也是由承包人支付，这似乎在承包人与工人之间已形成了劳务关系。但是，关键的问题是，该承包人系公司的职工，其是以公司的名义履行承包合同并与他人发生法律关系，故该承包合同属于内部承包合同。承包经营属企业内部经营管理方式的变化，不产生施工合同履行主体变更问题。该承包人招用工人行为应视为公司的行为，被招用的工人与公司之间存在劳动关系，与承包人之间则不存在劳务关系
2	零散的劳务承包	零散的劳务承包指企业临时用工，往往是为了一个工程项目而临时招用工人。 承包人的法律地位不应等同于分包人，而是根据受劳务作业方有无用工资格分别界定为劳动关系或劳务关系，即劳动者或劳务地位。理由为承包人仅仅是工费承包，并且一般从事的是工程中单一工种的作业，其个人收入与施工效益直接挂钩，但对工程项目的承建不进行独立管理，也不对工程质量承担终身责任，仅对发包人承担"合格"的质量责任。承包人在提供劳务期间属临时性质的劳务人员，对施工期间发生的伤害事故、质量安全问题均不能承担责任
3	成建制的劳务分包	成建制的劳务分包指以企业的形态从施工总承包企业或专业承包企业处分项、分部或单位工程地承包劳务作业。 该劳务承包实质属于工程分包性质，承包人地位等同于分包人地位

由上可见，自带劳务承包、零散的劳务承包的施工劳务，一定程度上可以说是临时用工，劳务作业分包含义只能涵盖成建制的劳务分包，对其他两种情形不能等同。

4.3.2 劳务分包合同主要内容和条款

1. 劳务分包合同的内容和条款

劳务分包合同不同于专业分包合同，其重要条款主要包括：

(1) 劳务分包人资质情况。

(2) 劳务分包工作对象及提供劳务内容。

(3) 分包工作期限。

(4) 质量标准。

(5) 工程承包人义务。

(6) 劳务分包人义务。

(7) 材料、设备供应。

(8) 保险。

(9) 工时及工程量的确认。

4.3 劳务分包合同管理

(10) 劳务报酬及支付。
(11) 施工配合。
(12) 禁止转包或再分包等。

2. 工程承包人的主要义务

劳务分包合同条款中规定的工程承包人的主要义务见表4-4。

工程承包人的主要义务　　　　　　　　　　　　　　表4-4

序号	主 要 义 务
1	组建与工程相适应的项目管理班子，全面履行总（分）包合同，组织实施施工管理的各项工作，对工程的工期和质量向发包人负责
2	完成劳务分包人施工前期的下列工作： (1) 向劳务分包人交付具备本合同项下劳务作业开工条件的施工场。 (2) 满足劳务作业所需的能源供应、通信及施工道路畅通。 (3) 向劳务分包人提供相应的工程资料。 (4) 向劳务分包人提供生产、生活临时设施
3	负责编制施工组织设计，统一制定各项管理目标，组织编制年、季、月施工计划、物资需用量计划表，实施对工程质量、工期、安全生产、文明施工、计量检测、试验化验的控制、监督、检查和验收
4	负责工程测量定位、沉降观测、技术交底，组织图纸会审，统一安排技术档案资料的收集整理及交工验收
5	按时提供图纸，及时交付材料、设备，提供施工机械设备、周转材料、安全设施，保证施工需要
6	按合同约定，向劳务分包人支付劳务费
7	负责与发包人、监理、设计及有关部门联系，协调现场工作关系

3. 劳务分包人的主要义务

劳务分包合同条款中规定的劳务分包人的主要义务见表4-5。

劳务分包人的主要义务　　　　　　　　　　　　　　表4-5

序号	主 要 义 务
1	对劳务分包范围内的工程质量向工程承包人负责，组织具有相应资格证书的熟练工人投入工作；未经工程承包人授权或允许，不得擅自与发包人及有关部门建立工作联系；自觉遵守法律法规及有关规章制度
2	严格按照设计图纸、施工验收规范、有关技术要求以及施工组织设计精心组织施工，以确保工程质量达到约定的标准；科学安排作业计划，投入足够的人力、物力，保证工期；加强安全教育，认真执行安全技术规范，严格遵守安全制度，落实安全措施，确保施工安全；加强现场管理，严格执行建设主管部门及环保、消防、环卫等有关部门对施工现场的管理规定，做到文明施工；承担由于自身责任造成的质量修改、返工、工期拖延、安全事故以及现场脏乱造成的损失及各种罚款
3	自觉接受工程承包人及有关部门的管理、监督和检查；接受工程承包人随时检查其设备、材料保管、使用情况以及其操作人员的有效证件、持证上岗情况；与现场其他单位协调配合，照顾全局
4	劳务分包人须服从工程承包人转发的发包人及工程师的指令
5	除非合同另有约定，劳务分包人应对其作业内容的实施、完工负责，劳务分包人应承担并履行总（分）包合同约定的、与劳务作业有关的所有义务及工作程序

4. 安全施工与检查

劳务分包人应遵守工程建设安全生产有关管理规定，严格按安全标准进行施工，并随时接受行业安全检查人员依法实施的监督检查，采取必要的安全防护措施，消除事故隐患。由于劳务分包人安全措施不力造成事故的责任和因此而发生的费用，由劳务分包人承担。

工程承包人应对其在施工场地的工作人员进行安全教育，并对他们的安全负责。工程承包人不得要求劳务分包人违反安全管理的规定进行施工。由于工程承包人原因导致的安全事故，应由工程承包人承担相应责任及发生的费用。

5．保险

（1）劳务分包人施工开始前，工程承包人应获得发包人为施工场地内的自有人员及第三人人员生命财产办理的保险，且不需劳务分包人支付保险费用。

（2）运至施工场地用于劳务施工的材料和待安装设备，由工程承包人办理或获得保险，且不需劳务分包人支付保险费用。

（3）工程承包人必须为租赁或提供给劳务分包人使用的施工机械设备办理保险，并支付保险费用。

（4）劳务分包人必须为从事危险作业的职工办理意外伤害保险，并为施工场地内自有人员生命财产和施工机械设备办理保险，支付保险费用。

（5）保险事故发生时，劳务分包人和工程承包人有责任采取必要的措施，防止或减少损失。

6．材料、设备供应

劳务分包人应在接到图纸后的约定时间内，向工程承包人提交材料、设备以及构配件供应计划；经确认后，工程承包人应按供应计划要求进行采购。

劳务分包人应妥善保管、合理使用工程承包人供应的材料、设备。因保管不善发生丢失、损坏，劳务分包人应赔偿，并承担因此造成的工期延误等发生的一切经济损失。

7．劳务报酬

（1）劳务报酬的计算方法主要有以下几种：

1）固定劳务报酬（含管理费）。

2）约定不同工种劳务的计时单价（含管理费），按确认的工时计算。

3）约定不同工作成果的计件单价（含管理费），按确认的工程量计算。

（2）劳务报酬，可以采用固定价格或变动价格。采用固定价格，则除合同约定或法律政策变化导致劳务价格变化以外，均为一次包死，不再调整。

8．工时及工程量的确认

（1）采用固定劳务报酬方式的，施工过程中不计算工时和工程量。

（2）采用按确定的工时计算劳务报酬的，由劳务分包人每日将提供劳务人数报工程承包人，由工程承包人确认。

（3）采用按确认的工程量计算劳务报酬的，由劳务分包人按月（或旬、日）将完成的工程量报工程承包人，由工程承包人确认。对劳务分包人未经工程承包人认可，超出设计图纸范围和因劳务分包人原因造成返工的工程量，工程承包人不预计量。

9．劳务报酬最终支付

全部工作完成，经工程承包人认可后14d内，劳务分包人向工程承包人递交完整的结算资料，双方按照合同约定的计价方式，进行劳务报酬的最终支付。

劳务分包人和工程承包人对劳务报酬结算价款发生争议时，按合同约定处理。

10. 施工变更

施工中如发生对原工作内容进行变更，工程承包人项目经理应提前 7d 以书面形式向劳务分包人发出变更通知，并提供变更的相应图纸和说明。劳务分包人按照工程承包人（项目经理）发出的变更通知及有关要求，进行下列需要的变更：

（1）更改工程有关部分的标高、基线、位置和尺寸；

（2）增减合同中约定的工程量；

（3）改变有关的施工时间和顺序；

（4）其他有关工程变更需要的附加工作。

施工中劳务分包人不得对原工程设计进行变更。因劳务分包人擅自变更设计发生的费用和由此导致工程承包人的直接损失，由劳务分包人承担，延误的工期不予顺延。

11. 禁止转包或再分包

劳务分包人不得将本合同项下的劳务作业转包或再分包给他人。否则，劳务分包人将依法承担责任。

4.3.3 劳务分包合同价款的确定

1. 劳务分包合同价款的确定方式

劳务分包合同价款的确定方式见表 4-6。

劳务分包合同价款的确定方式　　　　　　　　　　　　　　表 4-6

序号	确定方式	内　　容
1	定额单价——工日单价	定额人工工日单价包括基本工资、工资性补贴、生产工人辅助工资、职工福利费、生产工人劳动保护费等内容，该单价为建设工程计价依据中人工工日单价的平均水平，是计取各项费用的计算基础，不是强制性规定，是作为建筑市场有关主体工程计价的指导
2	按工种计算劳务分包工程造价	即按住房和城乡建设部劳务分包资质所设定的 13 个工种包括木工、砌筑、抹灰、石制作、油漆、钢筋、混凝土、脚手架、模板、焊接、水暖电安装、钣金、架线计算劳务分包工程造价，具体计算公式如下： 　　劳务分包单价＝人工单价×(1＋管理费率＋利润率)×(1＋规费率)　　(4-1) 　　劳务分包工程造价＝劳务分包单价×人工数量　　(4-2)
3	按分项工程建筑面积确定承包价	每平方米建筑面积单价＝人工单价×完成每平方米建筑面积　　(4-3) 　　所需人工数量×(1＋管理费率＋利润率)×(1＋规费率)　　(4-4) 　　劳务分包工程造价＝每平方米建筑面积单价×建筑面积　　(4-5) 建筑面积按照国家标准《建筑工程建筑面积计算规范》(GB/T 50353—2013)的规定计算

表 4-6 中公式所涉及的，人工单价、管理费、利润、规费等分别按照以下规定确定或计算：

（1）人工单价

参照工程所在地建设工程造价行政管理部门发布的市场人工单价确定。

（2）管理费

以人工费为基础，其费率为4%～7%，具体由劳务分包企业结合工程实际自主确定。

(3) 利润

以人工费为基础，其费率为3%～5%，具体由劳务分包企业结合工程实际自主确定。

(4) 规费

规费包括社会保险费、外来工调配费以及住房公积金等，严格按政府有关部门规定计算，列入不可竞争费。

2. 劳务分包合同价款应分别约定和必须明确的内容

(1) 发包人将工程劳务作业发包给一个承包人的，正负零以下工程、正负零以上结构、装修以及设备安装工程等应分别约定。

(2) 工人工资、管理费、工具用具费以及低值易耗材料费等应分别约定。

(3) 承包低值易耗材料的，应当明确材料价款总额，并明确材料款的支付时间、方式。

(4) 劳务分包合同价格风险幅度范围应明确约定，超过风险幅度范围的，应当及时调整。

3. 劳务分包合同价款结算的时间限制

发包人、承包人应当在劳务分包合同中明确约定对劳务作业验收的时限以及劳务合同价款结算和支付的时限。

(1) 发包人、承包人应当在每月20d前对上月完成劳务作业量及应支付的劳务分包合同价款予以书面确认，书面确认时限自发包人收到承包人报送的书面资料之日起计算，最长不得超过3d；发包人应当在书面确认后5d内支付已确认的劳务分包价款。

(2) 总承包企业自收到劳务分包承包人依照约定提交的结算之日起28d内完成审核，并书面答复承包人；逾期不答复的，视为发包人同意承包人提交的结算资料。

4.3.4 劳务分包合同管理

1. 对劳务分包合同实施的监督管理要求

(1) 劳务分包管理信息制度要求

1) 省（市）建设主管部门建立劳务分包合同管理信息系统，建立劳务分包合同案、履约信息的记录、使用以及公示制度。

2) 区县建设主管部门通过劳务分包合同管理信息系统，实施劳务分包合同监督管理。

(2) 劳务分包合同监管体系

1) 省（市）建设主管部门负责全市劳务分包合同的订立、备案以及履行等活动的监督管理，区县建设主管部门负责本辖区内劳务分包合同履行过程的监督管理。

2) 省（市）和区县两级建设主管部门应当加强与各省建设行政主管部门驻当地建设管理机构的联系、协调与配合，共同加强对外省市在所在区域建筑施工企业劳务分包合同履行过程的监督管理。

(3) 劳务分包合同监督检查内容

建设主管部门应当建立劳务分包合同监督检查制度，采取定期检查、巡查和联合检查等方式进行监督检查。劳务分包合同监督检查内容主要包括：

1) 履行劳务分包合同的合同主体是否合法。

4.3 劳务分包合同管理

2) 发包人、承包人是否另行签订背离劳务分包合同实质性内容的其他协议。
3) 劳务分包合同履行过程中的补充协议。
4) 劳务分包合同备案、网上数据申报以及劳务分包合同履约信息报送情况。
5) 劳务分包合同价款支付情况。
6) 劳务作业人员备案情况。
7) 劳务分包合同是否包括大型机械、周转性材料租赁和主要材料采购等内容。
8) 其他应当检查的内容。

2. 建筑劳务分包的禁止性行为和处罚

建筑劳务分包的禁止性行为和处罚见表 4-7。

建筑劳务分包的禁止性行为和处罚　　　　　　　表 4-7

序号	禁止性行为	处罚
1	省（市）建设主管部门责令改正，通报批评，记入信息提示系统的禁止性行为	发包人、承包人有下列情形之一的，省（市）和区县建设主管部门可以责令改正，通报批评，并记入市建设行业信用信息提示系统： (1) 承包人未按规定进行劳务分包合同备案的； (2) 承包人未按规定进行劳务分包合同变更备案等手续的； (3) 发包人未按规定进行解除备案等手续的； (4) 发包人、承包人未按规定建立健全劳务分包合同管理制度、明确劳务分包合同管理机构和设置劳务分包合同管理人员的； (5) 承包人未按规定报送劳务分包合同履行数据或者报送虚假劳务分包合同履行数据的； (6) 承包人未按照劳务分包合同的约定组织劳务作业人员完成劳务作业内容的； (7) 承包人在收到劳务分包合同价款后未按照合同约定发放工资并将工资发放情况书面报送发包人的； (8) 发包人、承包人未按相关规定对施工过程中的劳务作业量及应支付的劳务分包合同价款予以书面确认的；发包人未按相关规定支付劳务分包合同价款的； (9) 工程变更或者劳务分包合同约定允许调整的内容涉及劳务分包合同价款调整的，发包人未及时确认变更的劳务分包合同价款，或者确认的变更价款未与工程进度款同期支付的； (10) 发包人未按相关规定要求承包人提交维修保证金；发包人或者承包人不配合监督检查的
2	省（市）建设主管部门责令改正，记入信息提示系统和注册建造师信用档案、并向社会公布的禁止性行为	发包人、承包人有下列情形之一的，责令改正，并记入市建设行业信用信息警示系统；该项目的项目经理对下列情形负有直接责任的，记入注册建造师信用档案，向社会进行公布： (1) 发包人将劳务作业发包给个人或者不具备与所承接工程相适应的资质等级以及未取得安全生产许可证的企业； (2) 发包人将与工程有关的大型机械、周转性材料租赁和主要材料采购发包给承包人的； (3) 发包人、承包人未依法订立书面劳务分包合同的； (4) 发包人、承包人在未签订书面劳务分包合同并备案的情况下进场施工的； (5) 劳务分包合同订立后，发包人、承包人再行订立背离劳务分包合同实质性内容的其他协议； (6) 劳务作业全部内容经验收合格后，承包人不按照劳务分包合同约定将该劳务作业及时交付发包人的； (7) 发包人、承包人未按相关规定进行劳务作业验收和劳务分包合同价款结算的； (8) 发包人在劳务分包合同价款结算完成后，未按相关规定的时限支付全部结算价款的

4 劳务分包管理

续表

序号	禁止性行为	处 罚
3	省（市）建设主管部门限制其承揽新工程的行为	发包人或者承包人有下列情形之一的，省（市）建设主管部门可以限制其承揽新的工程或者新的劳务作业： （1）转包劳务作业的； （2）因拖欠劳务分包合同价款或者劳务作业人员工资而引发群体性事件的
4	因直接发包劳务作业，对建设单位的处罚	建设单位直接将劳务作业发包给劳务分包企业或者个人的，省（市）和区县建设主管部门可以责令改正，通报批评，并记入当地建设行业信用信息系统；建设单位拒不改正的，建设主管部门可以限制其新开工程项目

3.《劳务分包合同》示例

《劳务分包合同》示例见表 4-8。

《劳务分包合同》示例　　　　　　　　　　　　　　　表 4-8

建设工程施工劳务分包合同

甲方（承包人）：
乙方（劳务分包人）：
依照《中华人民共和国合同法》、《中华人民共和国建筑法》及其他有关法律、行政法规，遵循平等、自愿、公平和诚实信用的原则，双方就劳务分包事项协商达成一致，订立本合同。

1 劳务分包工作对象及提供劳务内容
　　1.1　工程名称：_____。
　　1.2　工程地点：_____。
　　1.3　分包范围：_____。
　　1.4　承包方式：_____。

2 合同价款
　　2.1　工程合同价款：（大写）人民币_____元，（小写）人民币_____元。
　　2.2　合同价款的计价方法：_____。
　　2.3　结算方式：

3 分包工作期限
　　开工日期：_____年_____月_____日
　　竣工日期：_____年_____月_____日
　　总日历天数为：_____天

4 质量标准
　　工程质量：按国家现行的《建筑安装工程施工及验收规范》和《建筑安装工程质量评定标准》，本工作必须达到质量评定_____等级。

5 甲方代表：

6 乙方代表：

7 工程承包人义务
　　7.1　组建与工程相适应的项目管理班子，全面履行总（分）包合同，组织实施工管理的各项工作，对工程的工期和质量向发包人负责。
　　7.2　向劳务分包人交付具备开工条件的施工场地。
　　7.3　负责对工程质量、工期、安全生产、文明施工的控制、监督、检查和验收。
　　7.4　负责统一安排技术档案资料的收集整理及交工验收。

4.3 劳务分包合同管理

续表

7.5 按时提供图纸，及时交付应供材料、设备，所提供的施工机械设备、周转材料、安全设施保证施工需要。

7.6 负责与发包人、监理、设计及有关部门联系，协调现场工作关系。

8 劳务分包人义务

8.1 对本合同劳务分包范围内的工程质量向工程承包人负责，组织具有相应资格证书的熟练工人投入工作；未经工程承包人授权或允许，不得擅自与发包人及有关部门建立工作联系；自觉遵守法律法规及有关规章制度。

8.2 劳务分包人根据施工组织设计总进度计划的要求，每月底前_____天提交下月施工计划，有阶段工期要求的提交阶段施工计划，必要时按工程承包人要求提交旬、周施工计划，以及与完成上述阶段、时段施工计划相应的劳动力安排计划，经工程承包人批准后严格实施。

8.3 严格按照设计图纸、施工验收规范、有关技术要求及施工组织设计精心组织施工，确保工程质量达到约定的标准；科学安排作业计划，投入足够的人力、物力，保证工期；加强安全教育，认真执行安全技术规范，严格遵守安全制度，落实安全措施，确保施工安全；加强现场管理，严格执行建设主管部门及环保、消防、环卫等有关部门对施工现场的管理规定，做到文明施工；承担由于自身责任造成的质量修改、返工、工期拖延、安全事故、现场脏乱造成的损失及各种罚款。

8.4 自觉接受工程承包人及有关部门的管理、监督和检查；接受工程承包人随时检查其设备、材料保管、使用情况，及其操作人员的有效证件、持证上岗情况；与现场其他单位协调配合，照顾全局。

8.5 按工程承包人统一规划堆放材料、机具，按工程承包人标准化工地要求设置标牌，搞好生活区的管理，做好自身责任区的治安保卫工作。

8.6 按时提交报表、完整的原始技术经济资料，配合工程承包人办理交工验收。

8.7 做好施工场地周围建筑物、构筑物和地下管线和已完工程部分的成品保护工作，因劳务分包人责任发生损坏，劳务分包人自行承担由此引起的一切经济损失及各种罚款。

8.8 妥善保管、合理使用工程承包人提供或租赁给劳务分包人使用的机具、周转材料及其他设施。

8.9 劳务分包人须服从工程承包人转发的发包人及工程师的指令。

8.10 除非本合同另有约定，劳务分包人应对其作业内容的实施、完工负责，劳务分包人应承担并履行总（分）包合同约定的、与劳务作业有关的所有义务及工作程序。

9 质量检查与验收

9.1 分包人应随时允许并配合承包人或监理单位进入分包人施工场地检查工程质量。

9.2 分包工程质量应达到分包合同约定的工程质量标准。工程质量达不到约定的质量标准，分包人应承担违约责任。

10 合同价款与支付

10.1 分包人按时完成分包工程并通过验收后，分包人应向承包人提交分包工程完整的竣工结算资料。承包人与建设单位办理完成全部工程结算手续后，待承包人收到建设单位支付的工程结算款后10日内，承包人将扣除分包工程保修金和其他应扣款项外的分包工程结算款支付给分包人。

11 质量保修

11.1 分包人按国家规定对分包工程承担保修责任。保修期内，甲方按结算总价的____%预留质量保修金。保修期满无质量问题的，退还预留的质量保修金。

12 分包合同解除与撤场

12.1 分包人应严格按照分包合同约定和承包人的要求施工。如分包人的施工进度和施工质量明显不能满足分包合同和承包人要求，承包人有权要求分包人采取整改措施和加快施工进度。分包人应无条件的采取各种措施满足承包人要求。如分包人在收到承包人通知后5日内仍不能满足承包人要求，承包人有权解除分包合同并要求分包人撤场。分包人在收到承包人要求撤场的通知后应在5日内无条件撤出分包工程施工场地，并妥善保护施工现场的所有承包人财产和已完工程。分包人应承担因此给承包人造成的所有损失。

12.2 对于分包人在施工过程中搭建的临时设施，如承包人要求拆除，分包人应按承包人要求拆除，并将施工场地清理干净直至令承包人满意。

续表

> **13 违约责任**
> 13.1 当发生下列情况之一时，视为分包人违约。分包人应承担违约责任，赔偿因其违约给承包人造成的经济损失。
> 13.1.1 因分包人原因不能按照本合同协议书约定的竣工日期或承包人同意顺延的工期竣工的。
> 13.1.2 因分包人原因工程质量达不到约定的质量标准的。
> 13.1.3 分包人将其承包的分包工程转包或再分包的。
> 13.1.4 分包人不履行分包合同义务或不按分包合同约定履行义务的其他情况。
> 13.1.5 争议解决：
> 1) 向____仲裁委员会申请仲裁；
> 2) 向_____人民法院起诉。
>
> **14 分包合同生效与终止**
> 分包合同自双方签字盖章之日起生效，并在分包工程竣工交付、双方签订分包工程保修合同、承包人付清分包工程结算尾款后终止。
>
> **15 合同份数**
> 本合同正本2份，具有同等法律效力，由承包人分包人分别保存一份。副本____份，由承包人、分包人各执份。
>
> 工程承包单位（盖章）：_____　　劳务分包单位（盖章）：_____
> 地　　址：_____　　　　　　　　地　　址：_____
> 法定代表人：_____　　　　　　　法定代表人：_____
> 委托代理人：_____　　　　　　　委托代理人：_____
> 电　　话：_____　　　　　　　　电　　话：_____
> 开户银行：_____　　　　　　　　开户银行：_____
> 账　　号：_____　　　　　　　　账　　号：_____
> 邮政编码：_____　　　　　　　　邮政编码：_____
> 合同签订时间：_____年_____月_____日

4.4 劳务分包作业管理

4.4.1 劳务分包队伍进出场管理

1. 劳务分包队伍的概念

劳务分包队伍是指具有合法经营资格和资质，能够按照合同约定完成相应劳务作业任务的劳务分包企业（组织）。同时要求施工作业队信誉良好、顾全大局，能够服从项目经理部日常管理，与项目经理部配合融洽。积极配合政府和项目经理部妥善处理突发事件，保证社会稳定。

劳务分包队伍是进行劳务分包的基本条件，搞好劳务队伍管理的发展，稳定劳务队伍，直接关系到劳务分包的根本利益。

2. 劳务分包队伍人员进场管理

企业要求下属单位或工程项目经理部按照先达标、后进场的原则，通过证件、表册检

4.4 劳务分包作业管理

查，健全对务工人员的进场管理。劳务分包队伍人员在进场时必须符合的规定见表 4-9。

劳务分包队伍人员进场规定 表 4-9

序号	进 场 规 定
1	禁止使用未满 16 周岁和超过 55 周岁的人员，禁止使用在逃人员、身体或智力残疾人员及其他不适应施工作业的人员
2	工长、技术员部门负责人以及各专业安全管理人员等部门负责人应接受安全技术培训，并参加总承包方组织的安全考核
3	指定专职劳动用工管理人员对施工现场的人员实行动态管理，落实用工管理
4	签订好《劳动合同》，建立劳务分包队伍人员花名册台账，建立施工现场管理台账（如《工程管理人员登记表》和《现场工人登记表》），对进出场人员信息及时跟踪，并将台账放在劳务项目管理机构备查，同时报送一份留存
5	特种作业人员的配备必须满足施工需要，并持有效证件（原籍地、市级劳动部门颁发）和当地劳动部门核发的特种作业临时操作证，持证上岗

3. 劳务分包队伍人员退场管理

劳务分包方退场有多种情况，然而按照劳务分包队伍与总包方的意愿，总体可以分为表 4-10 中几种情况。

劳务分包队伍人员退场管理 表 4-10

序号	退场情况	管 理 规 定
1	正常终止合同	按照法律程序，合同履行完毕后，合同的效力已经终止，经双方协议，劳务分包队伍可以退场。如有其他协议或合同条款未履行完毕，如经双方协商可暂时退场，劳务分包队伍在合同期限内仍有义务履行自身的义务
2	被总承包方强制终止	总包方因某种原因终止合同，劳务分包队伍中途退场。劳务分包队伍可按照合同条款进行申诉，但如劳务分包企业有下列行为之一，属于劳务分包队伍违约在先、符合相关终止合同规定的除外： (1) 发生事故隐瞒不报、漏报、晚报的； (2) 连续三次检查出重大安全隐患并拒不整改的； (3) 出现重大质量问题和安全事故的； (4) 因劳资纠纷引发的群体性事件影响特别恶劣的； (5) 发生群体违法行为、发生刑事案件造成不良影响的； (6) 其他行为造成严重后果的
3	劳务分包队伍单方有退场意愿并提出的	施工过程中，分包单位因本单位原因，主动向总包单位提出终止合同的，因此而造成的一切损失均由分包单位承担，并且分包单位应提前三个月向总包单位提出退场申请并在施工阶段性完成后，与总包单位办理交接、清算工作

4.4.2 劳务分包质量管理

质量管理是指确定质量方针、目标以及职责并在质量体系中通过诸如质量策划、质量控制、质量保证以及质量改进使其实施的全部管理职能的所有活动。质量管理通常包括以下几种：

(1) 制定质量方针和目标。
(2) 确定岗位职责和权限。
(3) 建立质量体系并使其有效运行。

1. 劳务分包质量管理的原则

对于项目而言，质量控制就是为了确保合同以及规范所规定的质量标准所采取的一系列检测、监控措施、手段以及方法。在进行项目质量管理过程中，应遵循的原则见表4-11。

劳务分包质量管理的原则　　　　　　　　　　　表 4-11

序号	原则	内容
1	坚持"质量第一，用户至上"	社会主义商品经营的原则是"质量第一，用户至上"。建筑产品作为一种特殊的商品，使用年限较长，是"百年大计"，直接关系到人民生命财产的安全。所以，工程项目在施工中应自始至终地把"质量第一，用户至上"作为质量控制的基本原则
2	"以人为核心"	人是质量的创造者，质量控制必须"以人为核心"，把人作为控制的动力，调动人的积极性、创造性；增强人的责任感，树立"质量第一"观念；提高人的素质，避免人的失误；以人的工作质量保工序质量、保工程质量
3	"以预防为主"	"以预防为主"，就是要从对质量的事后检查把关，转向对质量的事前控制、事中控制；从对产品质量的检查，转向对工作质量的检查、对工序质量的检查、对中间产品的质量检查。这是确保施工项目的有效措施
4	坚持质量标准、严格检查，一切用数据说话	质量标准是评价产品质量的尺度，数据是质量控制的基础和依据。产品质量是否符合质量标准，必须通过严格检查，用数据说话
5	贯彻科学、公正、守法的职业规范	建筑施工企业的项目经理，在处理质量问题过程中，应尊重客观事实、尊重科学，正直、公正，不持偏见；遵纪、守法，杜绝不正之风；既要坚持原则、严格要求、秉公办事，又要谦虚谨慎、实事求是、以理服人、热情帮助

2. 劳务分包质量管理制度

劳务分包单位应建立并实施劳务分包质量管理制度，明确各管理层次和部门在分包质量管理活动中的职责和权限，加强分包质量过程管理，对分包项目施工质量管理策划、施工设计、施工准备、施工质量以及服务予以控制。

(1) 劳务分包队伍进场后，工程技术部应组织劳务人员进行工程质量标准、验收标准及施工规范学习，提高劳务人员的业务素质，确保工程质量。

(2) 在施工前，工程技术部应对劳务队伍进行施工技术交底，并就交底内容双方签字确认形成书面交底材料。

(3) 技术交底的内容范围见表4-12。

技术交底的内容　　　　　　　　　　　表 4-12

序号	技术交底内容
1	工程主要技术条件、设计标准
2	工程部位及组成、主要的施工方法及步骤、施工场地布置、施工准备工作、使用的机具设备、材料的规格、数量、质量要求及使用部位；混凝土的强度等级、使用部位及配合比；劳力组织；主要质量措施、安全措施、文明施工及环保措施；科研项目和实施计划；新技术、新工艺、新材料等

4.4 劳务分包作业管理

续表

序号	技 术 交 底 内 容
3	各测量控制桩、中线、水准点的名称、使用范围及使用方法等
4	各分项工程的施工技术及工艺
5	分年、季、月编制针对性的安全质量环保措施、专项工序的安全质量措施、冬雨期措施及防洪措施等

（4）技术交底的要求见表 4-13。

技术交底要求 表 4-13

序号	技 术 交 底 要 求
1	技术交底前，技术人员应加强责任心，做充分的准备（熟悉设计图纸、有关的规范规程及技术安全标准），拟定交底提纲，向接受交底的人员分发书面资料，仔细核对交底内容范围，所有的技术交底须执行技术复核制
2	技术交底是具有较高的技术含量的工作，技术人员应仔细阅读设计图纸及规范、规程，不得将设计文件、标准图、施组文件不加注和简单修订地复印分发。应对原图和资料分解，重新组合并附加解释，对可能疏忽的细节要特别说明，提出工艺标准、质量标准和克服通病的措施
3	技术交底书按规定表格填写清楚，绘制简图并标注各部尺寸，复制若干份，交底人和接受人应当面交接，解释明白，确认无误后双方签认，其中一份由交底人员保存
4	技术交底下发后应跟踪服务，并按技术交底检查、监督、指导施工
5	作业层技术人员应建立本工程范围技术交底台账。台账内容主要为：交底日期、工程部位、内容摘要、交底人、接受人。综合交底也应记录在案
6	设计变更批复后应及时进行技术交底

（5）技术交底的方式主要有以下几点：
1）会议交底，会议交底应有会议纪要。
2）书面交底，书面交底应有签字留底。
3）样板引路，施工节点、技术难点现场制作样板进行交底。

（6）现场施工技术检查制度：现场施工技术检查是工程技术部和技术人员进行现场施工管理工作的重要一环，各级工程技术人员应经常深入现场检查施工技术、工程质量/环境/职业健康安全措施执行情况，发现问题及时处理。严格按有关技术要求和安全操作规程进行施工，杜绝技术事故，确保工程质量和安全生产，并做好环境保护。现场施工技术检查的主要内容见表 4-14。

现场施工技术检查内容 表 4-14

序号	检 查 内 容
1	检查施工进度及劳务队伍对施工计划的落实情况。发现影响生产进度的各种因素及时报告项目部负责人研究改进
2	检查施工中技术交底和有关施工、质量、环境、职业健康安全措施执行情况
3	复核施工测量放线、放样是否有误，检查施工中结构物的平、立面位置、图形、各部尺寸是否有误
4	检查复核预埋构件、预留沟槽、孔洞是否符合设计，是否有遗漏，各种结构的隐蔽部分是否按设计要求进行处理并检查确认

4 劳务分包管理

续表

序号	检查内容
5	检查各种工程用料、成品、半成品的规格、品种、型号和其他技术指标是否符合设计及国家有关技术标准规定,不符合者禁止使用
6	检查施工中对地上地下管线路及运输设备是否采取保护措施并提出处理要求
7	检查模板、脚手架、负荷平台和各类施工临时设施现状,发现异状变形要及时进行处理

(7) 隐蔽工程检查制度:为了保证工程质量,认真按设计要求施工,隐蔽工程必须经过施工技术人员和质检人员检查,并经监理检查合格,签妥隐蔽工程检查证后,方可掩盖和继续施工。

隐蔽工程验收的主要项目为工程完工后无法验收的工作量,主要包括以下几种工程:

1) 土方工程。
2) 基础工程。
3) 钢筋工程。
4) 混凝土工程预埋件等。

其中,拆除工程在拆除前须对拆除工作量进行确认,拆除后按隐蔽记录验收工作量;需多道工序完成的工作量,每一道工序需进行一次隐蔽,并记录签证时间,最后一道工序完工后,验收完成工作量。

隐蔽工程检查职权范围按国家、行业标准规范和业主要求办理。

(8) 检查程序见表4-15。

检查程序 表4-15

序号	程序
1	实行"三级"检查,即劳务队伍自检,项目部质检人员检查,第三方监理检查
2	隐蔽工程达到检查程度时,主管施工技术人员自检合格后,按时签妥(包括签字)检查证并备齐有关附件
3	项目部质检人员应及时对隐蔽工程进行检查,检查合格后,请求现场监理工程师检查
4	隐蔽工程经监理工程师检查合格,并在检查证上签字后,方可掩盖和继续施工
5	隐蔽工程检查应提前24h通知有关人员参加检查,业主有专门规定的,执行业主要求

(9) 施工日志填写制度:施工技术管理人员必须根据施工情况及时填写施工日志,施工日志必须如实反映施工情况并按施工日志相关要求填写。

1) 施工日志(或工作日记)记录的主要内容见表4-16。

施工日志记录的主要内容 表4-16

序号	记录内容	备注
1	基本内容	(1) 日期、星期、天气、气温。气象有变化较大或温差较大应按上午、下午或白天、夜晚分别记录; (2) 施工部位。施工部位应将分部、分项工程号位、名称等写清楚; (3) 施工协作队伍出勤人数、关键机具操作负责人。出勤人数一定要分工种记录,并记录工人的总人数; (4) 机械设备的名称、数量、工作运转情况以及调动和进、退场情况; (5) 劳务人员履约情况以及违反合同条款行为记录

4.4 劳务分包作业管理

续表

序号	记录内容	备 注
2	工作内容	(1) 当日施工内容及实际完成情况、生产资源消耗及物料消耗数量； (2) 施工现场有关技术工艺、质量安全、环保文明施工等交底会议的主要内容； (3) 有关领导、主管部门或各种检查组对工程施工技术、质量、安全方面的指令指示、建议意见和决定； (4) 指挥部、监理、项目经理部对工程施工提出的技术、质量要求、意见及采纳实施落实情况。通过工作内容可以基本掌握当日完成的工程数量，能够估算出施工产值收入，为项目成本控制积累收集基础资料
3	报验和检验内容	(1) 隐蔽工程报验验收情况。应写明分项分部工程隐蔽的内容、验收人员、验收结论等，视需要通知有关部门建立影像资料； (2) 施工放样记录和有关总包单位、监理、业主的抽检情况； (3) 钢筋的焊接绑扎，工程施工工序工艺和成品评定等情况。应写明名称、部位、规格、材质、焊接条件、焊条型号、焊接结果判定等； (4) 材料进场、送检情况。应写明批号、数量、生产厂家以及进场材料的验收情况，还要在以后补记需要抽检送检材料的检验结果。 认真记录报验和检验内容能够做好对工程的质量进行有效的跟踪控制，使工程质量处于受控状态
4	检查（抽查）内容	(1) 质量检查情况：当日各项工程的质量检查和处理记录；焊接、厚度、养护等的检查结果；现场整改落实情况； (2) 安全检查情况及安全隐患治理和整改情况； (3) 其他检查情况，如文明施工以及施工现场的场容场貌管理情况等； 做好本项内容记录的工作可以及时纠正施工中的问题，保持工程质量可控制
5	其他内容	(1) 设计变更、技术核定通知及执行情况； (2) 施工任务交底、技术交底、安全技术交底情况； (3) 停电、停水、停工情况； (4) 施工机械故障及处理情况

2) 施工日志具有连续性和完整性，是单位工程从开工到竣工整个施工过程的原始记录，应及时认真填写，不得胡编乱造或补写。施工日志（或工作日记）记录的要求见表4-17。

施工日志（或工作日记）记录的要求　　　　　表 4-17

序号	记 录 要 求
1	记录要字迹工整、清晰，施工技术管理人员要用正楷或行书书写
2	当日记录的主要施工内容一定要与施工进展相对应
3	养生养护记录要详细，应包括养生养护部位、方法、次数、养护人员、养护结果等
4	焊接记录也要详细记录，应包括焊接部位、焊接方式（气焊、电弧焊、电焊、搭接双面焊、搭接单面焊等）、焊条牌号及规格、焊接人员、焊接数量、检查结果、检查人员等
5	其他检查记录一定要具体详细
6	停水、停电一定要记录清楚起止时间，停水、停电时正在进行什么工作，是否造成损失或对正在施工的部位留下质量、安全隐患等

续表

序号	记 录 要 求
7	施工日志要用签字笔填写，便于归档长期保存。对电脑水平高、办公条件好的管理人员可以记录电子版施工日记，视需要对原地貌、隐蔽工程建立数码影像资料
8	项目领导和各部门负责人要经常对管理人员的施工日志进行抽查或检查，项目总工和工程部要对技术员的施工日志进行测评。对于认真记录或记录符合要求的，要给予表扬或奖励，否则要进行批评或处罚

3. 劳务分包质量管理方针和目标的制订

(1) 质量方针

质量方针是由组织的最高管理者正式颁布的该组织总的质量宗旨和方向。它是组织总方针的一个组成部分，由最高管理者批准。质量方针是组织的质量政策；是组织全体职工必须遵守的准则和行动纲领；是企业长期或较长时期内质量活动的指导原则，它反映了企业领导的质量意识和决策。

(2) 质量目标

质量目标是与质量有关的、所追求或作为目的的事物。它应覆盖那些为了使产品满足要求而确定的各种需求。因此，质量目标通常是按年度提出的在产品质量方面要达到的具体目标。

质量方针是总的质量宗旨、总的指导思想，而质量目标是比较具体的、定量的要求。因此，质量目标应是可测的，并且应该与质量方针包括与持续改进的承诺相一致。

4. 劳务分包质量管理策划

(1) 劳务分包企业应服从总包企业管理，协助总包企业对工程项目施工质量管理。劳务分包企业提供的劳务人员应满足质量管理的需要。

(2) 劳务分包企业应按规定接收设计文件，参加图纸会审和设计交底并对结果进行确认。

(3) 劳务分包企业应按照规定的职责参与施工企业工程项目质量管理策划，主要包括以下几个方面：

1) 质量目标和要求。

2) 质量管理组织和职责。

3) 施工管理依据的文件。

4) 人员、技术、施工机具等资源的需求和配置。

5) 场地、道路、水电、消防、临时设施规划。

6) 影响施工质量的因素分析及其控制措施。

7) 进度控制措施。

8) 施工质量检查、验收及其控制措施。

9) 应收集的信息及其传递要求。

10) 突发事件的应急措施。

11) 对违规事件的报告和处理。

12) 施工管理应形成的记录。

13) 与工程建设有关方的沟通方式。

14) 质量管理和技术措施。

4.4 劳务分包作业管理

15）劳务分包企业质量管理的其他要求。

（4）工程项目质量管理策划的结果形成文件并在实施前批准。策划的结果应按规定得到发包方或监理方的认可，劳务分包企业严格按照策划的内容进行施工。

（5）工程项目质量管理策划的结果实行动态管理，劳务分包企业有义务对策划提出建设性建议，及时调整相关文件并监督实施。

5. 劳务分包过程质量控制

（1）施工准备

劳务分包企业应依据工程项目质量管理策划的结果实施施工准备，应按规定将质量管理策划的结果向劳务人员进行交底，并保存记录。

（2）施工过程质量管理

施工过程中的质量管理见表4-18。

施工过程质量管理　　　　　　　　　　　　　　表4-18

序号	管理项目	备 注
1	劳务分包企业应对施工过程质量进行控制	（1）正确使用施工图纸、设计文件、验收标准适用的施工工艺标准、作业指导书。适用时，对施工过程实施样板引路； （2）调配符合规定的操作人员； （3）按规定配备、使用建筑材料、构配件和设备、施工机具、检测设备； （4）按规定施工并及时检查、监测； （5）根据现场管理有关规定对施工作业环境进行控制； （6）根据有关要求采用新材料、新工艺、新技术、新设备，并进行相应的策划和控制； （7）合理安排施工进度； （8）采取半成品、成品保护措施并监督实施； （9）对不稳定和能力不足的施工过程、突发事件实施监控
2	劳务分包企业应根据需要，事先对施工过程进行确认	（1）对工艺标准和技术文件进行评审，并对操作人员上岗资格进行鉴定； （2）对施工机具进行认可； （3）定期或在人员、材料、工艺参数、设备发生变化时，重新进行确认
3	劳务分包企业应配合总包企业对施工过程及进度进行标识，施工过程应具有可追溯性	—
4	劳务分包企业应保持与工程建设有关方的沟通，按规定的职责、方式对相关信息进行管理	—
5	劳务分包企业应配合总包企业建立施工过程中的质量管理记录。施工记录应符合相关规定的要求	施工过程中的质量管理记录应包括： （1）施工日记和专项施工记录； （2）交底记录； （3）上岗培训和岗位资格证明； （4）施工机具和检验、测量及试验设备的管理记录； （5）图纸的接收和发放、设计变更的有关记录； （6）监督检查和整改、复查记录； （7）质量管理相关文件； （8）工程项目质量管理策划结果中规定的其他记录

6. 劳务分包作业过程质量检查与验收

（1）劳务分包企业应建立并实施施工质量检查制度。劳务分包企业应规定各管理层次对施工质量检查与验收活动进行监督管理的职责和权限。检查和验收活动应由具备相应资格的人员实施。

1）施工质量的检查见表4-19。

施工质量检查　　　　　　　　　　　　　　表4-19

序号	检 查 项 目
1	劳务分包企业应对施工质量检查进行策划，包括质量检查的依据、内容、人员、时机、方法和记录。策划结果应按规定经批准后实施
2	劳务分包企业对质量检查记录的管理应符合相关制度的规定
3	劳务分包企业现场管理人员应根据策划的安排和施工质量验收标准实施检查
4	劳务分包企业质量检查活动应接受总包企业的监控

2）施工质量的验收见表4-20。

施工质量验收　　　　　　　　　　　　　　表4-20

序号	验 收 项 目
1	劳务分包企业应协助总包企业实施施工质量验收
2	劳务分包企业应参加工程竣工验收
3	施工质量问题的处理

（2）劳务分包企业应建立并实施质量问题处理制度，规定对发现质量问题进行有效控制的职责、权限和活动流程。

（3）劳务分包企业应对质量问题的分类、分级报告流程做出规定，按照要求分别报告工程建设有关方。

（4）劳务分包企业应对各类质量问题的处理制定相应措施，经批准后实施，并应对质量问题的处理结果进行检查验收。

（5）劳务分包企业应保存质量问题的处理和验收记录，建立质量事故责任追究制度。

7. 劳务分包企业质量管理自查与评价

（1）劳务分包企业应建立质量管理自查与评价制度，对质量管理活动进行监督检查。

（2）劳务分包企业应对各管理层次的质量管理活动实施监督检查，明确监督检查的职责、频度以及方法。对检查中发现的问题应及时提出书面整改要求，监督实施并验证整改效果。监督检查的内容见表4-21。

监督检查的内容　　　　　　　　　　　　　表4-21

序号	检查内容	备　注
1	法律、法规和标准规范的执行	—
2	质量管理制度及其支持性文件的实施	—
3	岗位职责的落实和目标的实现	—
4	对整改要求的落实	—

4.4 劳务分包作业管理

续表

序号	检查内容	备 注
5	劳务分包企业应对劳务管理人员的质量管理活动进行监督检查	内容主要包括： (1) 项目质量管理策划结果的实施； (2) 对本企业、发包方或监理方提出的意见和整改要求的落实； (3) 合同的履行情况； (4) 质量目标的实现

(3) 劳务分包企业应对质量管理体系实施年度审核和评价。劳务分包企业应对审核中发现的问题及其原因提出书面整改要求，并跟踪其整改结果。质量管理审核人员的资格应符合相应的要求。

劳务分包企业应策划质量管理活动监督检查和审核的实施。策划的依据主要包括以下几点：

1) 各部门和岗位的职责。
2) 质量管理中的薄弱环节。
3) 有关的意见和建议。
4) 以往检查的结果。

(4) 劳务分包企业应建立和保存监督检查和审核的记录，并将所发现的问题及整改的结果作为质量管理改进的重要信息。

(5) 劳务分包企业应收集工程建设有关方的满意情况的信息，并明确这些信息收集的职责、渠道、方式以及利用这些信息的方法。

8. 劳务分包质量管理信息和质量管理改进

(1) 劳务分包企业应采用信息管理技术，通过质量信息资源的开发和利用，提高质量管理水平。

(2) 劳务分包企业应建立并实施质量信息管理和质量管理改进制度，通过对质量信息的收集和分析，确定改进的目标，制订并实施质量改进措施。

(3) 劳务分包企业应明确各层次、各岗位的质量信息管理和质量管理改进职责。

(4) 劳务分包企业的质量管理改进活动主要应包括以下几点：

1) 质量方针和目标的管理。
2) 信息分析。
3) 质量管理卫星通信评价。
4) 纠正与预防措施等。

(5) 劳务分包企业应明确为正确评价质量管理水平所需收集的信息及其来源、渠道、方法和职责。收集的信息主要应包括以下几点：

1) 法律、法规、标准规范以及规章制度等。
2) 工程建设有关方对劳务分包企业的工程质量和质量管理水平的评价。
3) 各管理层次工程质量管理情况及工程质量的检查结果。
4) 劳务分包企业质量管理监督检查结果。
5) 同行业其他劳务分包企业的经验教训。

6）市场需求。

7）质量回访和服务信息。

（6）劳务分包企业应总结项目质量管理策划结果的情况，并将其作为质量分析和改进的信息予以保存和利用。

（7）劳务分包企业各管理层次应按规定对质量信息进行分析，判断质量管理状况和质量目标实现的程度，识别需要改进的领域和机会，并采取改进措施。劳务分包企业在分析过程中，应使用有效的分析方法。分析结果主要应包括以下几种：

1）工程建设有关方对劳务分包企业的工程质量、质量管理水平的满意程度。

2）施工和服务质量达到要求的程度。

3）工程质量水平、质量管理水平、发展趋势以及改进的机会。

（8）劳务分包企业最高管理者应按照规定的周期，分析质量管理体系运行的状况，提出改进目标和要求。质量管理体系的评价标准见表 4-22。

质量管理体系的评价标准 表 4-22

序号	评 价 标 准
1	质量管理体系的适宜性、充分性、有效性
2	施工和服务质量满足要求的程度
3	工程质量、质量管理活动状况及发展趋势
4	潜在问题的预测
5	工程质量、质量管理水平改进和提高的机会
6	资源需求及要求的程度

（9）劳务分包企业应根据对质量管理体系的分析和评价，提出改进目标，制订并实施改进措施，跟踪改进的效果；分析工程质量、质量管理活动中存在或潜在问题的原因，采取适当的措施，并验证措施的有效性。

（10）劳务分包企业可根据质量管理分析、评价的结果，确定质量管理创新的目标及措施，并跟踪、反馈实施结果。

（11）劳务分包企业应按规定保存质量管理改进与创新记录。

4.4.3 劳务分包进度管理

劳务分包进度管理是指在编制施工进度计划的基础上，将该计划付诸实施，在实施的过程中经常检查实际进度是否按计划要求进行，如有偏差，则分析产生偏差的原因，采取补救措施或调整、修改原计划，直至工程竣工。进度管理的最终目的是确保项目施工目标的实现，工程进度管理的总目标是建设工期。

1. 劳务分包进度管理的任务

施工项目进度管理是项目施工中的重点控制之一，是保证施工项目按期完成，合理安排资源供应、节约工程成本的重要措施。建筑工程项目不同的参与方都有各自的进度控制的任务，然而，都应该围绕着投资者要早日发挥投资效益的总目标去开展。工程项目不同

4.4 劳务分包作业管理

参与方的进度管理任务见表 4-23。

工程项目参与方的进度管理任务　　　　表 4-23

参与方名称	任　　务	进度涉及时段
业主方	控制整个项目实施阶段的进度	设计准备阶段、设计阶段、施工阶段、物资采购阶段、动用前准备阶段
设计方	根据设计任务委托合同控制设计进度，并能满足施工、招投标、物资采购进度	设计阶段
施工方	根据施工任务委托合同控制施工进度	施工阶段
供货方	根据供货合同控制供货进度	物资采购阶段

2. 劳务分包进度管理体系

为了能够更好地使进度管控在工程管理中实现规范化、标准化以及可行化，确保工程施工进度满足相关方要求，履行好合同规定的权力、义务，劳务分包单位应建立劳务分包单位进度管理体系和劳务分包项目进度管理体系（图 4-3、图 4-4）。

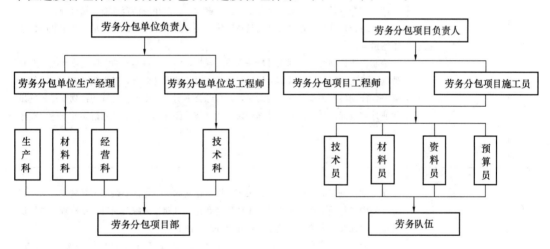

图 4-3　劳务分包单位进度管理体系　　　　图 4-4　劳务分包项目进度管理体系

3. 劳务分包进度过程控制

进度计划的实施就是用项目进度计划指导施工活动、落实以及完成计划。项目进度计划逐步实施的进程就是项目逐步完成的过程。

工程项目进度计划的实施步骤见表 4-24。

工程项目进度计划的实施步骤　　　　表 4-24

序号	实施步骤	内　　容
1	向执行者进行交底并落实责任	要把计划贯彻到项目经理部的每一个岗位，每一个职工，要保证进度的顺利实施，就必须做好思想发动工作和计划交底工作。项目经理部要把进度计划讲解给广大职工，让他们心中有数，并且要提出贯彻措施。针对贯彻进度计划中的困难和问题，同时提出克服这些困难和解决这些问题的方法和步骤。 为保证进度计划的贯彻执行，项目管理层和作业层要建立严格的岗位责任制，要严肃纪律、奖罚分明，项目经理部内部积极推行生产承包经济责任制，贯彻按劳分配的原则，使职工群众的物质利益同项目经理部的经营成果结合起来，激发群众执行进度计划的自觉性和主动性

续表

序号	实施步骤	内　　容
2	制定实施计划方案	进度计划执行者应制定工程项目进度计划的实施计划方案，具体来讲，就是编制详细的施工作业计划（表4-25）。 由于施工活动的复杂性，在编制施工进度计划时，不可能考虑到施工过程中的一切变化情况，因而不可能一次安排好未来施工活动中的全部细节，所以施工进度计划还只能是比较概括的，很难作为直接下达施工任务的依据。因此，还必须有更为符合当时情况、更为细致具体的、短时间的计划，这就是施工作业计划。施工作业计划是根据施工组织设计和现场具体情况，灵活安排，平衡调度，以确保实现施工进度和上级规定的各项指标任务的具体的执行计划。 施工作业计划一般可分为月作业计划和旬作业计划。施工作业计划一般应包括以下三个方面的内容： （1）明确本月（旬）应完成的施工任务，确定其施工进度。月（旬）作业计划应保证年、季度计划指标的完成，一般要按一定的规定填写作业计划表，见表4-26； （2）根据本月（旬）施工任务及其施工进度，编制相应的资源需要量计划； （3）结合月（旬）作业计划的具体实施情况，落实相应的提高劳动生产率和降低成本的措施。 编制作业计划时，计划人员应深入施工现场，检查项目实施的实际进度情况，并且要深入施工队组，了解其实际施工能力，同时了解设计要求，把主观和客观因素结合起来，征询各有关施工队组的意见，进行综合平衡，修正不合时宜的计划安排，提出作业计划指标。最后，召开计划会议，通过施工任务书将作业计划落实并下达到施工队组
3	跟踪记录，收集实际进度数据	在计划任务完成的过程中，各级施工进度计划的执行者要跟踪做好施工记录，记载计划中的每项工作开始日期、工作进度和完成日期，为施工项目进度检查分析提供信息，因此要求实事求是地记载，并填好有关图表。 收集数据的方式有两种：一是以报表的方式（表4-27）；二是进行现场实地检查。收集的数据质量要高，不完整或不正确的进度数据将导致不全面或不正确的决策。 收集到的施工项目实际进度数据，要进行必要的整理，按计划控制的工作项目进行统计，形成与计划进度具有可比性的数据、相同的量纲和形象进度。一般可以按实物工程量、工作量和劳动消耗量以及累计百分比整理和统计实际检查的数据，以便与相应的计划完成量相对比
4	将实际数据与计划进度对比	主要是将实际的数据与计划的数据进行比较，如将实际的完成量、实际完成的百分比与计划的完成量、计划完成的百分比进行比较。通常可利用表格形成或直接绘制比较图形来直观地反映实际与计划的差距。通过比较了解实际进度比计划进度拖后、超前还是与计划进度一致
5	做好施工中的调度工作	施工调度是指在施工过程中不断组织新的平衡，建立和维护正常的施工条件及施工程序所做的工作。主要任务是督促、检查工程项目计划和工程合同执行情况，调度物资、设备、劳力，解决施工现场出现的矛盾，协调内、外部的配合关系，促进和确保各项计划指标的落实

4.4 劳务分包作业管理

工程项目形象进度审批表　　　　　　　　　　　表4-25

工程名称：××工程　　　　　　　　　　　　　　编号：××××

序号	项目名称	计划完成时间	计划投资/万元
1	完成招标投标。确定施工单位、监理单位	××年×月×日	×××
2	办理建设工程规划许可证	××年×月×日	×××
3	办理施工许可证		
4	项目开工		
5	基础完工		
6	主体封顶		
7	全面竣工，竣工验收合格		

填表人：×××　　　　　　审核人：×××　　　　　　填报日期：××年×月×日

月（旬）作业计划表　　　　　　　　　　　　表4-26

施工单位：　　　　　　　　　　　　　　　　　　　　年　季　月

编号	工程地点及名称	计量单位	月计划					上旬		中旬		下旬		形象进度要求								
			数量	单价	合价	定额	工天	数量	工天	数量	工天	数量	工天	27	28	29	30	31	1	2	…	25	26

编制：　　年　月　日

工程项目进度跟踪表　　　　　　　　　　　　表4-27

工程名称：××住宅楼　　　　　　　　　　　　　　编号：×××

工程编号	工程名称	工程类型	施工组别	开工日期	进度	进度简述或完成内容
001	电缆覆盖	覆盖	A组	05.25	90%	钢线全部打完，100P电缆差75m，50P电缆差166m。管道完成、电缆已基本完成
002	小对数电缆修复	小对数	B组	06.06	100%	完工

填表人：×××　　　　　　　　　　　　　　　　　　填报日期：××年×月×日

4 劳务分包管理

4. 施工项目进度的检查与调整

（1）施工项目进度计划的检查与调整

1）对施工项目进度计划进行检查应依据施工进度计划实现记录进行。

2）调整施工项目进度计划应采用科学的调整方法，并应编制调整后的施工进度计划。

（2）施工项目进度计划的检查内容

施工项目进度计划的检查应采取日检查或定期检查的方式进行，且应对下列内容进行检查：

1）检查期内实际完成和累计完成工程量。

2）实际参加施工的人力、机械数量以及生产效率。

3）窝工人数、窝工机械台班及其原因分析。

4）进度偏差情况。

5）进度管理情况。

6）影响进度的特殊原因及分析。

（3）施工项目进度计划的报告内容

实施检查后，应向企业提供月度施工进度报告，月度施工进度报告主要应包括以下几个方面内容：

1）进度执行情况的综合描述。

2）实际施工进度图。

3）工程变更、价格调整、索赔以及工程款收支情况。

4）进度偏差的状况和导致偏差的原因分析。

5）解决问题的措施。

6）计划调整意见。

（4）施工项目进度计划的调整内容

施工进度计划在实施中的调整必须依据施工进度计划检查结果进行。施工进度计划的调整主要应包括以下几个方面内容：

1）施工内容。

2）工程量。

3）起止时间。

4）持续时间。

5）工作关系。

6）资源供应。

（5）施工项目进度计划的总结依据

在施工进度计划完成后，项目经理部应及时进行施工进度管理总结。总结时应依据下列资料：

1）施工进度计划。

2）施工进度计划执行的实际记录。

3）施工进度计划检查结果。

4）施工进度计划的调整资料。

（6）施工项目进度计划的总结内容

施工进度管理总结主要应包括以下几个方面内容：
1) 合同工期目标及计划工期目标完成情况。
2) 施工进度管理经验。
3) 施工进度管理中存在的问题及分析。
4) 科学的施工进度计划方法的应用情况。
5) 施工进度管理的改进意见。

5. 沟通与协调

（1）开工交底

劳务分包项目开工前，依据劳务分包合同、进度管理目标责任书，结合项目工程特点，劳务分包单位应组织劳务分包项目部进行有针对性的开工交底。并且劳务分包项目部亦应对劳务队伍进行进度方面的交底，使劳务队伍明确工程中有关进度方面的要求。

（2）例会制度

1) 坚持每天召开一次碰头会，总结当天工程进度情况，布置下一天施工计划进度，并做好实际与计划进度对比，及时纠偏。

2) 每日参会人员由劳务分包项目负责人拟定，项目负责人可根据具体问题扩大参加例会人员范围。

（3）劳务队伍之间的协调

1) 加强各工种的协调配合工作，各工序应穿插进行，尤其是后期装饰工程以及装饰与安装工程之间均要相互支持，协调一致，各专业应合理安排，做到有条不紊，避免窝工。施工方法正确，避免返工，确保工程进度有序进行。

2) 交叉作业前，应召开联席会议，议定交叉作业时间、条件。各劳务队伍必须无条件地接受现场管理。

3) 严格实行限时解决问题的工作制度，减少人为因素造成的工期延误，采用书面文字进行工作联系，杜绝扯皮、推诿现象。

4) 各劳务队伍之间的问题可提交日例会中协调解决，为下一步工序开展提供工作条件。

4.4.4 劳务分包成本管理

1. 劳务分包成本的内容及影响因素

（1）劳务分包成本的概念

劳务成本是指企业提供劳务作业而发生的成本。相对于公司劳务收入而言，可以是公司内的，也可以是公司外的。

工程项目劳务分包成本是指就劳务分包或承包劳务所发生的全部费用的总和。劳务分包成本对不同的工程建设参与方而言，其内涵是不同的。从总承包的角度而言，劳务分包成本是工程项目施工成本的一部分，相当于对项目施工的投资；从劳务承包企业（人）而言，劳务分包成本则是指承包者在整个劳务作业中的所有生产资料转移价值和劳动者的必要劳动所创造价值的货币形式。

（2）劳务分包成本的内容

1) 对总承包企业而言，劳务分包成本根据劳务分包合同确定。采取计时工资，班组根据工资分配办法和计工表确定;采取工费承包和计件工资的班组,根据实际完成数量和计件单价确定。

2)通常,对劳务企业劳务分包成本主要包括以下几方面内容:

①各工种劳务报酬及管理费用,这是劳务分包成本的主要构成部分。通常采取固定劳务报酬(含管理费),计时单价和计价单价三种方法。

②材料费,通常是非主要材料和低值易耗材料。

③设备及机械租赁费用,通常指非大型机械和周转性材料的租赁。

④增加的工程量、索赔以及签证。

⑤文明施工费用,按发包人要求另增加的费用。

⑥劳务承包人的利润、管理费用以及税金。

⑦其他费用,含不可预见费用(如材料和机械遗失的赔偿费用等)。

(3)影响劳务成本的因素

影响劳务分包成本的因素较多,对发包方和承包方而言,其影响因素也有所不同。影响劳务成本的因素见表4-28。

影响劳务成本的因素 表4-28

序号	因素	内容
1	劳务分包的工期	劳务分包的成本与其工期直接相关,其随工期的变化而变化。合同工期越短,因突击施工而增加的成本越高;反之,合同工期越长,突击施工程度就越低,其成本也越低。当然,如在合同工期外,延误工期越长,成本就越高;延误工期越短,成本就越低。 承包劳务的目标是为了盈利,提前完工就会提前受益,工期延误就会造成利润损失
2	劳务分包的质量	质量是指劳务分包项目能满足合同规定的特性与指标。要求的质量越高,需要付出的成本自然就越高。同时,为达到质量要求,一是要做好质量的检验与保障工作,二是要做好质量失败的补救工作。这两方面工作也是影响成本的关键因素
3	劳务分包的资源耗费	劳务分包的成本与其各项活动所消耗和占用资源的数量和价格关系密切。其所消耗和占用资源的数量越多,价格越高,劳务分包的成本就越高。这里要注意的是,消耗和占用资源的数量是内部要素,是相对可控的;而消耗与占用资源的价格是外部因素,是较难控制的
4	劳务分包的范围	劳务分包的成本很大程度上取决于分包的范围,即劳务分包究竟需要做些什么内容和做到什么程度。分包范围越大,成本就会越高;反之,分包范围越小,成本就越低。同时,如果劳务分包的任务越复杂,分包的成本就越高;分包的任务越简单,分包的成本就越低

综上所述,影响劳务分包成本的因素较多,影响的方式与程度也较为复杂。要实现劳务成本的科学管理,就必须对劳务分包的工期、质量、资源耗费、范围等要素实行综合管理。

2. 劳务分包成本管理

(1)劳务分包成本管理的内容

劳务成本管理是建筑施工劳务企业项目管理系统中的一个系统,其主要包括预测、决策、计划、控制、核算、分析以及考核等一系列工作环节。它们各自发挥着特定的作用,

4.4 劳务分包作业管理

并以生产经营过程中的成本控制为核心，依靠成本信息的传递和反馈结合为一个有效运转的有机整体。

劳务分包成本管理的主要内容见表4-29。

劳务分包成本管理的内容　　　　　　　　　　　　　　表4-29

序号	主要内容	备注
1	劳务分包成本预测	劳务分包成本预测是根据选定的预测方法，对劳务分包未来的成本水平及其发展趋势所做的描述与判断
2	劳务分包成本计划	劳务分包成本计划是项目经理部对项目成本进行计划管理的工具。它是以货币形式编制施工项目在计划内的生产费用、成本水平、成本降低率及为降低成本所采取的主要措施和规划的书面方案，它是建立劳务分包成本管理责任制、开展成本控制和核算的基础
3	实施劳务分包成本的形成控制	劳务分包成本的形成控制主要指项目经理部对劳务分包成本的实施控制
4	劳务分包成本核算	劳务分包成本核算是指项目施工过程中所发生的各种费用和形成劳务分包成本与计划目标成本，在保持统计口径一致的前提下，进行对比，找出差异
5	劳务分包成本分析	劳务分包成本分析是在施工成本跟踪核算的基础上，动态分析各成本项目的节超原因。它贯穿于劳务分包成本管理的全过程，也就是说，劳务分包成本分析主要利用劳务分包的成本核算资料（成本信息），与目标成本（计划成本）、预算成本及类似的施工项目的实际情况等进行比较，了解成本的变动情况，同时也要分析主要技术经济指标对成本的影响，系统地研究成本变动的因素，检查成本计划的合理性；并通过成本分析，深入揭示成本变动规律。寻找降低劳务成本的途径
6	劳务分包成本考核	所谓成本考核，就是劳力分包项目完成后对项目成本形成中的各责任者，按劳务分包项目成本目标责任制的有关规定，将成本的实际指标与计划、定额、预算进行对比和考核，评定劳务分包项目成本计划的完成情况及责任者的业绩和责任，并据此给予相应的奖励和处罚

（2）劳务分包成本管理程序

项目成本管理应按照下列程序进行：

1）掌握生产要素的市场价格和变动状态。
2）确定项目合同价。
3）编制成本计划，确定成本实施目标。
4）进行成本动态控制，实现成本实施目标。
5）进行项目成本核算和工程价款结算，及时收回工程款。
6）进行项目成本分析。
7）进行项目成本考核，编制成本报告。
8）积累项目成本资料。

项目的成本管理工作归纳为以下几个关键环节：成本预测、成本决策、成本计划、成本控制、成本核算、成本分析以及成本考核等，其流程如图4-5所示。

（3）劳务分包成本管理措施

为了能够取得成本管理的理想成果，应当从多方面采取措施实施管理，通常可以将这些措施归纳为组织措施、技术措施、经济措施以及合同措施四个方面，见表4-30。

4 劳务分包管理

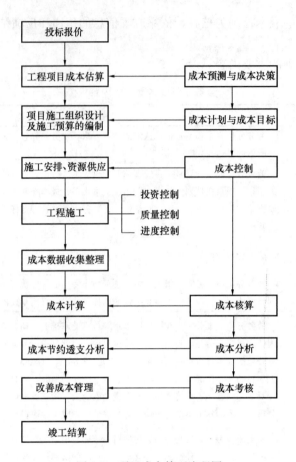

图 4-5 项目成本管理流程图

劳务分包成本管理措施　　　　　表 4-30

序号	管理措施	内　　容
1	组织措施	组织措施是从项目成本管理的组织方面采取的措施,如实行项目经理责任制,落实项目成本管理的组织机构和人员,明确各级项目成本管理人员的任务和职能分工、权力和责任,编制本阶段项目成本控制工作计划和详细的工作流程图等。项目成本管理不仅是专业成本管理人员的工作,各级项目管理人员都负有成本控制责任。组织措施是其他各类措施的前提和保障,而且一般不需要增加什么费用,运用得当可以收到良好的效果
2	技术措施	技术措施不仅对解决项目成本管理过程中的技术问题是不可缺少的,而且对纠正项目成本管理目标偏差也有相当重要的作用。因此,运用技术措施的关键,一是要能提出多个不同的技术方案;二是要对不同的技术方案进行技术经济分析。在实践中,要避免仅从技术角度选定方案而忽视对其经济效果的分析论证
3	经济措施	经济措施是最易为人接受和采用的措施。管理人员应编制资金使用计划,确定、分解项目成本管理目标。 对项目成本管理目标进行风险分析,并制定防范性对策。通过偏差原因分析和未完项目成本预测,可发现一些可能导致未完项目成本增加的潜在问题,对这些问题应以主动控制为出发点,及时采取预防措施。由此可见,经济措施的运用绝不仅仅是财务人员的事情

4.4 劳务分包作业管理

续表

序号	管理措施	内　　容
4	合同措施	成本管理要以合同为依据，因此合同措施就显得尤为重要。对于合同措施从广义上理解，除了参加合同谈判、修订合同条款、处理合同执行过程中的索赔问题、防止和处理好与业主和分包商之间的索赔之外，还应分析不同合同之间的相互联系和影响，对每一个合同作总体和具体分析等

3. 劳务分包成本控制

成本控制是在项目成本的形成过程中，对生产经营所消耗的人力资源、物质资源以及费用开支，进行指导、监督、调节和限制，及时纠正将要发生和已经发生的偏差，把各项生产费用，控制在计划成本的范围之内，以保证成本目标的实现。成本控制最核心的内容是及时的信息反馈和纠偏。

（1）劳务分包成本控制依据

劳务分包成本控制的主要依据见表4-31。

劳务分包成本控制的依据 表4-31

序号	控制依据	内　　容
1	劳务分包合同	劳务分包成本控制必须以劳务分包合同为依据，围绕降低劳务成本这一目标，从成本预算和实际成本两方面，努力挖掘增收节支潜力，以求获得最大的经济效益
2	劳务成本计划	劳务成本计划是根据劳务分包项目的具体情况制订的劳务成本控制方案的重要组成部分，既包括预定的成本控制目标，又包括实现控制目标的措施和规划。是劳务分包成本控制的指导性文件
3	进度报告	进度报告提供每一时刻劳务分包的实际完成量、劳务成本实际支付情况等主要信息。劳务成本控制正是通过实际情况与控制计划相比较，找出二者之间的差异，分析偏差产生的原因，从而采取措施改进以后的工作。此外，进度报告还有助于管理者及时发现工程实际施工中存在的隐患，并在事态还未造成重大损失之前采取有效措施，尽量避免损失
4	工程量变更	在劳务分包项目实施过程中，由于各方面的原因，其分包工程变更是在所难免的。工程变更一般包括设计变更、进度计划变更、施工条件变更、技术规范变更与标准变更、施工次序变更、工程数量变更等。一旦出现变更，其相应的劳务成本也将发生变化，从而使劳务分包成本的控制变得更为复杂和困难

（2）劳务分包成本控制步骤

在确定了劳务分包成本计划之后，必须定期进行劳务成本计划值与实际值的比较，当实际值偏离计划值时，分析产生偏差的原因，采取适当的纠偏措施，以确保劳务成本控制目标的实现。劳务分包成本控制的步骤见表4-32。

劳务分包成本控制步骤 表4-32

序号	控制步骤	内　　容
1	比较	按照某种确定的方式将劳务成本计划值与实际值进行比较，以发现劳务分包成本是否超支

4 劳务分包管理

续表

序号	控制步骤	内容
2	分析	在比较的基础上，对比较的结果进行分析，以确定偏差的严重性及偏差产生的原因。这一步骤是劳务分包成本控制工作的核心，其主要目的在于找出偏差产生的原因，从而采取有针对性的措施，避免相同问题再次发生或减少由此造成的损失
3	预测	根据劳务作业的实施情况，估算其完工时的总劳务成本。其目的在于为决策提供支持
4	纠偏	劳务成本实际出现了偏差，应当根据分包项目的实际情况、偏差分析和预测结果，采取适当的措施，以达到使劳务成本偏差尽可能小的目的。这是劳务分包成本控制最具实质意义的一步。纠偏可采用组织措施、经济措施、技术措施和合同措施等
5	检查	是指对劳务分包的进展进行跟踪和检查，及时了解劳务分包进展状况及纠偏措施的执行情况和效果，以指导下一步工作的开展

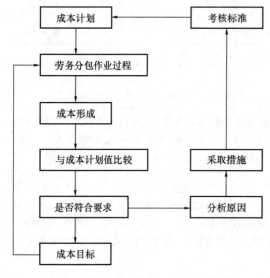

图4-6 劳务分包成本控制的一般步骤

劳务分包成本控制一般步骤如图4-6所示。

(3) 劳务分包成本控制方法

劳务分包成本控制是一个复杂的系统工程。它包括很多方法，如偏差控制法（横道图法、网络图法以及挣值法）、成本分析表法及定额法等。

1) 横道图法。横道图法是安排施工进度计划和组织流水作业施工的一种常用方法。长期以来，它只被用来制定进度计划服务，然而，横道图法完全可以用于对进度与成本进行控制。通常在横道图中用不同的横道表示工程的计划成本、已完工计划成本以及已完工实际成本，横道的长度与其金额成正比，并可在横道边用数字表示成本值，通过实际成本与计划成本、已完工计划成本与计划成本之间的比较，来发现成本与进度偏差，对成本形成过程进行控制。

①在当前进度下，实际成本与计划成本的差异叫成本偏差。

$$成本偏差 = 已完工实际成本 - 已完工计划成本 \qquad (4-6)$$

式中：

$$已完工实际成本 = 已完工程量 \times 实际单位成本 \qquad (4-7)$$

$$已完工计划成本 = 已完工程量 \times 计划单位成本 \qquad (4-8)$$

$$工程计划成本 = 计划工程量 \times 计划单位成本 \qquad (4-9)$$

施工成本偏差结果为正值，表示成本超支；结果为负值，表示成本节约。

②进度偏差对项目成本偏差是有重要影响的。

例如：在某一阶段的劳务成本超支，可能由于物价上涨导致，也可能是由于进度超前导致的。如果不考虑进度偏差，就不能正确反映劳务成本偏差的实际情况。因此应引入进度偏差的概念。

$$进度偏差① = 已完工程计划时间 - 已完工程实际时间 \qquad (4-10)$$

进度偏差也可表示为：

$$进度偏差② = 已完工程计划成本 - 工程计划成本 \qquad (4-11)$$

进度偏差①用时间天数表示进度偏差，进度偏差②用货币金额表示进度偏差。进度偏差为正值，表示工期提前；结果为负值，表示工期拖延。如图 4-7 所示。

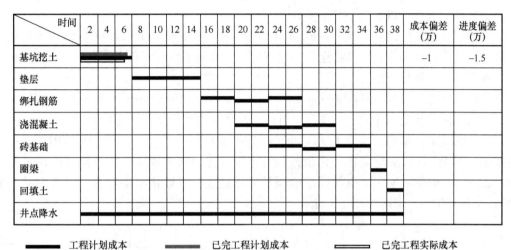

图 4-7　横道图法的成本控制

2) 网络图法。网络计划在施工进度的安排上具有较强的逻辑性，在破网后可随时进行优化和调整，因而对工序的成本控制也更为有效。

网络图的表示方法为：代号为工序施工起止的节点（系指双代号网络），箭杆表示工序施工的过程，箭杆的下方为工序的计划施工时间，箭杆上方"C"后面的数字为工序的计划成本；实际施工时间和成本，则在箭杆附近的方格中按实际填写。这样，就能从网络图中看到每道工序的计划进度与实际进度，计划成本与实际成本的对比情况，同时也可清楚地看出今后控制进度、控制成本的方向，如图 4-8 所示。

由图 4-8 可知，当计划进行到第四周后，工作①→③为关键工作，近期完成，成本也正好与计划成本相等；工作①→②为非关键工作，工期拖后一周，虽然不影响总工期，但按单位时间计算的成本却超过了计划值，其超支额为：

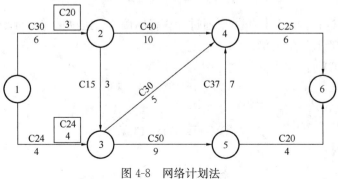

图 4-8　网络计划法

成本偏差＝(30×3)/6－20＝－5

结果为负值，应及时查明原因，如属异常，要及时采取措施予以纠正。

3) 挣值法。挣值法是评价项目成本实际开销与进度情况的一种方法，它通过测量和计算计划工作量的预算成本、已完成工作量的实际成本和已完工作量的预算成本，得到有关进度和费用偏差，从而可以衡量项目成本执行情况。

挣值法的核心思想是通过引入一个关键性的中间变量——挣值，来帮助项目管理者分析项目成本、进度的实际执行情况同计划的偏差程度。运用挣值法要求计算每个活动的关键值。首先，应确定以下几个基本参数：

①计划工作量的预算成本（Budgeted Cost for Work Scheduled，BCWS），即根据批准认可的进度计划和预算计算截至某一时点应当完成的工作所需投入资金的积累值。可以把它理解为"计划投资额"。

②已完成工作量的实际成本（Actual Cost for Work Performed，ACWP），即到某一时点已完成的工作实际花费的总金额。可以把它理解为"实际的消耗投资额"。

③已完成工作量的预算成本（Budgeted Cos tfor Work Performed，BCWP），是指项目实施过程中某阶段实际完成工作量按预算定额计算出来的成本，即挣值（Earned Value，EV），挣值反映了满足质量标准的项目实际进度。可以把它理解为"已实现的投资额"，某分部工程挣值图如图 4-9 所示。

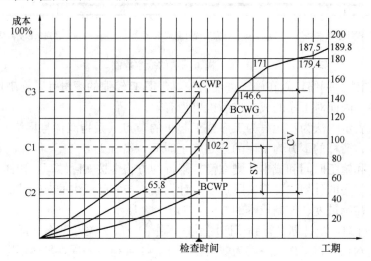

图 4-9 某分部工程挣值图

利用挣值法进行偏差分析，主要通过计算费用偏差、进度偏差、计划完工指数以及成本绩效指数来实现其评价目的。

费用偏差（CV）：

$$CV = BCWP - ACWP \tag{4-12}$$

进度偏差（SV）：

$$SV = BCWP - BCWS \tag{4-13}$$

进度绩效指数（SPI）：

$$SPI = BCWP/BCWS \tag{4-14}$$

成本绩效指数（CPI）：
$$CPI = BCWP/ACWP \quad (4-15)$$

当 CV 为负数时，表明项目成本处于超支状态，反之是项目成本处于节约状态。

当 SV 为负数时，表明项目实施落后于计划进度状态，反之是项目进度超前。

当 SPI 大于 1 时，表明项目实际完成的工作量超过计划工作量，反之项目实际完成工作量少于计划工作量。

当 CPI 大于 1 时，表明项目实际成本超过计划成本，反之项目实际成本少于计划成本。

偏差分析技术不仅可以用来衡量项目的成本执行情况，而且可以用来衡量项目的进度。

4）成本分析表法。成本分析表法是进行项目成本控制的主要方法之一。它将项目编号、名称以及各成本参数等都综合归纳到一张表格中，并直接在表格中进行计算和比较。各偏差参数都在表格中明确列出，成本管理者能够综合地了解并处理这些数据。成本分析表通常包括成本日报、周报、月报表、分析表以及成本预测报告等。该方法是目前在进行项目劳务成本控制时经常采用的方法，它要求准确、及时且简单明了，分析表的填制可以每日、每周或每月一次，按照实际需要而定。常见的成本分析表如表 4-33 所示。

成本偏差分析表　　　　　　　表 4-33

编号	工程部位	工程量		预算成本		计划成本		实际成本		实际偏差		目标偏差	
		计划	实际	本期	累计	本期	累计	本期	累计	本期	累计	本期	累计
(1)	(2)	(3)	(4)	(5)	(6)	(7)	(8)	(9)	(10)	(11)=(5)−(9)	(12)=(6)−(10)	(13)=(6)−(9)	(14)=(8)−(10)

5）定额法。在工程施工过程中，施工单位以施工预算定额和费用开支标准控制实际成本，以达到降低成本的目的。

在采用定额法时，应将工程的直接费用按施工定额落实到施工任务单上，以施工任务单控制生产费用的实际支出。工程直接费用定额控制的重点是材料成本控制和人工费成本控制。项目经理部要以材料消耗定额为依据，执行限额领料制度，执行限额领料制度要填写限额领料单，由计划人员根据月度工程计划和消耗定额，按照每种材料及用途核定当月的领料限额，填制限额领料单，该领料单一式二份，分别交施工用料的工段和发料仓库，当工段接受任务时，持施工任务单和限额领料单到仓库领用材料。对人工费的控制，应由劳资人员对各类生产人员进行定员定额，要认真执行劳动定额，提高劳动效率；严格控制单位工程总用工数及工资支出，保证人工费控制在成本指标之内。对人工费的控制还可执行预算人工费包干的办法。工程施工中的间接费用，特别是固定费用，要按费用开支范围和开支标准编制费用开支计划，分级分口包干使用，把间接费控制在目标成本之内。

(4) 劳务分包成本控制措施

劳务分包成本控制的主要措施见表 4-34。

4 劳务分包管理

劳务分包成本控制措施　　　　　　　　　　　　　表 4-34

序号	控制措施	内　容
1	组织措施	组织是项目管理的载体，是目标控制的依托，是控制力的源泉。因此，在项目上，要从组织项目部人员的协作部门上入手，设置一个强有力的工程项目部和协作网络，保证工程项目的各项管理措施得以顺利实施。 (1) 项目经理是企业法人在项目上的全权代表，是项目成本管理的第一责任人。 项目经理全面组织项目部的成本管理工作，不仅要管好人、财、物，而且要管好工程的协调和工程的进度，保证工程项目的质量，取得一定的社会效益，同时，更重要的是要抓好劳务成本的控制，创造较好的经济效益。因此，选择经验丰富、能力强的项目经理，及时掌握和分析项目的盈亏状况，并迅速采取有效的管理措施是做好成本管理的第一步。 (2) 技术部门是整个工程项目施工技术和施工进度的负责部门。 使用专业知识丰富、责任心强、有一定施工经验的工程师作为工程项目的技术负责人，可以确保技术部门在保证质量、按期完成任务的前提下，尽可能地采用先进的施工技术和施工方案，以求提高工程施工的效率，最大限度地降低工程成本。 (3) 经营部门主管合同实施和合同管理。 配置外向型的工程师或懂技术的人员负责劳务进度款的申报和催款工作，处理施工赔偿问题，加强合同预算管理，增加劳务项目的合同外收入。经营部门的有效运作可以保证工程项目增收节支。 (4) 财务部门主管工程项目的财务工作。 财务部门应随时分析项目的财务收支情况，及时为项目经理提供项目部的奖金状况，合理调度资金，减少资金使用费和其他不必要的费用支出。 项目部的其他部门和班组也要相应地精心设置和组织，力求工程施工中的每个环节和部门都能为项目管理的实施提供保证，为增收节支尽责尽职
2	技术措施	劳务分包项目成本管理的最终目的是提供高质量、低成本的建筑产品。采取先进的技术措施，走技术与经济相结合的道路，确定科学合理的施工方案和工艺技术，以技术优势来取得经济效益是降低项目成本的关键。 (1) 制定先进合理的施工方案和施工工艺，合理布置施工现场，不断提高工程施工工业化、现代化，以达到缩短工期、提高质量、降低成本的目的。 (2) 在施工过程中努力寻找、运用和推广各种消耗、提高工效的新工艺、新技术、新材料、新产品、新机械和其他能降低成本的技术革新措施，来提高经济效益。 (3) 加强施工过程中的技术质量检验制度和力度，严把质量关，提高工程质量，杜绝返工现象和损失，减少浪费
3	经济措施	按经济用途分析，劳务分包项目成本的构成包括直接成本和间接成本。其中，直接成本是构成劳务分包工程项目实体的费用，包括材料费、人工费、机械使用费和其他直接费；间接成本是企业为组织和管理工程项目而分摊到该项目上的经营管理性费用。成本管理的经济措施就是从围绕这些费用的支出入手，最大限度地降低这些费用的消耗。 (1) 控制人工费。控制人工费的根本途径是提高劳动生产率，改善劳动组织结构，减少窝工浪费；实行合理的奖惩制度和激励办法，提高员工的劳动积极性和工作效率；加强劳动纪律，加强技术教育和培训工作；压缩非生产用工和辅助用工，严格控制非生产人员比例。 (2) 控制材料费。材料费占工程成本的比例很大，因此降低成本的潜力最大。要降低材料费用，首先应抓住关键性的主要材料，它们虽然品种很少，但所占费用比重大，故抓住主要材料费用就抓住了重点，而且易于见到成效。降低材料费用的主要措施是做好材料采购的计划，减少各个环节的损耗；严格材料进场验收和限额领料的控制制度，减少浪费；建立结构材料消耗台账，时时监控材料的消耗和使用情况，制订并贯彻材料控制的各种相应措施，合理使用材料，注意工程余料的回收和再利用。 (3) 控制机械使用费。在控制机械使用费方面，最主要的是要自己加强机械的使用和管理力度，正确选配和合理利用机械设备，提高机械使用率。要提高机械效率必须提高机械设备的完好率和利用率。 (4) 控制间接费及其他直接费。间接费是项目管理人员和企业的其他职能部门为该劳务分包项目所发生的全部费用。这一项费用的控制主要应通过精简管理机构，合理确定管理幅度与管理层次，业务管理部门的费用实行节约承包来落实，同时对涉及管理部门的多个项目实行清晰分账，落实谁受益、谁负担的原则。其他直接费的控制应本着合理计划、节约为主的原则进行

4. 劳务分包成本核算

成本核算是在项目法施工条件下诞生的，是建立在企业管理方式和管理水平基础上，适合施工企业特点的一个降低成本开支、提高企业利润水平的主要途径。

(1) 建筑工程项目成本核算的原则

项目成本核算应遵循的原则见表 4-35。

项目成本核算的原则　　　　　表 4-35

序号	原则	内容
1	确认原则	在项目成本管理中对各项经济业务中发生的成本，都必须按一定的标准和范围加以认定和记录。只要是为了经营目的所发生的或预期要发生的，并要求得以补偿的一切支出，都应作为成本来加以确认
2	分期核算原则	施工生产是连续不断的，项目为了取得一定时期的项目成本，就必须将施工生产活动划分若干时期，并分期计算各期项目成本
3	实际成本核算原则	采用定额成本或者计划成本方法的，应当合理计算成本差异，月终编制会计报表时，调整为实际成本
4	权责发生制原则	凡是当期已经实现的收入和已经发生或应当负担的费用，不论款项是否收付，都应作为当期的收入或费用处理；凡是不属于当期的收入和费用，即使款项已经在当期收付，都不应作为当期的收入和费用
5	相关性原则	成本核算要为项目成本管理目标服务，成本核算不只是简单的计算问题，要与管理融于一体，算为管用
6	一贯性原则	项目成本核算所采用的方法一经确定，不得随意变动
7	划分收益性支出与资本性支出原则	划分收益性支出与资本性支出是指成本、会计核算应当严格区分收益性支出与资本性支出界限，以正确地计算当期损益
8	及时性原则	及时性原则是指项目成本的核算、结转和成本信息的提供应当在所要求的时期内完成
9	明晰性原则	明晰性原则是指项目成本记录必须直观、清晰、简明、可控、便于理解和利用，使项目经理和项目管理人员了解成本信息的内涵，弄懂成本信息的内容，便于信息利用，有效地控制本项目的成本费用
10	配比原则	配比原则是指营业收入与其对应的成本、费用应当相互配合
11	重要性原则	重要性原则是指对于成本有重大影响的业务内容，应作为核算的重点，力求精确，而对于那些不太重要的琐碎的经济业务内容，可以相对从简处理，不要事无巨细均作详细核算
12	谨慎原则	谨慎原则是指在市场经济条件下，在成本、会计核算中应当对项目可能发生的损失和费用，作出合理预计，以增强抵御风险的能力

(2) 建筑工程项目成本核算的方法

建筑工程项目成本核算方法是将各种产品的生产费用进行归集，以计算完工产品总成本和单位成本的方法。建筑工程项目成本核算的方法见表4-36。

建筑工程项目成本核算方法　　　　　　　　　　表 4-36

序号	核算方法	内　容
1	项目成本表格核算法	表格核算法是建立在内部各项成本核算基础上、各要素部门和核算单位定期采集信息，填制相应的表格，并通过一系列的表格，形成项目成本核算体系，作为支撑项目成本核算平台的方法。表格核算法一般有以下几个过程： （1）确定项目责任成本总额。首先根据确定"项目成本责任总额"分析项目成本收入的构成； （2）项目编制内控成本和落实岗位成本责任。在控制项目成本开支的基础上；在落实岗位成本考核指标的基础上，制定"项目内控成本"； （3）项目责任成本和岗位收入调整； （4）确定当期责任成本收入； （5）确定当月的分包成本支出； （6）材料费用核算； （7）机械设备的核算； （8）现场实际发生的措施费开支的核算； （9）项目成本收支核算； （10）项目成本总收支的核算
2	项目成本会计核算法	会计核算法是指建立在会计核算基础上，利用会计核算所独有的借贷记账法和收支全面核算的综合特点，按项目成本内容和收支范围，组织项目成本核算的方法。 使用会计法核算项目成本时，项目成本直接在项目上进行核算称为直接核算，不直接在项目上进行核算的称为间接核算，介于直接核算与间接核算之间的是列账核算。 （1）项目成本的直接核算。项目除及时上报规定的工程成本核算资料外，还要直接进行项目施工的成本核算，编制会计报表，落实项目成本的盈亏。项目不仅是基层财务核算单位，而且是项目成本核算的主要承担者。还有一种是不进行完整的会计核算，通过内部列账单的形式，利用项目成本台账，进行项目成本列账核算。 （2）项目成本的间接核算。项目经理部不设置专职的会计核算部门，由项目有关人员按期、按规定的程序和质量向财务部门提供成本核算资料，委托企业在本项目成本责任范围内进行项目成本核算，落实当期项目成本盈亏。企业在外地设立分公司的，一般由分公司组织会计核算。 （3）项目成本列账核算。项目成本列账核算是介于直接核算和间接核算之间的一种方法。项目经理部组织相对直接核算，正规的核算资料留在企业的财务部门。项目每发生一笔业务，其正规资料由财务部门审核存档后，与项目成本员办理确认和签认手续。项目凭此列账通知作为核算凭证和项目成本收支的依据，对项目成本范围的各项收支，登记台账会计核算，编制项目成本及相关的报表。企业财务部门按期以确认资料，对其审核
3	两种核算方法的并行运用	由于表格核算法便于操作和表格格式自由的特点，它可以根据我们管理方式和要求设置各种表式。使用表格法核算项目岗位成本责任，能较好地解决核算主体和载体的统一、和谐问题，便于项目成本核算工作的开展。并且随着项目成本核算工作的深入发展，表格的种类、数量、格式、内容、流程都在不断地发展和改进，以适应各个岗位的成本控制和考核

总的说来，用表格核算法进行项目施工各岗位成本的责任考核和控制，用会计核算法进行项目成本核算，两者互补，相得益彰。

4.5 劳务分包费用管理

4.5.1 劳务人员工资的计算方式

工资是指用人单位依据国家有关规定或劳动合同的约定,以货币形式直接支付给本单位劳动者的工资报酬,通常包括计时工资、计件工资、奖金、加班加点工资、津贴和补贴以及特殊情况下支付的工资等。现阶段劳务人员工资的计算方式见表 4-37。

劳务人员工资的计算方式　　　　　　　　　　　　　　　　表 4-37

序号	计算方式	内　容
1	计时工资	计时工资是指用人单位按照劳动者工作的时间来计算薪酬的工资支付形式,主要包括: (1) 小时计时工资:根据劳动者每小时的工资标准和实际工作小时数计算工资; (2) 日工资:根据劳动者的日工资标准和实际工作天数计算工资; (3) 月工资:根据规定的或约定的月工资标准支付工资
2	计件工资	根据劳动者生产的合格产品数量或完成的工作量,依据企业内部确定的计件工资单价计算并支付工资
3	奖金	奖金是指用人单位对劳动者在工作中的超额劳动和增收节支而给予的劳动报酬,从而鼓励劳动者为单位作出更大的贡献。包括生产奖、节约奖、超额完成任务奖以及其他奖金
4	加班加点工资	加班加点工资是指按照规定支付的加班工资和加点工资。加班,是指休息日和法定节假日上班的时间,加点是指每天超过 8h 之外的上班时间。根据劳动法的相关规定,加班加点工资的支付标准为: (1) 安排劳动者延长工作时间的,支付不低于工资的 150% 的工资报酬; (2) 休息日安排劳动者工作又不能补休的,支付不低于工资的 200% 的工资报酬; (3) 法定休息日安排劳动者工作的,支付不低于工资的 300% 的工资报酬
5	津贴和补贴	用人单位因一些特殊原因而支付给劳动者的津贴与补贴。如防暑降温费等
6	特殊情况下支付的工资	特殊情况下支付的工资是指劳动者在患病、工伤、婚丧假、事假、探亲假等情况下按照工资的一定比例支付的工资

4.5.2 劳务费结算与支付管理的程序

劳务费结算与支付管理的程序见表 4-38。

劳务费结算与支付管理程序　　　　　　　　　　　　　　　　表 4-38

序号	程　序
1	总承包公司项目部负责进场务工人员实名制管理,负责现场人员花名册与工资发放表的核对,依据实际情况填报《劳务费兑付单》,附劳务分包企业农民工工资发放表上报审核
2	总承包公司负责审核劳务分包企业分包合同签订、备案情况,审核劳务费结算情况;根据预留资金情况制定兑付方案,决定支付额度
3	总承包公司负责审核《劳务费兑付单》以及分包企业工资发放表,确定无误并签认后,按规定向分包企业支付劳务费

4 劳务分包管理

续表

序号	程 序
4	当劳务费支付到劳务分包企业后，总承包公司相关项目部要监督分包企业将工资发放到农民工本人手中，限期收回有农民工本人签字的工资发放表一份，报总承包公司存档备查
5	总承包公司应对相关单位劳务费发放过程进行监督检查，及时纠正和处理劳务费发放中出现的违规问题，保证农民工工资支付到位
6	各总承包公司每月月末向其上属集团公司报送劳务费兑付情况表，准确反映劳务费兑付情况

4.5.3 劳务费结算与兑付的制度要求

在签订劳务分包合同时，劳务分包工程的发包人与劳务分包的承包人必须在分包合同中明确约定劳务款的支付时间、结算方式以及保证按期支付的相应措施。

劳务费结算与兑付的制度要求见表 4-39。

劳务费结算与兑付的制度要求 表 4-39

序号	制 度 要 求
1	按劳务分包合同约定，及时结算、支付劳务费，应当做到月结月清；总承包公司应监督劳务企业按劳动合同约定确保农民工工资足额发放
2	劳务费支付应当保证劳务企业每月支付农民工基本工资不低于当地最低工资标准，年底前做到100%支付
3	施工总承包公司、专业承包公司应当在工程项目所在地银行建立劳务费专用账户，专项用于支付劳务分包企业劳务费。专用账户的预留资金应当能保障按月拨付劳务分包企业使用的农民工工资

4.5.4 劳务费结算支付报表制度

建筑业企业劳务费及农民工工资结算、支付统计报表制度（以下简称"报表制度"），是建筑业企业一项重要的基础管理工作，是提高建设主管部门执政能力和检验企业管理水平的基础工作，通过统计指标体系和来自基层原始数据的采集、汇总，达到及时掌握情况、全面沟通信息以及加强统计分析的目的，为领导科学决策提供依据，为企业实事求是地、有针对性地实施宏观调控以及微观管理服务。

报表制度要明确专人负责统计工作，按时报送统计报表。统计人员要按照《统计法》和有关文件的要求，保质保量地完成数据采集和报表的填报工作。从工程项目部开始，自下而上地建立好劳务费及农民工工资支付工作的统计网络，按要求设立专（兼）职统计人员，认真进行岗位培训，明确各管理层次的职责范围，切实提高业务水平和工作质量。

"报表制度"专门开发了网上填报系统。各单位应明确主管负责人和基层统计人员，并保持人员的相对稳定，具体负责人名单要按要求逐级上报。工作人员要尽快熟悉程序和统计报表的要求，本着对工作认真负责的态度，按时、保质完成统计工作。

报告期统计数字的截止日期均为报告期的最后一天。基层填报单位应于次月前5个工作日内将报表报上一级主管单位汇总。

5 劳动合同管理

5.1 劳动合同基础知识

5.1.1 劳动合同的概念

我国《劳动法》第十六条规定:"劳动合同是劳动者与用人单位确立劳动关系、明确双方权利和义务的协议。建立劳动关系应当订立劳动合同。"

《劳动法》第十七条规定:"订立和变更劳动合同,应当遵循平等自愿、协商一致的原则,不得违反法律、行政法规的规定。劳动合同依法订立即具有法律约束力,当事人必须履行劳动合同规定的义务。"

劳动合同的主体分别是用人单位与劳动者。用人单位方可以是企业、个体经济组织或民办非企业单位,也可以是国家机关、事业单位或社会团体;劳动者方可以是自然人的个人,也可以是自然人的群体。

5.1.2 劳动合同的种类

劳动合同按照不同的标准可以有不同的分类,见表5-1。

劳动合同的分类　　　　　　　　　　　　　　表5-1

序号	分类标准	分类	备注
1	按照劳动合同期限的长短分	有固定期限的劳动合同	有固定期限的劳动合同是指企业等用人单位与劳动者订立的有一定期限的劳动协议。合同期限届满,双方当事人的劳动法律关系即行终止。如果双方同意,还可以续订合同,延长期限
		无固定期限的劳动合同	无固定期限的劳动合同是指企业等用人单位与劳动者签订的,没有期限规定的劳动协议。 用人单位与劳动者协商一致,可以订立无固定期限劳动合同。有下列情形之一,劳动者提出或者同意续订、订立劳动合同的,除劳动者提出订立固定期限劳动合同外,应当订立无固定期限劳动合同: (1)劳动者在该用人单位连续工作满十年的; (2)用人单位初次实行劳动合同制度或者国有企业改制重新订立劳动合同时,劳动者在该用人单位连续工作满十年且距法定退休年龄不足十年的; (3)连续订立二次固定期限劳动合同,且劳动者没有《劳动合同法》第39条和第40条第1项、第2项规定的情形,续订劳动合同的; 用人单位自用工之日起满一年不与劳动者订立书面劳动合同的,视为用人单位与劳动者已订立无固定期限劳动合同

5 劳动合同管理

续表

序号	分类标准	分类	备注
1	按照劳动合同期限的长短分	以完成一定工作为期限的劳动合同	以完成一定工作为期限的劳动合同是指以劳动者所担负的工作任务来确定合同期限的劳动合同。如以完成某项科研，以及带有临时性、季节性的劳动合同。合同双方当事人在合同存续期间建立的是劳动法律关系，劳动者要加入劳动单位集体，遵守劳动单位内部规则，享受某种劳动保险待遇。 我国劳动法就是按照劳动合同的这一分类标准，将劳动合同的期限分为有固定期限、无固定期限和以完成一定的工作为期限。为了充分保护劳动者的合法权益，《劳动法》特别规定：劳动者在同一用人单位连续工作满十年以上，当事人双方同意续延劳动合同的，如果劳动者提出订立无固定期限的劳动合同，应当订立无固定期限的劳动合同。以避免用人单位只使用劳动者的"黄金年龄"
2	按照劳动合同产生的方式来划分	录用合同	录用合同是指用人单位在国家劳动部门下达的劳动指标内，通过公开招收、择优录用的方式订立的劳动合同。录用合同一般适用于招收普通劳动者。目前，全民所有制企业、国家机关、事业单位、社会团体等用人单位招收录用劳动合同的特点是：用人单位按照预先规定的条件，面向社会，公开招收劳动者；应招者根据用人单位公布的条件，自愿报名；用人单位全面考核、择优录用劳动者；双方签订劳动合同
2	按照劳动合同产生的方式来划分	聘用合同	聘用合同也叫聘任合同，它是指用人单位通过向特定的劳动者发聘书的方式，直接建立劳动关系的合同。这种合同一般适用于招聘有技术业务专长的特定劳动者。如企业聘请技术顾问、法律顾问等
2	按照劳动合同产生的方式来划分	借调合同	借调合同也叫借用合同，它是借调单位、被借调单位与借调职工个人之间，为借调职工从事某种工作，明确相互责任、权利和义务的协议。借调合同一般适用于借调单位急需使用的工人或职工。当借调合同终止时，借调职工仍然回原单位工作
3	按照劳动者一方人数的不同来划分	个人劳动合同	个人劳动合同一般是由劳动者个人同用人单位签订
3	按照劳动者一方人数的不同来划分	集体合同	集体合同一般是指在中外合资企业中，由工会代表劳动者集体同企业签订的合同
4	按照生产资料所有制性质的不同划分	全民所有制单位劳动合同	—
4	按照生产资料所有制性质的不同划分	集体所有制单位劳动合同	—
4	按照生产资料所有制性质的不同划分	个体单位劳动合同	—
4	按照生产资料所有制性质的不同划分	私营企业劳动合同	—
4	按照生产资料所有制性质的不同划分	外商投资企业劳动合同	—

续表

序号	分类标准	分类	备注
5	按照用工制度种类的不同分	固定工劳动合同	—
		合同工人劳动合同	—
		农民工劳动合同	—
		临时工（季节工）劳动合同	—

5.1.3 劳动合同的形式

合同的形式（又称合同的方式），是当事人合意的表现形式，是合同内容的外部表现，也是合同内容的载体。我国现行法规对合同形式的规定，主要体现在《民法通则》第五十六条的规定中，《合同法》继承并完善了它，当事人订立合同，主要有书面形式、口头形式以及其他形式。法律、行政法规规定应采用书面形式。

劳动合同的主要形式见表 5-2。

劳动合同的形式　　　　　　　　　　　表 5-2

序号	形式	内容
1	口头形式	口头形式是指双方当事人只用语言为意思表示订立合同，而不用文字表达协议内容的合同形式。 口头形式简便易行，在日常生活中经常被采用。集市上的现货交易、商店里的零售等一般都采用口头形式。 合同采取口头形式，不需当事人特别指明。凡当事人无约定、法律未规定采用特定形式的合同，均可以采用口头形式。当发生争议时，当事人必须举证证明合同的存在及合同关系的内容。 口头形式的特点是发生合同纠纷时难以取证、不易分清责任。所以不能即时清结的合同和数额较大的合同，不宜采用这种形式
2	书面形式	书面形式，是指以文字或数据电文等表现当事人所订合同的形式。合同书以及任何记载当事人的要约、承诺和权利义务内容的文件，都是合同的书面形式的具体表现。《合同法》第十一条规定：书面形式是指合同书、信件和数据电文（包括电报、电传、传真、电子数据交换和电子邮件）等可以有形地表现所载内容的形式。 合同书指载有合同内容的文书。合同书必须由文字凭证组成，但并非一切文字凭证都是合同书的组成部分。成为合同书的文字凭证须符合以下要求：有某种文字凭证，当事人及其代理人在文字凭证上签字或盖章，文字凭据上载有合同权利义务。 合同的书面形式也可以表现为信件，如不可撤销的保函、单方允诺的函件等。 书面形式的最大优点是合同有据可查，发生纠纷时容易举证，便于分清责任。因此，对于关系复杂的合同、重要的合同，最好采用书面形式。我国法律也是如此规定的。合同法规定，法律、行政法规规定应当采用书面形式的，应当采用书面形式；当事人约定采用书面形式的，应当采用书面形式。行政法规规定或者当事人约定采用书面形式订立合同，当事人未采用书面形式但一方已经履行主要义务，对方接受的，该合同成立。采用合同书形式订立合同，在签字或者盖章之前，当事人一方已经履行主要义务，对方接受的，该合同成立
3	推定的形式	当事人未用语言、文字表达其意思表示，仅用行为甚至沉默向对方发出要约，对方当事人接受该要约，做出一定的或者指定的行为做出承诺，合同成立。例如某商店自动售货机，顾客将规定的货币投入机器内，买卖合同即成立

5.2 劳动合同的必备条款

5.2.1 劳动用工模式

根据《劳动法》和《劳动合同法》的规定,劳动用工模式主要分为:全日制劳动用工模式、非全日制劳动用工模式以及劳务派遣模式,见表 5-3。

劳动用工模式 表 5-3

序号	用工模式	内容
1	全日制用工	全日制用工是指规定了劳动时间和劳动合同期限等主要内容的用工模式。 全日制用工模式具有稳定性和持久性,对用人单位培养人才、长远发展、调动员工工作积极性、形成企业凝聚力有利;对劳动者而言具有保障性、稳定性和发挥个人能力和提升个人有利。全日制用工模式也是目前绝大多数用人单位普遍采用的劳动用工模式
2	非全日制用工	非全日制用工是指以小时计酬为主,劳动者在同一用人单位一般平均每日工作时间不超过四小时,每周工作时间累计不超过二十四小时的用工形式。 (1)非全日制用工双方当事人可以订立口头协议。从事非全日制用工的劳动者可以与一个或者一个以上用人单位订立劳动合同;但是,后订立的劳动合同不得影响先订立的劳动合同的履行。 (2)非全日制用工双方当事人不得约定试用期。 (3)非全日制用工双方当事人任何一方都可以随时通知对方终止用工。终止用工时,用人单位不向劳动者支付经济补偿。 (4)非全日制用工小时计酬标准不得低于用人单位所在地人民政府规定的最低小时工资标准。非全日制用工劳动报酬结算支付周期最长不得超过十五日。 非全日制用工模式主要适用于兼职类工作,对用人单位而言具有操作灵活、简单易行;对劳动者而言可以与多个用人单位同时订立非全日制劳动合同
3	劳务派遣	劳务派遣又称劳动力派遣、人才租赁,是指依法设立的劳务派遣单位与劳动者订立劳动合同,依据与接受劳务派遣单位(实际用工单位)订立的劳务派遣协议,将劳动者派遣到实际用工单位工作,由派遣单位向劳动者支付工资、福利及社会保险费用,实际用工单位提供劳动条件并按照劳务派遣协议支付用工费用的劳动用工模式。这种用工模式的显著特征是劳动者的聘用与使用相分离。 (1)劳务派遣单位应当与被派遣劳动者订立二年以上的固定期限劳动合同,按月支付劳动报酬;被派遣劳动者在无工作期间,劳务派遣单位应当按照所在地人民政府规定的最低工资标准,向其按月支付报酬。 (2)劳务派遣单位派遣劳动者应当与接受以劳务派遣形式用工的单位(以下称用工单位)订立劳务派遣协议。劳务派遣协议应当约定派遣岗位和人员数量、派遣期限、劳动报酬和社会保险费的数额与支付方式以及违反协议的责任。 用工单位应当根据工作岗位的实际需要与劳务派遣单位确定派遣期限,不得将连续用工期限分割订立数个短期劳务派遣协议。 (3)劳务派遣单位应当将劳务派遣协议的内容告知被派遣劳动者。 劳务派遣单位不得克扣用工单位按照劳务派遣协议支付给被派遣劳动者的劳动报酬,劳务派遣单位和用工单位不得向被派遣劳动者收取费用。 (4)劳务派遣单位跨地区派遣劳动者的,被派遣劳动者享有的劳动报酬和劳动条件,按照用工单位所在地的标准执行。 (5)被派遣劳动者享有与用工单位的劳动者同工同酬的权利。用工单位无同类岗位劳动者的,参照用工单位所在地相同或者相近岗位劳动者的劳动报酬确定。 (6)被派遣劳动者有权在劳务派遣单位或者用工单位依法参加或者组织工会,维护自身的合法权益

上述三种用工模式各有优劣。在建筑施工项目领域，目前较为普遍的是采用全日制的劳动用工模式。

5.2.2 劳动合同期限和试用期限

1. 劳动合同期限

劳动合同期限是合同的有效时间，起于劳动合同生效之时，终于劳动合同终止或解除之时。劳动合同可以有固定期限，也可以无固定期限或者以完成一定的工作为期限。劳动合同期满即终止。劳动合同终止要出现终止的条件，劳动合同的终止条件是指在劳动合同履行过程中，当出现某种事件或某种行为时，劳动合同即终止。劳动合同终止的条件只能是时间之外的某种事件或行为。劳动合同中应有规定期限的条款，当没有规定又不能通过其他方法明确必要的期限时，劳动合同不能成立。就具体的劳动合同而言，当事人在不违背法律禁止性规定的前提下，可自行协商解除合同期限。

2. 试用期限

根据我国《劳动合同法》的规定，试用期限主要有以下几种情况：

（1）劳动合同期限三个月以上不满一年，试用期不得超过一个月；劳动合同期限一年以上不满三年的，试用期不得超过三个月；三年以上固定期限和无固定期限的劳动合同，试用期不得超过六个月。

（2）同一用人单位与同一劳动者只能约定一次试用期。

（3）以完成一定工作任务为期限的劳动合同或劳动合同期限不满三个月的，不得约定试用期。

（4）试用期包含在劳动合同期限内，劳动合同仅约定试用期的，试用期不成立，该期限视为劳动合同期限。

5.2.3 工作内容和工作时间

1. 工作内容

工作内容是指劳动者为用人单位提供的劳动，是劳动者应履行的主要义务。劳动者被录用到用人单位以后，应担任何种工作或职务，工作上应达到什么要求等，应在劳动合同中加以明确。双方在协商一致的基础上明确劳动者所应从事工作的类型及其应达到的数量指标、质量指标等，也可以参照同行业的通常情形来执行，关于劳动或工作的时间、地点、方法以及范围等，法律有统一规定的，依照法律执行；没有统一规定的，可由双方协商，但不能违背法律的基本原则。

2. 工作时间

工作时间是指劳动者在用人单位应从事劳动的时间，包括每日应工作的时间和每周应工作的天数。我国目前实行的是每日工作 8 小时，每周工作 40 小时的标准工作制。因工作性质或生产特点的限制，不能实行每日 8 小时，每周工作 40 小时的标准工时制度的，可以实行缩短工时制、综合计算工时制以及不定时工时制等。劳动者和用人单位都要遵守劳动法规定的工时制度，用人单位不得随意延长工作时间，依法延长劳动时间的，应按国家规定的标准支付劳动报酬。

5.2.4 劳动工资报酬的确定与支付

1. 劳动工资报酬的确定

工资是指用人单位依据国家法律规定或者劳动合同约定，定期以货币形式直接支付给劳动者劳动报酬。根据《关于工资总额组成的规定》的规定，工资的主要形式有：计时工资、计件工资、奖金、津贴和补贴、加班加点工资以及特殊情况下支付的工资。

通常，用人单位对于劳动者工资、报酬的约定种类很多，大多数企业会在劳动合同中明确约定工资数额，只有少数企业会通过区分工资报酬结构来约定劳动者的工资数额。

2. 劳动工资报酬的支付

（1）工资支付的形式

工资应当以法定货币形式支付给劳动者，不得以实物或有价证券替代货币支付。

（2）工资支付的周期和方式

1）工资支付的周期：工资应当至少每月支付一次，然而，用人单位与劳动者协商一致后，也可以小时、日、周为支付工资的周期。用人单位应当足额支付工资，不得以"每月暂发放生活费，待年底结算"为借口克扣或者无故拖欠劳动者的工资。

2）工资支付的方式：工资应当直接支付给劳动者本人，劳动者本人因故不能领取工资时，可由其亲属或委托他人代领，不要将工资发放给"包工头"或者其他不具备用工主体资格的其他组织和个人，以免引发拖欠工资的法律纠纷。

（3）工资支付时间

工资必须在用人单位与劳动者约定的日期支付。如遇节假日或休息日，则应当提前在最近的工作日支付。对完成一次性临时劳动或某项具体工作的劳动者，用人单位应按有关协议或合同规定在其完成劳动任务后立即支付工资；在双方劳动关系依法解除或终止劳动合同时，企业应在解除或终止劳动合同时一次性付清劳动者工资。

5.2.5 劳动者基本权益保护条款

1. 社会保险缴纳

《社会保险法》已于2011年7月1日正式施行。根据《社会保险法》规定，国家建立基本养老保险、基本医疗保险、工伤保险、失业保险以及生育保险等社会保险制度，保障公民在年老、疾病、工伤、失业或者生育等情况下依法从国家和社会获得物质帮助的权利。社会保险具有强制性，缴纳社会保险费是用人单位与劳动者的法定义务。《劳动法》规定用人单位无故不缴纳社会保险费用的，由劳动行政部门责令其限期缴纳，逾期不缴的，可以加收滞纳金。《劳动合同法》将社会保险内容列为劳动合同的必备条款，并明确规定用人单位未依法为劳动者缴纳社会保险费的，劳动者可以解除劳动合同，并可以要求用人单位支付经济补偿金。

用人单位与劳动者参加社会保险，缴纳社会保险费，这是法律的强制性规定，用人单位与劳动者均不能通过约定方式加以改变。其中，养老保险费、医疗保险费以及失业保险费等三项社会保险费是由用人单位和劳动者共同按比例承担，而工伤保险费和生育保险费则由用人单位缴纳。

2. 劳动保护内容

劳动保护是指依靠技术进步和科学管理，采取技术和组织措施，消除劳动过程中危及人身安全和健康的不良条件与行为，防止伤亡事故和职业病，保障劳动者在劳动过程中的安全和健康。具体包括以下几方面内容：

（1）工作时间的限制和休息、休假制度的规定。

（2）各项劳动安全与卫生措施。

（3）对女职工的特殊劳动保护。

（4）对未成年工的特殊劳动保护。

5.3 劳动合同的订立、变更与解除

5.3.1 劳动合同的订立

1. 劳动合同签订原则

用人单位在与员工订立劳动合同时，一定要遵从法律规定的劳动合同订立原则。劳动合同签订原则见表 5-4。

劳动合同签订原则　　　　　　　表 5-4

序号	签订原则	内　　容
1	合法原则	所谓合法就是劳动合同的形式和内容必须符合法律、法规的规定。这一原则包括两部分内容： （1）实质合法，即劳动合同的内容合法。当事人不得订立内容违法或对社会公共利益有害的劳动合同。 （2）程序合法，其内容主要有： 1）形式合法，即劳动合同必须采用书面形式（非全日制用工除外），不得采用书面形式以外的其他形式； 2）主体合法，是指劳动法的主体符合法律规定的条件。如劳动者必须具备法定年龄和其他条件
2	公平原则	公平原则是指劳动合同的内容应当公平、合理。就是在符合法律规定的前提下，劳动合同双方公正、合理地确立双方的权利和义务。实践中需要注意的是，用人单位不能滥用优势地位，迫使劳动者订立不公平的合同
3	平等自愿	平等，就是指当事人双方的法律地位平等，即双方以平等的主体身份协商订立劳动合同，不存在一方为主要主体，另一方为次要主体或从属主体的问题。享有同样的权利和义务，任何一方可拒绝与另一方签订劳动合同，任何一方也不得强迫对方与自己签订劳动合同，同时双方平等地决定合同的内容。平等原则赋予了双方当事人公平地表述自己意愿的机会，有利于维护双方的合法利益。 自愿，是指完全出自当事人自己的意志，表达了当事人的真实意愿。任何一方不得将自己的意志强加给对方，也不允许第三者进行非法干预。当然，用人单位有权拒绝任何行政机关和行政领导，在超出法律规定的情况下，摊派或要求其与某些（个）劳动者订立劳动合同。自愿的具体含义包括：劳动合同的订立必须由双方当事人依照自己的意愿独立自主决定，他人不得强制命令，也不能采取欺哄、诱导方式使一方当事人违背自己的真实意愿而接受另一方的条件。 在平等自愿的原则中，平等是自愿的基础和前提，自愿则是平等的必然体现，不平等就难以真正实现自愿

5 劳动合同管理

续表

序号	签订原则	内　　容
4	协商一致	当事人双方在充分表达自己真实意愿的基础上，经平等协商，取得一致性意见后，合同才得成立。也就是说，劳动合同的全部内容，在法律、法规允许的范围内，要由双方当事人共同协商，取得完全一致的意见后才能确定。 　　这条原则的重点在"一致"，如果双方当事人虽然经过充分协商，但分歧仍很大，不能达成一致的意愿表示，该合同就不能成立
5	诚实信用	就是在订立劳动合同时要诚实，讲信用。如在订立劳动合同时，双方都不得有欺诈行为。现实中，有的用人单位不告诉劳动者职业危害，或者提供的工作条件与约定的不一样等；也有劳动者提供假文凭的情况，这些行为都违反了诚实信用原则

2. 劳动合同签订时的知情权

用人单位招用劳动者时，应当如实告知劳动者工作内容、工作条件、工作地点、职业危害、安全生产状况、劳动报酬以及劳动者要求了解的其他情况；用人单位有权了解劳动者与劳动合同直接相关的基本情况，并且，劳动者应当如实说明。

（1）告知是签订劳动合同前劳动关系双方都应履行的先合同义务。用人单位应告知劳动者劳动合同的全部内容，劳动者应告知用人单位与劳动合同直接相关的基本情况。

（2）告知义务很重要，隐瞒真实情况将影响劳动合同的效力。

3. 劳动合同订立的时间要求

根据《劳动合同法》第十条第二款和第三款的规定："已建立劳动关系，未同时订立书面劳动合同的，应当自用工之日起一个月内订立书面劳动合同。用人单位在用工之前订立劳动合同的，劳动关系自用工之日起建立"，也就是说，用人单位与劳动者订立书面劳动合同，可以在用工前订立、用工之日订立或者用工之日起一个月内订立。换言之，用人单位最迟必须在用工之日起一个月内与劳动者订立书面劳动合同。

对于续订劳动合同，用人单位应当在原劳动合同期限届满次日起一个月内与劳动者办理续订劳动合同手续。

根据《劳动合同法》的规定，劳动合同订立时所依据的客观情况发生重大变化，致使劳动合同无法履行，经用人单位与劳动者协商，未能就变更合同内容达成协议的，"用人单位提前三十日以书面形式通知劳动者本人或者额外支付劳动者一个月工资后，可以解除劳动合同"。

4. 无效或者部分无效的劳动合同

（1）无效或者部分无效的劳动合同主要有：

1）以欺诈、胁迫的手段或者乘人之危，使对方在违背真实意思的情况下订立或者变更劳动合同的。

2）用人单位免除自己的法定责任、排除劳动者权利的。

3）违反法律、行政法规强制性规定的。

对劳动合同的无效或者部分无效有纠纷的，由劳动纠纷仲裁机构或者人民法院确认。

（2）劳动合同部分无效，不影响其他部分效力的，其他部分仍然有效。

（3）劳动合同被确认无效，劳动者已付出劳动的，用人单位应当向劳动者支付劳动报

5.3 劳动合同的订立、变更与解除

酬。劳动报酬的数额，参照本单位相同或者相近岗位劳动者的劳动报酬加以确定。

5. 劳动合同示例

表 5-5 是 1 份劳动合同示例。

劳 动 合 同 示 例　　　　　　　　　　　　表 5-5

企业档案编号：＿＿＿＿＿＿＿＿

劳动合同书

甲方（单位）：＿＿＿＿＿＿＿＿＿＿

乙方（劳动者）姓名：＿＿＿＿＿＿　性别：＿＿＿＿＿＿　民族：＿＿＿＿＿＿　文化程度：＿＿＿＿＿＿

居民身份证号码：＿＿＿＿＿＿＿＿＿＿＿　联系电话：＿＿＿＿＿＿＿＿＿＿

家庭住址：＿＿＿＿＿＿＿＿＿＿＿＿＿＿＿＿＿

一、双方在签订本合同前，应认真阅读本合同。甲乙双方的情况应如实填写，本合同一经签订，即具有法律效力，双方必须严格履行。

二、签订劳动合同，甲方应加盖单位公章；法定代表人（负责人）或委托代理人及乙方应签字或盖章，其他人不得代为签字。

三、本合同中的空栏，由双方协商确定后填写，并不得违反法律、法规和相关规定；

四、工时制度分为标准工时、不定时、综合计算工时三种。实行不定时、综合计算工时工作制的，应经劳动保障部门批准。

五、本合同的未尽事宜，可另行签订补充协议，作为本合同的附件，与本合同一并履行。

六、本合同应使用钢笔或签字笔填写，字迹清楚，文字简练、准确，并不得擅自涂改。

七、本合同签订后，甲、乙双方各执一份备查。

为建立劳动关系，明确权利义务，根据《中华人民共和国劳动法》《中华人民共和国劳动合同法》和有关法律、法规，甲乙双方遵循诚实信用原则，经平等协商一致，自愿签订本合同，共同遵守执行。

第一条　劳动合同期限

（一）劳动合同期

本合同期限采用下列方式。

1. 有固定期限：本合同期限为 ＿＿ 年，自 ＿＿ 年＿＿ 月＿＿ 日起至 ＿＿ 年＿＿ 月＿＿ 日止。

2. 无固定期限：本合同期限自＿＿年＿＿月＿＿日开始履行，至法定条件出现时终止履行。

（二）试用期

双方同意按以下第＿＿种方式确定试用期（试用期包含在劳动合同期内）：

1. 无试用期。

2. 试用期从自 ＿＿ 年＿＿ 月＿＿ 日起至 ＿＿ 年＿＿ 月＿＿ 日止。

第二条　工作内容

1. 甲方根据生产（工作）需要，安排乙方在 ＿＿＿ 生产（工作）岗位，并为乙方提供必要的生产（工作）条件。

2. 乙方应按照甲方对本岗位生产（工作）任务和责任制的要求，完成规定的数量、质量指标。

第三条　劳动保护、劳动条件和职业培训

1. 甲方必须建立健全劳动安全卫生制度和操作规程、工作规范，并对乙方进行安全卫生教育，杜绝违章操作和违章指挥。

2. 甲方必须为乙方提供符合国家规定的劳动安全卫生条件和必要的劳动防护用品，必须告知乙方所从事的工作（生产）岗位，存在职业危害因素的名称、可能产生的职业病危害及后果。按国家规定定期安排从事职业危害工作的乙方进行健康检查。

续表

3. 实行对女工和未成年工的特殊保护和女职工在孕期、产期、哺乳期间，甲方按国家规定为其提供劳动保护。

4. 甲方应根据需要对乙方进行必要的职业培训或为乙方接受职业培训提供必要的条件。

第四条　劳动纪律

1. 甲方应当依法制定和健全内部规章制度和劳动纪律，依法对乙方进行规范和管理。

2. 乙方应严格遵守甲方依法制定的各项规章制度，服从甲方的管理。

第五条　工作时间和休息、休假

1. 甲方安排乙方施行第 ____ 项工作制。

（1）标准工作制：甲方安排乙方每日工作时间不超过 8 小时，每周不超过 40 小时。甲方保证乙方每周至少休息一日。甲方由于工作需要，经与工会和乙方协商后可以延长工作时间，一般每日不得超过一小时。因特殊需要延长工作时间的，在保障乙方身体健康的条件下，延长工作时间每日不得超过 3 小时，每月不得超过 36 小时。

（2）综合计算工时工作制。

（3）不定时工作制。

2. 甲方按规定给予乙方享受法定休假日、年休假、婚假、丧假、探亲假、产假、看护假等带薪假期。

第六条　劳动报酬

1. 甲方按照本市最低工资结合本单位工资制度支付乙方工资报酬。

具体标准工资为 ____ 元/月，乙方试用期工资为 ____ 元/月。

2. 甲方每月 ____ 日支付乙方（当月/上月）工资。如遇法定休假日或休息日，则提前到最近的工作日支付。

3. 甲方安排乙方加班加点工作，应按国家规定的标准安排补休或支付加班加点工资。加班加点工资的发放时间为_____。

第七条　保险福利

1. 甲方必须依照国家和地方有关规定，参加社会保险，按时足额缴纳和代扣代缴乙方的社会保险费（包括养老、失业、医疗、工伤、女工生育等保险）。

2. 甲方可以根据本企业的具体情况，依法制定内部职工福利待遇实施细则。乙方有权依此享受甲方规定的福利待遇。

第八条　合同的变更

具有下列情形之一的，双方可以变更本合同：

1. 双方协商同意的。

2. 乙方不胜任合同约定的工作的。

3. 由于不可抗力或合同订立时依据的其他客观情况发生重大变化致使本合同无法履行的。本项所称重大变化主要指甲方调整生产项目，机构调整、撤并等。

第九条　合同的终止

具有下列情形之一，本合同应即终止：

1. 本合同期限届满。

2. 乙方达到法定退休条件的。

3. 法律法规规定的其他终止情形。

第十条　合同的解除

1. 甲乙双方协商一致可以解除本合同。

2. 乙方具有下列情形之一的，甲方可以解除本合同：

（1）在试用期内被证明不符合录用条件的。

（2）严重违反劳动纪律或甲方依法制定的规章制度的。

（3）严重失职，营私舞弊，给甲方利益造成重大损害的。

（4）《劳动合同法》第三十九条规定的其他情形。

3. 具有下列情形之一的，甲方提前 30 日以书面形式通知乙方，或者额外支付乙方 ____ 个月工资后，可以解除本合同：

5.3 劳动合同的订立、变更与解除

续表

(1) 乙方患病或者非因工负伤的，医疗期满后不能从事原工作也不能从事由甲方另行安排的工作的。
(2) 乙方不能胜任工作，经甲方培训或调整工作岗位后仍不能胜任工作的。
(3) 双方不能依本合同第八条第 3 项的规定就变更合同达成协议的。
4. 乙方具有下列情形之一的，甲方不得依据前款的规定解除本合同。
(1) 患职业病或因工负伤并被劳动鉴定委员会确认丧失或部分丧失劳动能力的。
(2) 患病或非因工负伤，在规定医疗期内的。
(3)《劳动合同法》第四十二条规定的其他情形。
5. 乙方提前 30 日（试用期提前 3 日）以书面形式通知甲方可以解除本合同。但乙方担任重要职务或执行关键任务并经双方约定乙方不得解除本合同的除外。
6. 具有下列情形之一的，乙方可以随时解除本合同：
(1) 未按照劳动合同约定提供劳动保护或者劳动条件的。
(2) 甲方以暴力、威胁或者非法限制人身自由的手段强迫劳动的。
(3)《劳动合同法》第三十八条规定的其他情形。

第十一条 本合同终止或解除
甲方应当在解除或者终止本合同时出具解除或者终止劳动合同的证明，并在 15 日内为乙方办理档案和社会保险关系转移手续，不得无故拖延或拒绝。

第十二条 合同的续订
1. 本合同期限届满后，经双方协商本合同可以续订。
2. 连续订立 2 次固定期限劳动合同，除乙方提出订立固定期限劳动合同外，应当签订无固定期限劳动合同。

第十三条 经济补偿和违约责任
1. 合同期内，有《劳动合同法》第四十六条规定的情形之一，甲方应当向乙方支付经济补偿。补偿办法按《劳动合同法》及国家和地方有关规定执行。
2. 合同期内，乙方提前解除本合同的，除本合同第十条第 6 款规定的情形外，甲方有权要求乙方赔偿甲方为乙方所实际支出的培训费用和招聘费用。赔偿办法按国家和地方有关规定执行。

第十四条 劳动纠纷的处理
双方因履行本合同发生纠纷，可以向本企业劳动纠纷调解委员会申请调解，或者自劳动纠纷发生之日起 60 天内向有管辖权的劳动纠纷仲裁委员会书面申请仲裁。对仲裁裁决不服的，可以向人民法院起诉。

第十五条 双方约定的其他事项。
第十六条 本合同未尽事宜，由双方协商约定。
有国家规定的，按国家规定执行。合同期内，如所定条款与国家新颁布的法律、法规、规章和政策不符的，按新规定执行。

第十七条 双方事后就有关事宜达成补充或者变更协议的，由双方签订书面补充或者变更协议确定。
第十八条 本合同一式 2 份，双方各执 1 份，具有同等效力，自双方签字盖章之日起生效。

甲方（盖章）：_____　　　乙方（签字）：_____
法定代表人：_____
联系方式（电话）：_____　　联系方式（电话）：_____
签订日期：___年___月___日　　　　　　签订日期：___年___月___日

5.3.2 劳动合同的履行

劳动合同的履行是指劳动合同双方当事人按照劳动合同的约定履行各自义务、实现各自权益的行为。

1. 履行的原则

劳动合同的履行原则见表 5-6。

5 劳动合同管理

劳动合同的履行原则　　　　　　　　　　　　　　　　　　　表 5-6

序号	履行原则	内容
1	亲自履行原则	这一原则要求劳动者作为劳动合同的一方主体必须亲自履行劳动合同。因为劳动关系，对于劳动者来说，是具有人身关系性质的社会关系，劳动合同是特定主体间的合同。劳动者选择用人单位，是基于自身经济、个人发展等各方面利益关系的需要；而用人单位之所以选择该劳动者也是由于该劳动者具备用人单位所需要的基本素质和要求。劳动关系确立后，劳动者不允许将应由自己完成的工作交由第三方代办。换句话说就是，作为劳动合同关系一方当事人的劳动者在与用人单位建立劳动关系后，必须亲自履行劳动义务和享受劳动权利，不可以将自己的劳动义务通过授权委托的形式让其他人代为履行，当然劳动权利也不可以委托他人替自己享受
2	实际履行原则	即除了法律和劳动合同另有规定或者客观上已不能履行的以外，当事人要按照劳动合同的规定履行义务，不能用完成别的义务来代替劳动合同约定的义务
3	全面履行原则	即劳动合同双方当事人在任何时候，均应当履行劳动合同约定的全部义务。《劳动合同法》第 29 条规定，用人单位与劳动者应当按照劳动合同的约定，全面履行各自的义务。劳动合同的全面履行要求劳动合同的当事人双方必须按照合同约定的时间、期限、地点，用约定的方式，按质、按量全部履行自己承担的义务，既不能只履行部分义务而将其他义务置之不顾，也不得擅自变更合同，更不得任意不履行合同或者解除合同。对于用人单位而言，必须按照合同的约定向劳动者提供适当的工作场所和劳动安全卫生条件、相关工作岗位，并按照约定的金额和支付方式按时向劳动者支付劳动报酬；对于劳动者而言，必须遵守用人单位的规章制度和劳动纪律，认真履行自己的劳动职责，并且亲自完成劳动合同约定的工作任务
4	协作履行原则	即劳动合同的双方当事人在履行劳动合同的过程中，有互相协作、共同完成劳动合同规定的义务，任何一方当事人在履行劳动合同遇到困难时，他方都应该在法律允许的范围，尽力给予帮助，以便双方尽可能地全面履行劳动合同。具体来说，一方面，劳动合同的协作履行要求劳动者应自觉遵守用人单位的规章制度和劳动纪律，以主人翁的姿态关心用人单位的利益和发展，理解用人单位的困难，为本单位发展献策出力；另一方面，也要求用人单位爱护劳动者，体谅劳动者的实际困难和需要

2. 劳动合同履行的要求

（1）用人单位与劳动者应当按照劳动合同的约定，全面履行各自的义务，见表 5-7。

用人单位与劳动者的义务　　　　　　　　　　　　　　　　　表 5-7

序号	义务
1	用人单位应当按照劳动合同约定和国家规定，向劳动者及时足额支付劳动报酬。用人单位拖欠或者未足额支付劳动报酬的，劳动者可以依法向当地人民法院申请支付令，人民法院应当依法发出支付令
2	用人单位应当严格执行劳动定额标准，不得强迫或者变相强迫劳动者加班
3	劳动者拒绝用人单位管理人员违章指挥、强令冒险作业的，不视为违反劳动合同。劳动者对危害生命安全和身体健康的劳动条件，有权对用人单位提出批评、检举和控告
4	用人单位变更名称、法定代表人、主要负责人或者投资人等事项，不影响劳动合同的履行
5	用人单位发生合并或者分立等情况，原劳动合同继续有效，劳动合同由承继其权利和义务的用人单位继续履行

（2）用人单位应当依法建立和完善劳动规章制度，保障劳动者享有劳动权利、履行劳动义务。

1) 建立劳动规章制度的程序。若用人单位的规章制度未经公示或者对劳动者告知,该规章制度对劳动者不生效。企业公示或告知劳动者规章制度可以采用张贴通告、员工手册送达以及会议精神传达等方式。

2) 劳动规章制度的监督和法律责任。若规章制度损害劳动者权益的,劳动者可以据此解除劳动合同,用人单位应当向劳动者支付经济补偿;如果该规章制度的实施给劳动者造成了损害的,用人单位应承担赔偿责任。

5.3.3 劳动合同的变更

劳动合同的变更是指劳动合同双方当事人依据法律规定或约定,对劳动合同内容进行修改或者补充的法律行为。

劳动合同变更是在用人单位的客观情况发生极大变化,有必要对当事人的权利义务加以调整的情况下发生的。其可以发生在劳动合同订立后但尚未履行时,也可以发生在履行过程中。

(1) 从用人单位方面来说,由于转产、调整生产结构或经营目标等客观原因,需要对产品、经营方式等进行相应调整时,劳动者的岗位也有可能做相应的调整。

(2) 从劳动者方面来说,由于劳动者身体健康、职业技能等方面的原因,在不能适应原工作岗位的情况下,也可以要求对其岗位加以调整。

1. 劳动合同的变更原则

劳动法规定,变更劳动合同,应当遵循平等自愿、协商一致的原则,不得违反法律、行政法规的规定。

2. 劳动合同的变更情形

(1) 登记事项的变更,用人单位变更名称、法定代表人、主要负责人或者投资人等事项,不影响合同的履行。

(2) 合并、分立,用人单位发生合并或分立等情况,原劳动合同继续有效,劳动合同由承继其权利和义务的用人单位继续履行。

(3) 根据《劳动合同法》第 40 条第 3 项的规定,劳动合同订立时所依据的客观情况发生重大变化,致使劳动合同无法履行,经用人单位与劳动者协商,未能就变更劳动合同内容达成协议的,用人单位在提前 30 日以书面形式通知劳动者本人或者额外支付劳动者一个月工资的,可以解除劳动合同。由此可以确定,劳动合同订立时所依据的客观情况发生重大变化,是劳动合同变更的一个重要事由。而劳动合同订立时所依据的客观情况发生重大变化主要是指以下几种情形:

1) 订立劳动合同所依据的法律、法规已经修改或者废止。劳动合同的签订和履行必须以不得违反法律、法规的规定为前提。如果合同签订时所依据的法律、法规发生修改或废止,合同如果不变更,就可能出现与法律、法规不相符甚至是违反法律、法规的情况,导致合同因违法而无效。因此,根据法律、法规的变化而变更劳动合同的相关内容是必要而且是必需的。

2) 用人单位方面的原因。用人单位经上级主管部门批准或者根据市场变化决定转产、调整生产任务或者生产经营项目等。用人单位的生产经营不是一成不变的,而是根据上级主管部门批准或者根据市场变化可能会经常调整自己的经营策略和产品结构,这就不可避免地发生转产、调整生产任务或者生产经营项目情况。在这种情况下，有些工种、产品生产岗位就可能因此而撤销或者为其他新的工种、岗位所替代，原劳动合同就可能因签订条件的改变而发生变更。

3）劳动者方面的原因。如劳动者的身体健康状况发生变化、劳动能力部分丧失、所在岗位与其职业技能不相适应、职业技能提高了一定等级等，造成原劳动合同不能履行或者如果继续履行原合同规定的义务对劳动者明显不公平。

4）客观方面的原因。这种客观原因的出现使得当事人原来在劳动合同中约定的权利义务的履行成为不必要或者不可能。这时应当允许当事人对劳动合同有关内容进行变更。一是由于不可抗力的发生，使得原来合同的履行成为不可能或者失去意义。不可抗力是指当事人所不能预见、不能避免并不能克服的客观情况，如自然灾害、意外事故、战争等。二是由于物价大幅度上升等客观经济情况变化致使劳动合同的履行会花费太大代价而失去经济上的价值。这是民法的情势变更原则在劳动合同履行中的运用。

3. 劳动合同的变更形式

劳动合同的变更应当采用书面形式，变更后的文本由用人单位和劳动者各执一份。

4. 劳动合同的变更程序

劳动合同的变更程序见表5-8。

劳动合同的变更程序　　　　　　　　　　　　　　　　表5-8

序号	变更程序	内　　容
1	提出要求	及时向对方提出变更劳动合同的要求，即提出变更劳动合同的主体可以是企业，也可以是职工，无论哪一方要求变更劳动合同，都应该及时向对方提出变更劳动合同的要求，说明变更劳动合同的理由、内容、条件等
2	做出答复	按期答复对方，即当事人一方在得知对方变更劳动合同的要求后，应在对方规定的期限内给出答复
3	双方达成书面协议	双方当事人就变更劳动合同的内容经过协商，取得一致意见后，应该达成变更劳动合同的书面协议，书面协议应指明哪些条款有所变更，并明确变更后劳动合同的生效日期，书面协议经双方当事人签字盖章后生效

5. 劳动合同变更协议书

劳动合同变更协议书的格式范例见表5-9。

劳动合同变更协议书的格式范例　　　　　　　　　　　表5-9

```
甲方：××××公司
乙方：
经甲乙双方协商一致，对双方在___年___月___日签订/续订的劳动合同作如下变更。

一、变更后的内容
1. _____
2. _____

二、本协议书一式两份，甲乙双方各执一份。
甲方（盖章）_____        乙方（签章）_____
法定代表人：
或委托代理人（签章）
日期：___年___月___日        日期：___年___月___日
```

5.3 劳动合同的订立、变更与解除

5.3.4 劳动合同的解除与终止

1. 劳动合同的解除

劳动合同的解除是指在劳动合同订立之后，劳动合同终止之前，劳动合同的当事人一方或双方根据自己的意愿提前消灭劳动合同的行为。

劳动合同的解除主要可以包括表 5-10 中的几种情形。

劳动合同解除的分类　　　　　　　　　　　表 5-10

序号	解除类型	内　　容
1	双方协商一致依法解除	《劳动法》第 24 条规定，经劳动合同当事人协商一致，劳动合同可以解除
2	用人单位单方面解除	（1）劳动者过失性解除 《劳动法》第 25 条规定，劳动者有下列情形之一的，用人单位可以解除劳动合同： 1）在试用期间被证明不符合录用条件的； 2）严重违反劳动纪律或用人单位规章制度的； 3）严重失职、营私舞弊，对用人单位利益造成重大损害的； 4）被依法追究刑事责任的。 （2）劳动者无过失性解除 关于劳动者无过失性解除，《劳动合同法》第 40 条规定，有下列情形之一的，用人单位应提前 30 日以书面形式通知劳动者本人或者额外支付劳动者一个月的工资后，解除劳动合同： 1）劳动者患病或者非因公负伤，在规定的医疗期满后不能从事原工作，也不能从事由用人单位另行安排的工作的； 2）劳动者不能胜任工作，经过培训或者调整工作岗位，仍不能胜任工作的； 3）劳动合同订立时所依据的客观情况发生重大变化，致使劳动合同无法履行，经用人单位与劳动者协商，未能就变更劳动合同内容达成协议的。 （3）用人单位经济性裁员 《劳动合同法》第 41 条规定，有下列情形之一，需要裁减人员 20 人以上或者裁减不足 20 人但占企业职工总数 10% 以上的，用人单位应提前 30 日向工会或者全体职工说明情况，听取工会或者职工的意见后，将裁减人员方案上报劳动行政部门。其中可以裁减人员的情况： 1）依照企业破产法规定进行重整的； 2）生产经营发生严重困难的； 3）企业转产、重大技术革新或者经营方式调整，经变更劳动合同后，仍需裁减人员的； 4）其他因劳动合同订立时所依据的客观经济情况发生重大变化，致使劳动合同无法履行的。 另外，《劳动合同法》第 42 条规定，劳动者有下列情形之一的，用人单位不得依照本法第 40 条、第 41 条的规定解除劳动合同： 1）从事可接触职业病危害作业的劳动者未进行离岗前职业健康检查，或者疑似职业病病人在诊断或者医疗观察期间的； 2）在本单位患职业病或者因公负伤并被确认丧失或者部分丧失劳动能力的； 3）患病或者非因公负伤，在规定的医疗期内的； 4）女职工在孕期、产期、哺乳期的； 5）在本单位连续工作满 15 年，且距法定退休年龄不足 5 年的； 6）法律、行政法规规定的其他情形

5 劳动合同管理

续表

序号	解除类型	内　　容
3	劳动者单方解除	（1）提前通知解除 《劳动合同法》第 37 条规定，劳动者提前 30 日以书面形式通知用人单位，可以解除劳动合同。劳动者在试用期内提前 3 日通知用人单位，可以解除劳动合同。 （2）有条件随时通知解除 《劳动合同法》第 38 条规定，用人单位有下列情形之一的，劳动者可以解除劳动合同： 1）未按照劳动合同约定提供劳动保护或者劳动条件的； 2）未及时足额支付劳动报酬的； 3）未依法为劳动者缴纳社会保险费用的； 4）用人单位的规章制度违反法律、法规的规定，损害劳动者权益的； 5）因《劳动合同法》第 26 条第 1 款规定的情形致使劳动合同无效的； 6）法律、行政法规规定劳动者可以解除劳动合同的其他情形，如用人单位以暴力、威胁或者非法限制人身自由的手段强迫劳动者劳动的或者用人单位违章指挥、强令冒险作业危及劳动者人身安全的，劳动者可以立即解除劳动合同，无需事先告知用人单位

2. 劳动合同的终止

劳动合同的终止是指劳动合同双方当事人的权利义务因履行完毕而归于消灭，劳动合同关系不复存在，劳动合同对用人单位和劳动者双方不再具有法律约束力。

（1）终止的情形

1）劳动合同期满。这主要适用于固定期限劳动合同和以完成一定工作任务为期限的劳动合同两种情形。

2）劳动者开始依法享受基本养老保险待遇。

①已退休。

②个人缴费年限累计满 15 年或者个人缴费和视同缴费年限累计满 15 年。

3）劳动者死亡或者被人民法院宣告死亡或者宣告失踪。

4）用人单位被依法宣告破产。

5）用人单位被吊销营业执照、责令关闭、撤销或者用人单位决定提前解散。

吊销营业执照是指剥夺被处罚用人单位已经取得的营业执照，使其丧失继续从事生产或者经营的资格。

责令关闭是指行为人违反了法律、行政法规的规定，被行政机关作出了停止生产或者经营的处罚决定，从而停止生产或者经营。

被撤销是指由行政机关撤销有瑕疵的公司登记。用人单位被依法吊销营业执照、责令关闭或者被撤销，已经不能进行生产或者经营，应当解散，以该用人单位为一方的劳动合同终止。

用人单位提前解散是指在股东会或者股东大会决议解散，或者公司合并或者分立需要解散或者持有公司全部股东表决权百分之十以上的股东，请求人民法院解散公司的情形下，用人单位提前于公司章程规定的公司终止时间而解散公司的。

6）法律、行政法规规定的其他情形。

（2）终止的例外情形

通常，劳动合同期满就应终止，劳动关系因此结束，然而，为了保障某些特殊人群的权益,平衡劳动关系双方的权利义务关系,更大限度地体现法律的公平公正,在某些特定的情况下,尽管劳动合同已经届满,但法律仍然禁止即行终止劳动合同,而应等到上述特殊情况消失时才可以终止劳动合同,这就是通常所说的例外情形。具有《劳动法》第42条情形之一的,应当续延至相应的情形消失时终止。

工伤职工应当依照伤残等级的不同享受相关的工伤待遇。劳动合同到期终止与否,也因伤残等级的不同而有所不同。具体来说,工伤职工伤残等级为一至四级的,应当保留劳动关系,退出工作岗位,享受相关待遇,伤残等级为五到六级的,原则上保留劳动关系,由用人单位安排适当工作,但是,如果工伤职工本人提出终止劳动关系的,由用人单位支付一次性工伤医疗补助金和伤残就业补助金;伤残等级为七到十级的,劳动合同期满终止,由用人单位支付一次性工伤医疗补助金和伤残就业补助金。

3. 劳动合同解除和终止的后果

(1) 合法解除和终止的后果

1) 劳动合同自解除或终止之日起消灭。
2) 用人单位应当出具证明,作为享受失业保险待遇、失业登记以及求职登记的凭证。
3) 劳动者应当与用人单位办理交接。
4) 用人单位要在办结工作交接时支付经济补偿。
5) 用人单位要在15日内为劳动者办理档案和社会保险关系的转移手续。
6) 用人单位对劳动合同文本应当保存2年备查。

(2) 违法解除和终止的后果

1) 用人单位违法解除、终止劳动合同的;劳动者要求继续履行劳动合同的,用人单位应当继续履行,劳动者不要求或劳动合同不能继续履行的,《劳动合同法》第48条、87条的规定2倍经济补偿金赔偿。

2)《劳动合同法》第90条规定,劳动者违反本法规定解除劳动合同,或者违反劳动合同中约定的保密义务或者竞业限制,给用人单位造成损失的,应当承担赔偿责任。

(3) 合同解除和终止的经济补偿

经济补偿是劳动合同依法解除或者终止后,用人单位依法向劳动者支付的补偿劳动者因失去就业岗位所遭受的经济损失的费用。

1) 经济补偿的范围:从解除来看,除了劳动者主动协商解除、劳动者单方无过错解除和用人单位单方过错解除外,用人单位都应支付经济补偿。增加了终止的补偿:

①除用人单位维持或者提高劳动合同约定条件续订劳动合同,劳动者不同意续订的情形外,依照《劳动合同法》第四十四条第一项规定,终止固定期限劳动合同的。根据这个规定,劳动合同期满,用人单位同意续订劳动合同,且维持或者劳动合同约定条件,劳动者不同意续订的,劳动合同终止,用人单位不支付经济补偿;如果用人单位同意续订劳动合同,但降低劳动合同约定条件,劳动者不同意续订的,劳动合同终止,用人单位应当支付经济补偿;如果用人单位不同意续订,无论劳动者是否同意续订,劳动合同终止,用人单位应当支付经济补偿。

②依照《劳动合同法》第44条第4项、第5项规定终止劳动合同的。

③法律、行政法规规定的其他情形。

2) 补偿的标准:经济补偿按照劳动者在本单位工作的年限,每满1年支付1个月工资的标准向劳动者支付。6个月以上不满1年的，按1年计算；不满6个月的，向劳动者支付半个月工资的经济补偿。

这里所说的月工资是指劳动者在劳动合同解除或终止前12个月的平均工资。

5.3.5 劳动合同的违约责任

1. 涉及用人单位的违约责任

涉及用人单位的违约责任有表5-11中包含的若干种情况。

涉及用人单位的违约责任 表5-11

序号	涉 及 类 型
1	用人单位直接涉及劳动者切身利益的规章制度违反法律、法规规定的，由劳动行政部门责令改正，给予警告；给劳动者造成损害的，应当承担赔偿责任
2	用人单位提供的劳动合同文本未载明本法规定的劳动合同必备条款或者用人单位未将劳动合同文本交付劳动者的，由劳动行政部门责令改正；给劳动者造成损害的，应当承担赔偿责任
3	用人单位自用工之日起超过一个月不满一年未与劳动者订立书面劳动合同的，应当向劳动者每月支付两倍的工资。 用人单位违反本法规定不与劳动者订立无固定期限劳动合同的，自应当订立无固定期限劳动合同之日起向劳动者每月支付两倍的工资
4	用人单位违反本法规定与劳动者约定试用期的，由劳动行政部门责令改正；违法约定的试用期已经履行的，由用人单位以劳动者试用期满月工资为标准，按已经履行的超过法定试用期的期间向劳动者支付赔偿金
5	用人单位违反本法规定，扣押劳动者居民身份证等证件的，由劳动行政部门责令限期退还劳动者本人，并依照有关法律规定给予处罚。 用人单位违反本法规定，以担保或者其他名义向劳动者收取财物的，由劳动行政部门责令限期退还劳动者本人，并以每人五百元以上二千元以下的标准处以罚款；给劳动者造成损害的，应当承担赔偿责任。 劳动者依法解除或者终止劳动合同，用人单位扣押劳动者档案或者其他物品的，依照前款规定处罚
6	用人单位有下列情形之一的，由劳动行政部门责令限期支付劳动报酬、加班费或者经济补偿；劳动报酬低于当地最低工资标准的，应当支付其差额部分；逾期不支付的，责令用人单位按应付金额百分之五十以上百分之一百以下的标准向劳动者加付赔偿金： (1) 未按照劳动合同的约定或者国家规定及时足额支付劳动者劳动报酬的； (2) 低于当地最低工资标准支付劳动者工资的； (3) 安排加班不支付加班费的； (4) 解除或者终止劳动合同，未依照本法规定向劳动者支付经济补偿的
7	用人单位违反本法规定解除或者终止劳动合同，应当依照《劳动合同法》规定的经济补偿标准的两倍向劳动者支付赔偿金
8	用人单位有下列情形之一的，依法给予行政处罚；构成犯罪的，依法追究刑事责任；给劳动者造成损害的，应当承担赔偿责任： (1) 以暴力、威胁或者非法限制人身自由的手段强迫劳动的； (2) 违章指挥或者强令冒险作业危及劳动者人身安全的； (3) 侮辱、体罚、殴打、非法搜查或者拘禁劳动者的； (4) 劳动条件恶劣、环境污染严重，给劳动者身心健康造成严重损害的

续表

序号	涉 及 类 型
9	用人单位违反本法规定未向劳动者出具解除或者终止劳动合同的书面证明,由劳动行政部门责令改正;给劳动者造成损害的,应当承担赔偿责任
10	用人单位招用与其他用人单位尚未解除或者终止劳动合同的劳动者,给其他用人单位造成损失的,应当承担连带赔偿责任
11	对不具备合法经营资格的用人单位的违法犯罪行为,依法追究法律责任;劳动者已经付出劳动的,该单位或其出资人应当依照本法有关规定向劳动者支付劳动报酬、经济补偿、赔偿金;给劳动者造成损害的,应当承担赔偿责任

2. 涉及个人的违约责任

劳动者违反本法规定解除劳动合同,或者违反劳动合同中约定的保密义务或者竞业限制,给用人单位造成损失的,应当承担赔偿责任。

3. 涉及双方的责任

劳动合同依照《劳动合同法》被确认无效,给对方造成损害的,有过错的一方应当承担赔偿责任。

4. 涉及其他方面的违约责任

(1) 劳务派遣单位违反本法规定的,由劳动行政部门和其他有关主管部门责令改正;情节严重的,以每人一千元以上五千元以下的标准处以罚款,并由工商行政管理部门吊销营业执照;给被派遣劳动者造成损害的,劳务派遣单位与用工单位承担连带赔偿责任。

(2) 个人承包经营违反本法规定招用劳动者,给劳动者造成损害的,发包的组织与个人承包经营者承担连带赔偿责任。

(3) 劳动行政部门和其他有关主管部门及其工作人员玩忽职守、不履行法定职责,或者违法行使职权,给劳动者或者用人单位造成损害的,应当承担赔偿责任;对直接负责的主管人员和其他直接责任人员,依法给予行政处分;构成犯罪的,依法追究刑事责任。

5.4 劳动合同的管理与审查

5.4.1 劳动合同的管理

劳动合同管理是指有关国家机关和其他机构和组织,对劳动合同的订立、续订、履行、变更、中止以及接触,依法进行指导、监督、服务以及追究责任等一系列活动,以保证劳动合同正常运行。

1. 劳动合同管理流程

劳动合同的管理流程如图 5-1 所示。

2. 劳动合同管理的体制

我国劳动合同管理体制的组成见表 5-12。

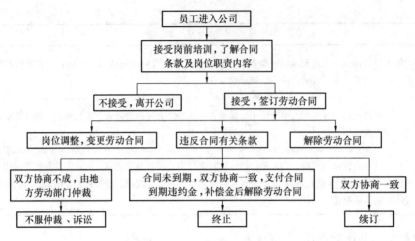

图 5-1 劳动合同的管理流程

我国劳动合同管理体制的组成　　　　　　　　表 5-12

序号	组成部分	内　　容
1	劳动合同的行政管理	主要由劳动行政部门实施，用人单位主管部门也有一定的劳动合同管理职能。劳动行政部门作为劳动合同的主管机关对劳动合同进行综合和统一管理，在劳动合同管理体制中处于最重要地位
2	劳动合同的社会管理	主要是由劳动就业服务机构等社会机构和工会、行政协会、企业协会等社会团体，在各自业务或职责范围内，对劳动合同运行的特定环节或特定方面进行管理。其中特别重要的是职业介绍机构对劳动合同订立的中介和指导，工会对劳动合同履行的监督、对劳动合同解除的干预和对劳动争议处理的参与
3	劳动合同用人单位的内部管理	即单位行政及其参与的劳动争议调解机构对劳动合同运行的管理。它是微观劳动管理的基本组成部分和组织劳动过程的必要手段

3. 劳动合同管理的主要措施

劳动合同备案是劳动合同备案机关依法对劳动合同进行审查和保存，以确立劳动合同的订立、续订、变更以及解除的一项监督措施。它由劳动行政部门和地方工会组织分别在各自职责范围内具体实施，以订立、续订、变更的劳动合同和解除劳动合同的事实为备案对象，表明对劳动关系解除和存续的确认。各种劳动合同的订立和解除都应当备案，而经劳动行政部门鉴定和批准的劳动合同不必再有行政部门备案。

5.4.2　劳动合同的审查

1. 劳动合同审查的内容

劳动合同审查是指劳动行政主管部门审查、证明劳动合同的真实性、合法性的一项行政监督措施，而在我国，劳动合同审查主要是指劳动鉴证制度。

劳动合同鉴定所审查的内容见表 5-13。

5.4 劳动合同的管理与审查

劳动合同审查的内容　　　　　　　　　　表5-13

序号	审查内容
1	双方当事人是否具备鉴定劳动合同的资格
2	合同内容是否符合法规和政策
3	双方当事人是否在平等自愿和协商一致的基础上签订劳动合同
4	合同条款是否完备，双方的责任、权利、义务是否明确
5	中外合同文本是否一致

已鉴定的劳动合同，因其依据的法规政策发生变化而与现行法规政策有矛盾的，可免费重新鉴定，劳动合同鉴证后发现确有错误的，应立即撤销鉴定并退还鉴定费，或重新鉴证。

2. 劳动合同的审查要求

劳动合同的审查要求见表5-14。

劳动合同的审查要求　　　　　　　　　　表5-14

序号	审查要求	内容
1	当事人申请	劳动合同签订后，当事人双方要亲自向劳动合同鉴证机关提出对劳动合同进行鉴证的口头或书面申请。用人单位可以由法定代表人委托受权代理人，如劳资处、科长或其他工作人员，但必须出具委托书，明确授权范围。申请劳动合同鉴证的当事人，应当向鉴证机关提供下述材料： （1）劳动合同书及其副本； （2）营业执照或副本； （3）法定代表人或委托代理人资格证明； （4）被招用工人的身份证或户籍证明； （5）被招用人员的学历证明、体检证明和《劳动手册》； （6）其他有关证明材料
2	鉴证机关审核	鉴证机关的鉴证人员按照法定的鉴证内容，对当事人提供的劳动合同书及有关证明材料进行审查、核实。在劳动合同鉴证过程中，鉴证人员对当事人双方提供的鉴证材料，认为不完备或有疑义时，应当要求当事人作必要的补充或向有关单位核实；鉴证人员有权就劳动合同内容的有关问题询问双方当事人；对于内容不合法、不真实的劳动合同，鉴证人员应立即向当事人提出纠正；当事人对鉴证人员的处理认为有不当之处时，可以向鉴证人员所在的劳动行政机关申诉，要求作出处理。劳动合同鉴证申请人应当按照有关规定向鉴证机关交付鉴证费
3	确认证明	劳动合同鉴证机关经过审查、核实，对于符合法律规定的劳动合同，应予以确认，由鉴证人员在劳动合同书上签名，加盖劳动合同鉴证章，或附上加盖劳动合同鉴证章和鉴证人员签名的鉴证专页

6 劳动纠纷处理

6.1 劳动纠纷处理基础知识

6.1.1 劳动纠纷的概念

劳动纠纷又称为劳动争议，在非公有制企业和资本主义国家中，也称为劳资纠纷或劳资争议。如何界定我国劳动纠纷的内涵与范围，不仅关系到用人单位与劳动者可以在多大范围内依照相关法律规定的程序解决劳动纠纷，也关系到双方的权益在多大程度上可以受到劳动法律的保护。

总结多年劳动经验和理论研究成果，对劳动纠纷的定义归纳起来主要有以下几种：

（1）劳动纠纷是指劳动关系当事人因劳动问题引起的纠纷。

（2）劳动纠纷是指劳动关系的当事人即用人单位行政与职工之间因执行劳动合同或劳动法规所发生的一切纠纷。

（3）劳动纠纷是指劳动关系双方当事人之间因劳动权利和劳动义务所发生的纠纷。

（4）劳动纠纷有广义和狭义之分。广义的劳动纠纷是指用人单位和劳动者因劳动关系所发生的一切纠纷；狭义的劳动纠纷是指用人单位与劳动者因劳动权利、劳动义务发生分歧而引起的纠纷。

以上对劳动纠纷定义的不同表述体现了我国对劳动纠纷内涵认识的过程。

6.1.2 劳动纠纷的构成

劳动纠纷发生在劳动关系领域，具有特定的主体、内容和客体，见表6-1。

劳动纠纷的构成　　　　　表6-1

序号	构成部分	内容
1	劳动纠纷的主体	劳动纠纷的主体即劳动纠纷的当事人，劳动权利与义务的承受者。根据我国《劳动法》和《劳动争议调解仲裁法》的规定，劳动纠纷的主体包括各类用人单位和职工。职工是指与用人单位订立了劳动合同、建立了劳动关系的全体劳动者，包括企业管理人员、专业技术人员和工人及外籍员工等；不包括公务员及全民所有制教育、医疗卫生、科研机构等事业单位中未与之建立劳动合同关系的教师、医务工作者和专业技术人员
2	劳动纠纷的内容	劳动纠纷的内容涉及劳动权利与义务，发生在《劳动法》规定权利义务和劳动合同约定的条件范围内；利益纠纷的内容在法定权利义务之外
3	劳动纠纷客体	即劳动纠纷主体权利义务所指向的对象。包括行为，如解除劳动合同的通知；物质待遇，如工资、福利待遇等

6.1.3 劳动纠纷的特征

劳动纠纷的特征主要有以下几个方面：

(1) 劳动纠纷是劳动关系当事人之间的纠纷。劳动关系当事人，一方为劳动者；另一方为用人单位。劳动者主要是指与在中国境内的企业、个体经济组织建立劳动合同关系的职工和与国家机关、事业组织、社会团体建立劳动合同关系的职工。用人单位是指在中国境内的企业、个体经济组织以及国家机关、事业组织、社会团体等与劳动者订立了劳动合同的单位。不具有劳动法律关系主体身份者之间所发生的纠纷，不属于劳动纠纷。如果纠纷不是发生在劳动关系双方当事人之间，即使纠纷内容涉及劳动问题，也不构成劳动纠纷。如果劳动者之间在劳动过程中发生的纠纷，用人单位之间因劳动力流动发生的纠纷，劳动者或用人单位与劳动行政管理中发生的纠纷，劳动者或用人单位与劳动行政部门在劳动行政管理中发生的纠纷，劳动者或用人单位与劳动服务主体在劳动服务过程中发生的纠纷等，都不属于劳动纠纷。

(2) 劳动纠纷的内容涉及劳动权利和劳动义务，是为实现劳动关系而产生的纠纷。劳动关系是劳动权利义务关系，如果劳动者与用人单位之间不是为了实现劳动权利和劳动义务而发生的纠纷，则不属于劳动纠纷的范畴。劳动权利和劳动义务的内容非常广泛，主要包括就业、工资、工时、劳动保护、劳动保险、劳动福利、职业培训、民主管理以及奖励惩罚等。

(3) 劳动纠纷既可以表现为非对抗性矛盾，也可以表现为对抗性矛盾，而且，两者在一定条件下可以相互转化。在一般情况下，劳动纠纷表现为非对抗性矛盾，给社会和经济带来不利影响。

6.1.4 劳动纠纷的类型

劳动纠纷按照不同的标准，可以有不同的分类方法。劳动纠纷的分类有助于加强对劳动纠纷的研究。健全劳动纠纷处理制度的立法，有助于对劳动纠纷的分析，采取有针对性的措施加以解决和预防。劳动纠纷的分类见表 6-2。

劳动纠纷的分类　　　　　　　　　表 6-2

序号	分类依据	分类	内　　容
1	从劳动纠纷的主体上划分	个别劳动纠纷	个别劳动纠纷指个别职工与企业之间发生的劳动纠纷
		集体劳动纠纷	集体劳动纠纷指发生劳动纠纷的劳动者一方当事人达到法定的人数并且具有共同的纠纷理由。《劳动争议调解仲裁法》规定，发生劳动纠纷的劳动者一方在 10 人以上，并有共同请求的，可以推举代表参加调解、仲裁或者诉讼活动。 集体劳动纠纷必须具备如下两个条件： (1) 劳动者一方当事人不能是 1 人，而应当是多人，符合法定的人数，即 10 人以上； (2) 10 人以上的劳动者当事人必须有共同的纠纷原因和请求，即对权利义务有共同的请求。简言之，劳动纠纷当事人发生纠纷的原因是共同的，每个当事人的请求也是共同的，不存在个人的独立请求。集体劳动纠纷的职工当事人，应当推举代表参加调解、仲裁或者诉讼，他的活动对所有的劳动者当事人都是有效的。 集体劳动纠纷的处理程序与个别劳动纠纷的处理程序是基本相同的。但《劳动争议仲裁委员会办案规则》规定，对劳动者一方在 30 人以上的集体劳动纠纷适用案件特别审理程序
		团体纠纷	团体纠纷指以工会组织为一方，代表劳动者与企业事业单位因签订和执行集体合同而发生的纠纷，这类纠纷目前在我国劳动纠纷处理程序的立法中尚未涉及

续表

序号	分类依据	分类	内　容
2	从劳动纠纷的客体上划分	因执行劳动法律、法规、集体合同和劳动合同的规定而发生的劳动纠纷	这类劳动纠纷是对法定的或合同约定的劳动权利的实现进行的纠纷，即一方当事人不按规定履行义务，而侵犯对方的合法权益，也叫权利纠纷
		因为确定或者变更劳动者的权利与义务而发生的劳动纠纷	这类劳动纠纷是劳动纠纷双方当事人为确定某种权利义务关系或变更原定的权利义务关系引起的纠纷，这里所说的确定或变更的劳动权利义务都是原来没有确定的，是新的内容，也称为利益纠纷。这主要是指集体谈判发生纠纷的情况
3	从劳动纠纷的性质上划分	社会主义性质的劳动纠纷	—
		资本主义性质的劳资纠纷	在资本主义制度下，劳动纠纷带有尖锐的对立性
		因政治地位权利引起的劳动纠纷	如因参加、组织工会及举行罢工与企业产生的纠纷
		因经济利益产生的纠纷	如要求增加工资等

6.1.5　劳动纠纷处理的范围

1. 主体范围

劳动纠纷处理的主体范围是指哪些用人单位和职工能够成为劳动纠纷的当事人，并可以申请劳动纠纷处理机构处理纠纷。根据我国处理劳动纠纷的有关规定，劳动纠纷处理机构受理表 6-3 范围内的主体纠纷。

劳动纠纷处理的主体范围　　　　表 6-3

序号	主　体	内　容
1	中国境内的企业、个体经济组织和与之形成劳动关系的劳动者	这包括所有类型的企业，即无论是国有、集体企业，还是外商投资企业、私营企业或是乡镇企业，只要与劳动者发生了劳动关系并产生劳动纠纷，都将纳入劳动纠纷处理的范围。形成劳动关系有两种方式：一是订立劳动合同；二是未签订劳动合同却形成事实劳动关系。用人单位与劳动者发生劳动纠纷，不论是否订立劳动合同，只要存在事实劳动关系，并符合《劳动法》的适用范围，都可以向劳动纠纷处理机构提请劳动纠纷处理
2	国家机关、事业单位、社会团体与本单位的工人以及与之建立劳动合同关系的劳动者	公务员和比照实行公务员制度的事业组织和社会团体的工作人员不适用《劳动法》，这些人员如与单位发生劳动纠纷不属于劳动纠纷处理机构的受案范围，可依照公务员管理的有关规定处理，而这些单位与其工人和与之签订劳动合同的劳动者发生的劳动纠纷则由劳动纠纷处理机构受理

续表

序号	主体	内容
3	实行企业化管理的事业单位与其工作人员，个体工商户与帮工、学徒以及军队、武警部队的事业组织和企业与其无军籍的职工	根据原劳动部的意见规定，在实行企业化管理的事业单位中工作的人员、帮工、学徒及在军队、武警部队的事业组织和企业中工作的无军籍职工均适用《劳动法》，因此，如与所在单位发生劳动纠纷，只要符合劳动纠纷的受案范围，单位及其人员均属劳动纠纷处理的主体范畴

随着改革开放的深入进行我国所有制结构发生了深刻变化，外商投资企业、乡镇企业和私营企业等不同类型的企业得到了迅猛发展，已成为我国经济成分中的重要补充形式。与国有企业劳动纠纷相比，这些企业的劳动纠纷数量多，内容复杂，而且极易导致矛盾恶化。

《劳动法》打破了所有制的界限，将所有企业劳动纠纷的处理都纳入法制化轨道，从而适应了市场经济法制化的要求。劳动纠纷主体范围的扩大，标志着我国劳动纠纷处理制度的进一步成熟。

2. 内容范围

根据规定，劳动纠纷处理机构受理表 6-4 范围内的纠纷。

劳动纠纷处理的内容范围 表 6-4

序号	内容
1	因执行、变更、解除和终止劳动合同而引起的纠纷
2	因录用、调动、辞退、辞职而引起的纠纷
3	因劳动报酬、津贴等引起的纠纷
4	因工作时间、休息时间、休假引起的纠纷
5	因执行劳动安全卫生标准引起的纠纷
6	因女职工、未成年工的特殊保护问题引起的纠纷
7	因职业技能培训引起的纠纷
8	因社会保险、福利待遇问题引起的纠纷
9	其他有关劳动权益引起的纠纷

《劳动法》第 3 条对劳动者的劳动权利作了进一步明确的规定，劳动者享有平等就业选择职业的权利、取得劳动报酬的权利、休息休假的权利、获得劳动安全卫生保护的权利、接受职业技能培训的权利、享受社会保险和福利的权利、提请劳动纠纷处理的权利以及法律规定的其他劳动权利。用人单位如侵犯劳动者的权利，劳动者可依照上述规定，向劳动纠纷处理机构申请处理。

6.2 劳动纠纷的处理方法

劳动纠纷的处理方法见表 6-5。

劳动纠纷的处理方法　　　　　　　表 6-5

序 号	方法的类别	主 要 方 法
1	合同内方法	承担继续履约责任
		按合同赔偿损失
		支付违约金
		执行定金罚则
2	合同外方法	协商
		调解
		仲裁
		诉讼

发生劳务纠纷，当事人不愿协商、协商不成或者达成和解协议后不履行的，可以向调解组织申请调解；不愿调解、调解不成或者达成调解协议后不履行的，可以向相关主管仲裁委员会申请仲裁；对仲裁裁决不服的，除另有规定的外，可以向人民法院提起诉讼。

6.2.1 纠纷处理的合同内方法

1. 承担继续履约责任

承担继续履约责任（也称强制继续履行、依约履行或者实际履行）是指在一方违反合同时另一方有权要求其依据合同约定继续履行。

2. 按合同赔偿损失

按合同赔偿损失（也称为违约赔偿损失）是指违约方因不履行或不完全履行合同义务而给对方造成损失，依照法律的规定或者按照当事人的约定应当承担赔偿损失的责任。

3. 支付违约金

支付违约金是指由当事人通过协商预先确定的、在违约发生后作出的独立于履行行为以外的给付，违约金是当事人事先协商好，其数额是预先确定的。违约金的约定虽然属于当事人所享有的合同自由的范围，然而，该自由不是绝对的，而是受限制的。《合同法》第114条规定："约定的违约金低于造成的损失的，当事人可以请求人民法院或者仲裁机构予以增加；约定的违约金过分高于造成的损失的，当事人可以请求人民法院或者仲裁机构予以适当减少。"

4. 执行定金罚则

《合同法》第115条规定："当事人可以依照《中华人民共和国担保法》约定一方向对方给付定金作为债权的担保。债务人履行债务后，定金应当抵作价款或者收回。给付定金一方不履行约定的债务的，无权要求返还定金；收受定金方不履行约定的债务的，应当双倍返还定金。"因此，定金具有惩罚性，是对违约行为的惩罚。《担保法》规定定金的数额不得超过主合同标的额的20%，这一比例为强制性规定，当事人不得违反；如果当事人约定的定金比例超过了20%，并非整个定金条款无效，而只是超出部分无效。

6.2.2 劳动纠纷协商

1. 劳动纠纷协商的概念

劳动纠纷协商是指劳动纠纷发生后，用人单位与劳动者共同进行商谈并达成和解协议,以解决纠纷的行为。《劳动法》第 77 条规定,用人单位与劳动者发生劳动纠纷,当事人可以依法申请调解、仲裁、提起诉讼,也可以协商解决。《劳动争议调解仲裁法》第 5 条也规定,发生劳动纠纷,当事人不愿协商、协商不成或者达成和解协议后不履行的,可以向调解组织申请调解;不愿调解、调解不成或者达成调解协议后不履行的,可以向劳动纠纷仲裁委员会申请仲裁;对仲裁裁决不服的,除本法另有规定的外,可以向人民法院提起诉讼。可见,当事人双方协商解决劳动纠纷,是我国法律、法规提倡的解决劳动纠纷的方式之一。

2. 劳动纠纷协商的特征

劳动纠纷协商作为我国处理劳动纠纷的一种方式,其特征见表 6-6。

劳动纠纷协商的特征 表 6-6

序号	特征	内容
1	自愿性	劳动纠纷协商必须以双方当事人自愿为前提,这是协商的基础,如果不是出于自愿,协商则不可能进行。自愿性表现在是否通过协商解决纠纷,必须是双方当事人的自愿行为;经协商达成的和解协议必须是双方意志的体现,一方不能强迫另一方接受其不愿接受的条件;和解协议的履行必须由当事人自觉自愿地履行,一方不能强迫另一方履行和解协议;当事人不愿协商或者协商不成时,有权自主决定申请调解或仲裁,任何组织和个人无权干涉
2	灵活性	劳动纠纷协商是由纠纷双方当事人自主解决劳动纠纷的方式之一,与劳动纠纷调解、仲裁和诉讼相比,具有简便、灵活和快捷的特点。劳动纠纷发生后当事人双方可以随时就纠纷的具体事项进行商谈,协商方式也由当事人自主选择。通过协商,能使劳动纠纷在较短的时间内得到妥善的解决
3	可选择性	劳动纠纷协商虽然具有简便、灵活和快捷的优势,是我国法律所提倡的解决纠纷的方式,但是它不是处理劳动纠纷的法定必经程序。劳动纠纷发生后,当事人可以选择通过协商解决;如果当事人不愿协商,可以选择向企业劳动纠纷调解委员会申请调解,或者直接向劳动纠纷仲裁委员会申请仲裁

3. 劳动纠纷协商的原则

劳动纠纷协商虽然是纠纷双方当事人自主进行的协商,但由于劳动纠纷协商是我国劳动纠纷处理法律制度的一部分,因此,协商也必须与其他劳动纠纷处理制度一样,必须遵守劳动纠纷处理的一般原则,依法进行。

劳动纠纷协商的原则见表 6-7。

劳动纠纷协商的原则 表 6-7

序号	原则	内容
1	主体合法原则	这一原则要求劳动纠纷协商的当事人必须是符合《劳动法》规定的,与该纠纷有直接利害关系的劳动关系双方,一方是用人单位;另一方是该用人单位的劳动者。集体合同纠纷作为特殊的劳动纠纷,其主体一方是用人单位,而另一方必须是代表劳动者利益的用人单位工会或职工代表。只有合法的主体所进行的协商才是有效的

续表

序号	原则	内　容
2	坚持平等协商原则	这是劳动纠纷协商的重要条件和前提。根据《劳动法》的规定，劳动者和用人单位作为劳动法律关系的主体，虽然两者存在着隶属关系，但在法律上双方地位是平等的，都享有劳动权利和承担相应的义务。劳动纠纷发生后进行协商时，双方就是平等的纠纷主体，应坚持平等协商的原则，以平等的态度进行对话和商谈，不能将自己的意志强加于对方，并给对方施加压力，强迫对方接受不愿意接受的条件。如果劳动纠纷协商不是在平等基础上进行的，不仅失去协商的意义，更会为今后劳动纠纷的发生留下隐患
3	坚持合法协商的原则	劳动纠纷协商是劳动纠纷双方当事人经协商一致自主解决劳动纠纷的行为。但是，这并不意味着当事人可以任意处分自己的权利。通过协商解决劳动纠纷必须有利于维护当事人的合法权益，双方经协商一致达成的和解协议，必须符合国家法律、法规和规章的规定，符合依法制定的集体合同、劳动合同和企业规章制度的规定。如果借协商之名，损害国家利益和他人利益，这种协商是违法的，是与劳动法规定的通过协商解决纠纷的目的相背离的

4. 劳动纠纷协商的形式

根据劳动纠纷的具体情况以及解决的难易程度，劳动纠纷协商主要可以分为表6-8中的几种形式。

劳动纠纷协商的形式　　　　　　　　　　　　　　表6-8

序号	形式	内　容
1	即时协商	即时协商，是指在劳动纠纷发生后，劳动者和用人单位马上进行协商，并在短时间内达成和解以解决劳动纠纷的方式。即时协商一般适用于简单劳动纠纷，即纠纷事实清楚、内容单一、标的不大且解决难度较小的劳动纠纷。即时协商是劳动纠纷协商中最普遍应用的也是非常灵活的方式。这种方式可及时沟通，在短时间内迅速解决纠纷，从而避免矛盾进一步扩大
2	协商会议	协商会议，是指劳动纠纷双方当事人的代表通过召开会议进行共同协商以解决纠纷的方式。协商会议的方式适用于较复杂的劳动纠纷，即纠纷内容复杂、涉及人数较多且纠纷标的较大的劳动纠纷。由于这类纠纷可能涉及劳动者的人数较多，可由劳动者一方选择参加协商的代表，也可以委托单位工会干部作为代表参加协商。协商会议的方式较即时协商的方式要正式，由双方代表在会议上陈述各自一方的观点和理由，并提出解决纠纷的方案。通过共同协商，双方所达成的和解协议应为书面形式，并对所有当事人具有约束力
3	集体合同纠纷协商	集体合同是企业工会代表职工与企业签订的有关保护职工劳动权益的协议。集体合同纠纷包括工会与企业因签订集体合同发生的纠纷和因履行集体合同发生的纠纷。根据《劳动法》的规定，在集体合同纠纷发生后，协商是解决纠纷的必经程序。当事人双方即企业工会和企业行政应当就纠纷的事项进行平等协商，经协商达成一致的，应制作协议书。协议书经工会和企业代表签字盖章后，即发生法律效力，对企业和企业全体劳动者都有约束力。因签订集体合同发生的纠纷，当事人协商不成的，由当地人民政府劳动行政部门组织有关各方协调处理；因履行集体合同发生的纠纷，当事人协商不成的，可以向劳动纠纷仲裁委员会申请仲裁；对仲裁裁决不服的，可以向人民法院提起诉讼

6.2.3 劳动纠纷调解

1. 劳动纠纷调解的概念

劳动纠纷调解是指在劳动纠纷调解机构的主持下，在查明事实、明辨是非以及分清责任的基础上，依照法律、法规、政策以及道德规范，通过民主协商，劝导纠纷双方当事人互相谅解，达成协议，从而解决矛盾的一种方式。

劳动纠纷调解具有调解的一般特征。在我国的劳动纠纷调解制度中，劳动纠纷的调解有广义和狭义之分。广义的劳动纠纷调解包括用人单位劳动纠纷调解委员会的调解，劳动纠纷仲裁委员会的调解以及人民法院的调解；狭义的劳动纠纷调解仅指企业劳动纠纷调解委员会的调解。本节介绍的是狭义的企业劳动纠纷调解委员会的调解。

2. 劳动纠纷调解的特征

劳动纠纷调解的特征见表6-9。

劳动纠纷调解的特征　　　　　　表6-9

序号	特征	内容
1	调解主体特定	调解机构不是国家机关。劳动纠纷调解机构是设在企业中的劳动纠纷调解委员会，它是劳动纠纷处理的法定机构，其机构的设立、人员的组成都由法律规定。其他调解组织和仲裁机构的调解都不属于劳动纠纷调解
2	调解过程具有任意性	企业劳动纠纷调解委员会的调解，基本上不受固定程序和形式的约束，调解的方式较灵活，以彻底解决纠纷、稳定劳动关系为目的
3	非诉讼性	这是劳动纠纷调解的突出特点。企业劳动纠纷调解与仲裁、审判活动不同，调解活动参加人不具有诉讼活动中的权利与义务，调解委员会没有对劳动纠纷的强制处理权，经调解达成的协议没有法律强制力的保证，不具有强制执行的效力

3. 劳动纠纷调解委员会

（1）劳动纠纷调解委员会的设立

《劳动法》第80条规定，在用人单位内，可以设立劳动纠纷调解委员会。根据《劳动法》和《劳动争议调解仲裁法》的规定，劳动纠纷调解委员会的设立有以下几种情况：

1) 在企业设立劳动纠纷调解委员会。这是目前劳动纠纷调解委员会设立的主要形式。在企业设立劳动纠纷调解委员会，是为了及时处理发生在企业内部的劳动纠纷，以保护企业与职工的合法权益，维护企业正常的生产秩序。

2) 在其他用人单位设立劳动纠纷调解委员会。目前，我国的劳动纠纷调解委员会主要设在企业一级，除企业外的其他用人岗位设立调解委员会的还不多。其主要原因是我国《劳动法》的适用范围还不宽，事业单位和社会团体的工作人员与单位的纠纷还未全面纳入劳动纠纷的处理范围内。为及时解决纠纷，在这些用人单位中设立调解委员会将是今后我国劳动纠纷调解组织的发展方向。

（2）劳动纠纷调解委员会的组成

《劳动法》第80条规定，劳动纠纷调解委员会由职工代表、用人单位代表和工会代表组成。《劳动争议调解仲裁法》第10条规定，企业劳动纠纷调解委员会由职工代表和企业代表组成。职工代表由工会成员担任或者由全体职工推举产生，企业代表由企业负责人指定。企业劳动纠纷调解委员会主任由工会成员或者双方推举的人员担任。

劳动纠纷调解委员会人员的具体人数由职工代表大会提出，并与用人单位的法定代表人协商确定，用人单位的代表人数不得超过调解委员会成员总数的1/3。女职工人数较多的单位，调解委员会成员中应当设立女职工代表。没有成立工会组织的用人单位，调解委员会的设立及组成由职工代表与企业代表协商。

劳动纠纷调解委员会委员应当由具有一定劳动法律知识、政策水平和实际工作能力、办事公道、为人正派且能密切联系群众的人担任。调解委员会委员调离本单位或需要调整时，应当由原推举单位或组织按规定另行推举或指定。劳动纠纷调解委员会委员调离本单位或需要调整时，应由原推举单位或组织在规定时间内依法推举或指定人员补齐。调解委员会委员调离或调整过半数以上的，应按规定程序重新建立。调解委员会调整及补充各单应报送地方劳动纠纷仲裁委员会和地方总工会法律工作部备案。

（3）企业调解委员会的职责

企业劳动纠纷调解委员会根据其组织性质，按照立法规定的范围，以及它作为企业内部劳动关系协调机制应当发挥的作用，主要应当履行以下几点职责：

1）按照立法程序的原则和范围，调解处理本企业内企业行政与职工发生的劳动纠纷。这是调解委员会最主要也是最基本的职责。劳动纠纷发生后，劳动纠纷调解委员会应依法及时介入，对双方当事人纠纷进行调解，以使纠纷得到及时解决。根据《企业劳动争议调解委员会组织及工作规则》的规定，调解委员会依法调解下列劳动纠纷：

①因企业开除、除名、辞退职工和职工辞职、自动离职发生的纠纷。

②因执行国家有关工资、社会保险、福利、培训、劳动保护的规定发生的纠纷。

③因履行劳动合同发生的纠纷。

④法律、法规规定的应当调解的其他劳动纠纷。

2）积极宣传劳动法律法规和政策，并做好咨询服务工作，增强企业行政的民主意识和法制观念，提高职工遵纪守法的观念，积极预防劳动纠纷。

3）积极配合企业行政做好违纪职工思想教育和转化工作，发挥调解委员会在企业处理违纪职工工作中的助手作用，努力消除劳动纠纷隐患。

4）回访、检查当事人执行调解协议情况，督促双方当事人认真履行调解协议。

5）根据劳动纠纷调解委员会规则和本企业具体情况，制定企业劳动纠纷调解制度，及时总结、交流劳动纠纷调解工作经验。

6）接受当地劳动纠纷仲裁委员会的业务指导，承办仲裁委员会委托的事项。

7）认真执行职工代表大会的各项决议，完成职工代表大会交给的各项任务。

4. 劳动纠纷调解的原则

根据我国劳动纠纷处理立法规定，以及从我国劳动纠纷处理的活动中总结出来的具有规律性的经验，普遍适用企业劳动纠纷调解的特有原则见表6-10。

6.2 劳动纠纷的处理方法

劳动纠纷调解的原则 表 6-10

序号	原则	内 容
1	自愿原则	《企业劳动争议处理条例》规定，调解委员会调解劳动纠纷应当遵循当事人双方自愿原则，经调解达成协议，制作调解协议书，双方当事人应当自觉履行。自愿原则是指调解委员会在受理纠纷、调解纠纷、达成协议、履行协议的整个过程中，必须尊重双方当事人意愿，采取民主说服教育方式，不得压服、强迫。 自愿原则包含紧密相连、缺一不可的四个方面的内容： （1）当事人申请调解自愿。劳动纠纷发生后，只有在当事人双方都同意并向企业劳动纠纷调解委员会申请调解时，调解委员会才能调解。这是调解得以进行的前提条件。如果当事人不申请调解，或者一方当事人不同意调解，或是不愿意接受某个调解人员的调解，调解委员会和调解人员都不得强行调解； （2）调解过程民主。调解纠纷过程中，调解主持人要作风民主，耐心听取双方当事人意见，充分尊重和理解当事人的意愿，晓之以理，动之以情，通过说服教育的方式，宣传政策和法律、法规，不能居高临下，实行高压政策，更不能采取经济和人身处罚等手段； （3）自愿达成调解协议。调解协议只能在双方当事人自愿的基础上达成。调解协议所明确界定的双方的权利义务关系、责任承担、履行的期限和方法等，都必须出于双方当事人自愿或同意，不能勉强。不能在双方当事人相互还未达成谅解共识的情况下，强迫或诱使他们达成协议，或者在当事人不接受调解意见、不愿达成调解协议情况下，调解委员会强行作出决定； （4）自愿履行协议。调解协议的履行应当由双方当事人自觉进行，调解委员会可以通过检查，督促动员双方如期履行。在双方当事人达成调解协议后，如一方当事人反悔，不履行调解协议，调解委员会不得强制当事人履行调解协议，也不能阻挠或干涉其申请仲裁。因为调解协议不是法律文书，不具有强制执行的法律效力。当事人反悔，应当允许并告知其向有管辖权的劳动纠纷仲裁委员会申请仲裁
2	民主协商原则	民主协商原则，是指企业劳动纠纷调解委员会在处理劳动纠纷过程中，应按照民主说服和协商的办法解决劳动纠纷，而不能以命令、决定的方式单方处理劳动纠纷。在企业调解委员会调解劳动纠纷的过程中，调解的方法是说服教育和劝导协商，是对当事人晓之以理，动之以情，排除任何压服的做法，使当事人从内心接受调解意见，从而缓和矛盾，解决纠纷。以民主协商作为调解的工作原则，是由企业调解委员会的性质决定的。企业的劳动纠纷调解委员会是由企业工会、职工和企业行政三方代表组成，是群众性的组织，既不是国家的行政机关，也不是国家的司法机关，因此不具有行政权和司法权，无权对劳动纠纷单方作出裁决。只有在民主协商的基础上，双方才能真正进行沟通，互谅互让，才可能达成被双方认可的协议；而只有在民主协商的基础上达成的协议，双方才可能自觉遵守和履行，从而彻底解决纠纷
3	尊重当事人申请仲裁和诉讼权利原则	尊重当事人申请仲裁和诉讼权利原则，是指发生劳动纠纷的当事人一方或双方不愿意接受调解或者调解不成时，企业劳动纠纷调解委员会应及时告知当事人申请仲裁和诉讼，并及时终止调解，不能阻止当事人向劳动纠纷仲裁委员会申请仲裁和向人民法院提起诉讼。 企业劳动纠纷调解委员会及时、就地解决劳动纠纷，减少了仲裁、诉讼案件，在劳动纠纷处理中发挥重要作用，但不能因此要求企业发生的所有劳动纠纷都一律要先经过调解委员会调解，否则就不能申请仲裁和向人民法院起诉。这是因为： （1）申请仲裁和诉讼，是法律赋予公民维护自身合法权益的一项重要权利，任何组织和个人都不得侵犯和剥夺； （2）调解实行的是自愿原则，它不是劳动纠纷处理的必经程序，也不是仲裁、诉讼受理的必要条件

续表

序号	原则	内 容
4	处理简捷、不收费的原则	处理简捷、不收费原则主要包含以下几层含义： （1）指纠纷发生后，争取在班组、车间等基层就地及时解决； （2）企业劳动纠纷调解委员会调解的程序应当简便易行，不讲究形式，一切活动方式应有利于企业生产和有效解决纠纷； （3）企业调解活动要在法定时限内进行和结束，不得影响当事人行使申诉的权利。《企业劳动争议调解委员会组织及工作规则》第18条规定，调解委员会调解劳动纠纷，应当自当事人申请调解之日起30日内结束。到期未结束的，视为调解不成； （4）当事人向企业劳动纠纷调解委员会申请调解时，调解委员会不收取费用

5. 劳动纠纷调解程序

（1）调解申请

调解申请指企业劳动纠纷的双方当事人以口头或书面的形式向企业劳动纠纷调解委员提出的调解请求。然而，调解并非解决劳动纠纷的必经阶段，双方当事人可以申请调解，也可以申请仲裁。企业劳动纠纷调解委员会只有在收到当事人的调解申请后，才能受理并行使调解。

劳动纠纷调解申请书格式范例见表6-11。

劳动纠纷调解申请书格式范例　　　　　　　　　　　表6-11

劳动纠纷调解申请书

申请人：姓名（或用人单位名称）＿＿＿＿＿＿＿　　性别＿＿＿＿＿＿＿
　　　　地址＿＿＿＿＿＿＿＿＿＿＿＿＿　　　　　职务（岗位）＿＿＿＿＿＿＿
　　　　法定代表人＿＿＿＿＿＿＿＿＿　　　　　　职务＿＿＿＿＿＿＿
　　　　委托代理人＿＿＿＿＿＿＿＿＿

被申请人：姓名＿＿＿＿＿＿＿＿＿　　　　　　　性别＿＿＿＿＿＿＿
　　　　　地址＿＿＿＿＿＿＿＿＿＿＿＿＿　　　 职务（岗位）＿＿＿＿＿＿＿
　　　　　法定代表人＿＿＿＿＿＿＿＿＿　　　　 职务＿＿＿＿＿＿＿
　　　　　委托代理人＿＿＿＿＿＿＿＿＿

调解请求：

_____
_____

事实与理由：

_____
_____

为此，向××劳动纠纷调解委员会申请调解，请依法调解。

（申请人签名或盖章）
年　月　日

注：1. 请针对请求事项填写案件事实，与请求事项无关的案件事实不必填写。
　　2. 请求事项应简明扼要地写明。
　　3. 相关事实与法律理由部分空格不够用时，可用同样大小的纸续加中页。
　　4. 申请书副本份数应按被申请人人数提交。

(2) 案件受理

案件受理是指企业调解委员会在收到调解申请后，经过审查，决定接受案件申请的过程。调解申请可以是双方当事人共同提出，也可以是一方提出，然而，必须是在双方合意的情况下。调解委员会受理审查中，主要针对以下三方面内容进行审查：

1) 调解申请人的资格。

2) 纠纷案件是否属劳动纠纷案件。

3) 纠纷案件是否属调解委员会受理的范围。调解委员会在对案件进行审查后，就可以做出是否受理的决定，并及时将决定通知双方当事人。

(3) 进行调查

案件受理后，调解委员会的首要任务是做调查工作。调查的内容主要包括以下几点：

1) 纠纷双方当事人纠纷的事实及对调解申请提出的意见和依据。

2) 调查纠纷所涉及的其他有关人员、单位和部门及他们对纠纷的态度和看法。

3) 察看和翻阅有关劳动法规以及纠纷双方订立的劳动合同或集体合同等。

(4) 实施调解

实施调解是指通过召开调解会议对纠纷双方的分歧进行调解。调解会议一般由调解委员会主任主持，参加人员是纠纷双方当事人或其代表，其他有关部门或个人也可以参加。实施调解的结果主要有以下两种：

1) 调解达成协议，这时要依法制作调解协议书。

2) 调解不成或调解达不成协议，这时要做好记录，并制作调解处理意见书，提出对纠纷的有关处理意见。

(5) 调解协议的执行

调解协议达成后，纠纷双方当事人都应按达成的调解协议书内容自觉地执行。

6. 劳动纠纷调解协议书的签订

(1) 劳动纠纷调解协议书

调解协议书是劳动纠纷双方达成调解的书面证明，是一项重要的法律文书。《劳动争议调解仲裁法》中规定，经调解达成协议的，应当制作调解协议书。根据这一规定，当事人经过调解达成协议的，调解委员会应制作调解协议书，以明确和记载当事人之间的调解协议的内容，它是当事人协商结果的记录，也是调解委员会依法确认的调解协议的记录，作为当事人享受权利和履行义务的依据，调解协议书应当简明扼要，通俗易懂，条款明确，以利于双方当事人执行，不致再因为权利义务不明又发生纠纷。通常，调解协议书的内容应包括表 6-12 中的三个部分。

调解协议书的内容　　　　表 6-12

序号	内容	备 注
1	首部	写明申请人和被申请人的情况。包括：企业当事人的名称、地址；法定代表人的姓名、职务；职工当事人的姓名、性别、年龄、职业、工作单位、住址等

续表

序号	内容	备注
2	内容	这是调解协议的核心部分： （1）双方当事人纠纷的事项，即当事人是因什么事由发生纠纷的； （2）劳动纠纷调解申请人的具体要求和调解所要解决的主要问题； （3）双方当事人纠纷的事实，即劳动者纠纷发生的时间、地点、原因、过程、双方当事人的主张等； （4）调查核实的结果，如调解委员会经过调查所作的有关的调查结果、鉴定结论、调解委员会认定的事实等； （5）对双方的争执的评议，根据有关的劳动法律法规、政策等，分清是非，提出调解理由，写明双方对调解结案的意思表示。并可对当事人的和解态度、有过错方对错误的认识、对对方当事人的谅解态度等逐一作一定的表述； （6）调解结果，即双方在调解委员会的调解下，在互谅互让的基础上，就双方的权利义务取得一致，这部分一定要具体，要明确地写明当事人在哪些问题上达成了什么样的协议，以便于双方今后自觉履行
3	尾部	表明调解协议书由双方当事人自觉履行，如有反悔，可以向劳动纠纷仲裁委员会申请仲裁。有调解委员会主任（简单的劳动纠纷由调解委员）和双方当事人签字盖章，并加盖调解委员会的印章，注明达成调解协议的时间

（2）劳动纠纷调解意见书

由于劳动纠纷的多样性和复杂性，不能否认调解后当事人分歧太大，无法达成协议或期满后调解不成的现象也常有发生。在这种情况下，调解委员会应作记录，并制作《调解意见书》，它是调解程序终结的文书，是劳动纠纷调解委员会对劳动纠纷事实、责任及解决方案的结论性意见。劳动纠纷调解处理意见书不具有法律效力，也无执行性，但在劳动纠纷仲裁程序中可以为劳动纠纷仲裁委员会提供参考意见。

调解意见书作为企业劳动纠纷委员会向双方当事人和仲裁机关提出的书面建议，目的是引导和教育双方当事人遵纪守法，通过适当方式维护自己的合法权益，正确解决劳动纠纷。同时也可以作为劳动纠纷仲裁委员会受理案件的依据和处理案件时的参考。但调解意见书与调解协议书有着本质上的不同，调解协议书是当事人双方的意思表示，而调解意见书只是劳动纠纷调解委员会发送的公文，是一种建议性质的文书，是调解委员会的单方意思表示。

调解意见书的内容应包括表 6-13 中的三个部分。

调解意见书的内容　　　　　　表 6-13

序号	内容	备注
1	首部	与调解协议书相同，实践中还可以写上"经本会主持调解，双方当事人未能达成协议，现对此纠纷提出以下意见"等语句
2	内容	（1）纠纷的焦点、基本事实和申请人的请求、申请对方的意见； （2）调解未达成协议的原因； （3）调解委员会的调解意见和建议，并须指明当事人如何按照法定程序在规定的时效期间内解决纠纷
3	尾部	结尾部分落款"……劳动纠纷调解委员会"，并加盖印章，注明日期

《劳动争议调解仲裁法》第 14 条还规定，调解协议书由双方当事人签名或者盖章，经调解员签名并加盖调解组织印章后生效，对双方当事人具有约束力，当事人应当履行。换句话说，依法制作的劳动纠纷调解书经双方当事人签收后，立即发生效力，当事人应当自觉履行，因为它是双方当事人在合法、自愿、友好协商的基础上达成的，相当于合同，应当具有合同的效力。

然而，由于调解协议书是在调解组织的参与下达成的，调解员代表调解组织参与调解，帮助双方当事人达成协议，调解员要在调解协议书上签名，调解组织也在调解协议上加盖印章，调解协议才生效。对于生效后的调解协议，当事人应当按照约定履行自己的义务，不得擅自变更或者解除调解协议，该协议也是劳动纠纷仲裁委员会或者人民法院裁决劳动纠纷案件的重要证据，如果没有其他证据证明调解协议无效或者是可撤销的，可以作为仲裁组织裁决和人民法院裁判的依据。

劳动纠纷调解协议书的格式范例见表 6-14。

劳动纠纷调解协议书的格式范例 表 6-14

调解协议书
（　）字第　　号
申请人：姓名（或用人单位名称）＿＿＿＿＿＿　　性别＿＿＿＿＿＿＿＿＿
地址＿＿＿＿＿＿＿＿＿＿＿＿　　　　职务（岗位）＿＿＿＿＿＿
法定代表人＿＿＿＿＿＿＿＿＿＿　　　职务＿＿＿＿＿＿＿＿＿＿
委托代理人＿＿＿＿＿＿＿＿＿＿
被申请人：姓名＿＿＿＿＿＿＿＿＿＿＿＿　　　性别＿＿＿＿＿＿＿＿＿＿
地址＿＿＿＿＿＿＿＿＿＿＿＿　　　职务（岗位）＿＿＿＿＿＿
法定代表人＿＿＿＿＿＿＿＿＿＿　　职务＿＿＿＿＿＿＿＿＿＿
委托代理人＿＿＿＿＿＿＿＿＿＿
（事由）
上列双方因××××引起纠纷，申请人××于×年×月×日向本调解委员会提出请求，经本会主持调解，双方协商，自愿达成协议如下：
（协议内容）
1.＿＿＿＿＿＿＿＿＿＿＿＿＿＿＿＿＿＿＿。
2.＿＿＿＿＿＿＿＿＿＿＿＿＿＿＿＿＿＿＿。
3.＿＿＿＿＿＿＿＿＿＿＿＿＿＿＿＿＿＿＿。
双方当事人（签名）＿＿＿＿＿＿＿＿
调解委员会主任（签名）＿＿＿＿＿＿
劳动纠纷委员会（公章）
年　月　日

6.2.4 劳动纠纷仲裁

1. 劳动纠纷仲裁的概念

仲裁指纠纷双方在纠纷发生前或纠纷发生后达成协议，自愿将纠纷提交第三方作出裁决，双方有义务解决纠纷的方法。因此，仲裁作为一项法律程序，通常是指发生纠纷的双方当事人自愿把纠纷提交非司法机构的第三者处理，并作出对纠纷各方均有拘束力的裁决的一种解决纠纷的制度和方法。

仲裁作为一种解决纠纷或纠纷的法律制度，主要应具备以下几方面要素：
(1) 解决纠纷或纠纷的仲裁人是由纠纷双方当事人选定的或都能够接受的。
(2) 在双方当事人解决纠纷前或解决纠纷时有通过仲裁解决纠纷的合议。
(3) 拟解决纠纷或纠纷具有可仲裁性，可仲裁的纠纷或纠纷多是私法领域的争端。
(4) 仲裁裁决具有法律执行力。

劳动纠纷仲裁是解决劳动纠纷的一种重要方式，与其他仲裁制度既有共同点，又有很大的区别。劳动纠纷仲裁，是指劳动纠纷当事人自愿向法定的专门处理劳动纠纷的机构提出申请，由其依法就劳动纠纷的事实与责任作出对双方当事人具有约束力的判断和裁决的活动。

2. 劳动纠纷仲裁的特征

我国劳动纠纷仲裁的主要特征见表 6-15。

劳动纠纷仲裁的特征　　　　　　　表 6-15

序号	特 征	内 容
1	实行独特的三方原则	劳动纠纷仲裁实行三方原则，是由劳动关系和劳动纠纷主体的特征以及长期的劳工运动实践所决定的。我国的劳动纠纷仲裁委员会是在计划经济的体制下建立起来的。因为我国当时的经济形态是以国有经济形式为主，多种经济形式并存，真正的市场主体（产权清晰、权责明确、自主经营、自负盈亏的经济主体）还处于缺位的状态，政企尚未完全分开，所以劳动纠纷仲裁委员会的三方代表分别是由劳动行政部门、工会和经济综合管理部门派出
2	劳动纠纷仲裁属于强制仲裁，一般民事仲裁属于自愿仲裁	劳动纠纷仲裁不需要双方签订仲裁协议，法律强制规定劳动纠纷应当通过劳动纠纷仲裁，即劳动纠纷一方向劳动纠纷仲裁委员会提起仲裁申请，另外一方不能以无仲裁协议为由进行抗辩
3	劳动仲裁具有很强的行政性，但不属于行政仲裁	行政仲裁是由行政机构充当仲裁人居中进行裁决的行为。行政机关上下级之间的制约是明文规定的。劳动纠纷仲裁不属于行政仲裁
4	劳动纠纷仲裁是劳动纠纷诉讼程序的前置程序	劳动纠纷发生后，当事人首先应寻求仲裁手段救济其权利，不经过仲裁处理，纠纷当事人就无权向人民法院提起劳动纠纷诉讼。劳动纠纷仲裁属于劳动纠纷诉讼的前置程序。但是，劳动纠纷诉讼程序却对劳动纠纷仲裁裁决不予审理。根据最高人民法院的司法解释，人民法院的判决、裁定和调解即使与仲裁裁决不一致，也不是对仲裁裁决本身的否定
5	劳动纠纷仲裁一次裁决但不终局	劳动纠纷仲裁裁决作出后，并非完全没有法律效力，而是其效力处于待定状态。当事人在收到裁决书之日起 15 日内不提起诉讼的，仲裁裁决发生法律效力；15 日内提起诉讼的，仲裁裁决失去效力。即使将来人民法院判决的结果与仲裁结果完全一致，也是以法院判决的形式和内容体现解决纠纷的结果，而不是维持或否定仲裁裁决
6	处理结果具有法律效力	这是我国劳动纠纷仲裁与企业劳动纠纷调解的重要区别，也是劳动纠纷仲裁制度被称为劳动法律制度的重要标志。劳动纠纷仲裁委员会的仲裁调解书和仲裁裁决书对双方当事人，都具有法律约束力，一旦生效，当事人必须执行

3. 仲裁参加人和参与人

劳动纠纷仲裁参加人是指与仲裁案件有着法律上的直接或者间接的利害关系，从而参加到仲裁中，依法行使仲裁权利，履行仲裁义务的自然人、法人或者其他组织。具体包括劳动纠纷仲裁当事人和代理人。

仲裁参与人是一个比参加人更大的范畴。仲裁参加人以及鉴定人、证人、翻译人和勘验人等共同构成了劳动仲裁参与人的范围。

（1）劳动纠纷仲裁当事人

劳动纠纷仲裁当事人是指因劳动法律关系发生纠纷，以自己的名义向劳动纠纷仲裁机构申请仲裁或者被申请仲裁，仲裁结果与其有法律上的直接利害关系，并受仲裁机构的裁决约束的人，主要包括申请人、被申请人、共同当事人以及第三人等。

劳动纠纷仲裁当事人的权利和义务如下：

1) 当事人的权利：

①委托代理人参加仲裁的权利。

②在仲裁机构对仲裁申请不予受理时，提起诉讼的权利。

③申请回避的权利。

④申请延期开庭的权利。

⑤辩论或者质证的权利。

⑥自行和解的权利。

⑦申请补正庭审笔录的权利。

⑧不服仲裁裁决提起诉讼或者请求法院撤销仲裁裁决的权利。

⑨申请强制执行的权利。

2) 当事人的义务：

① 依法行使仲裁权利的义务。

② 遵守仲裁秩序的义务。

③ 执行发生法律效力仲裁裁决的义务。

（2）共同当事人

共同当事人是指劳动纠纷仲裁的当事人双方或者一方为两人以上，仲裁的标的是共同的或者是同一类，通过同一仲裁程序解决劳动纠纷的当事人。

（3）第三人

劳动纠纷仲裁中的第三人是指与劳动纠纷的处理结果有利害关系，申请参加或者由劳动纠纷仲裁委员会通知参加劳动仲裁的用人单位或者劳动者。

（4）仲裁代理人

仲裁代理人是指根据法律的规定、仲裁委员会的指定或者当事人的委托以被代理人的名义，为维护被代理人的利益参加到仲裁程序中，代替或者帮助被代理人实施仲裁行为的人。

4. 劳动纠纷仲裁的程序

劳动纠纷仲裁的程序见表 6-16。

劳动纠纷仲裁的程序 表6-16

序号	程序	内容
1	仲裁申请和受理	当事人申请仲裁，应当向仲裁委员会递交仲裁协议或合同副本、仲裁申请书及副本。仲裁申请书应依据规范载明有关事项。当事人、法定代理人可以委托律师和其他代理人进行仲裁活动。 委托律师和其他代理人进行仲裁活动的，应当向仲裁委员会提交授权委托书。仲裁机构收到当事人的申请书，首先要进行审查，经审查符合申请条件的，应当在7天内立案，对不符合规定的，也应当在7天内书面通知申请人不予受理，并说明理由。申请人可以放弃或者变更仲裁请求。 被申请人可以承认或者反驳仲裁请求，有权提出反请求
2	仲裁庭的组成	当事人如果约定由3名仲裁员组成仲裁庭的，应当各自选定或者各自委托仲裁委员会主任指定一名仲裁员，第三名仲裁员由当事人共同选定或者共同委托仲裁委员会主任指定。第三名仲裁员是首席仲裁员。当事人也可约定由一名仲裁员组成仲裁庭。法律规定，当事人有权依据法律规定请求仲裁员回避。提出请求者应当说明理由，并在首次开庭前提出。回避事由在首次开庭后知道的，可以在最后一次开庭终结前提出
3	开庭和裁决	仲裁应当开庭进行。当事人协议不开庭的，仲裁庭可以根据仲裁申请书、答辩书以及其他材料作出裁决。仲裁不公开进行。当事人协议公开的，可以公开进行，但涉及国家秘密的除外。申请人经书面通知，无正当理由不到庭或者未经仲裁庭许可中途退庭的，可以视为撤回仲裁申请。 被申请人经书面通知，无正当理由不到庭或者未经仲裁庭许可中途退庭的，可以缺席裁决。 裁决应当按照多数仲裁员的意见作出，少数仲裁员的不同意见可以记入笔录。仲裁庭不能形成多数意见时，裁决应当按照首席仲裁员的意见作出。仲裁的最终结果以仲裁决定书给出
4	执行	仲裁委员会的裁决作出后，当事人应当履行。当一方当事人不履行仲裁裁决时，另一方当事人可以依照民事诉讼法的有关规定向人民法院申请执行，受申请人民法院应当执行。 被申请人提出证据证明仲裁裁决有下列情形之一的，经人民法院组成合议庭审查核实，裁定不予执行： (1) 没有仲裁协议的； (2) 裁决的事项不属于仲裁协议的范围或者仲裁委员会无权仲裁的； (3) 仲裁庭的组成或者仲裁的程序违反法定程序的； (4) 裁决所根据的证据是伪造的； (5) 对方当事人隐瞒了足以影响公正裁决的证据的； (6) 仲裁员在仲裁该案时有索贿受贿，徇私舞弊，枉法裁决行为的

6.2.5 劳动纠纷诉讼

1. 劳动纠纷诉讼的概念

劳动纠纷诉讼是指劳动纠纷当事人不服劳动纠纷仲裁委员会裁决，依法向人民法院起诉，人民法院在劳动纠纷当事人和其他诉讼参与人参加下，审理和解决劳动纠纷案件的活动，以及由这些活动所发生的社会关系。这一概念主要包含以下两层含义：

(1) 劳动纠纷诉讼是由于劳动纠纷仲裁当事人不服劳动纠纷仲裁委员会的裁决而引

起的。

（2）劳动纠纷诉讼由劳动纠纷诉讼活动和劳动纠纷诉讼关系构成。劳动纠纷诉讼活动是指人民法院和诉讼参与人围绕劳动纠纷案件的解决进行的能够产生一定法律后果的活动。它既包括人民法院的审判活动，如受理案件、调查取证、采取强制措施、作出判决或裁定等，也包括劳动纠纷诉讼参与人的活动，如原告提出起诉、被告提出答辩或反诉、证人出庭作证等。所谓劳动纠纷诉讼关系，是指人民法院和一切劳动纠纷诉讼参与人之间在劳动纠纷诉讼过程中发生的诉讼权利义务关系，即劳动纠纷诉讼法律关系。在劳动纠纷诉讼过程中，人民法院将会作为其中的一方与另一方即劳动纠纷当事人和其他诉讼参与人发生诉讼权利义务关系。

2. 劳动纠纷诉讼的特征

我国劳动纠纷诉讼的特征见表 6-17。

劳动纠纷诉讼的特征　　　　　　　　　　　表 6-17

序号	特征	内容
1	劳动纠纷诉讼的当事人是特定的	劳动纠纷诉讼当事人之间原则上必须存在劳动关系，即一方是用人单位；另一方是劳动者
2	劳动纠纷诉讼的纠纷标的必须经过劳动纠纷仲裁	根据《劳动法》第 8 条规定，劳动纠纷当事人对劳动纠纷仲裁裁决不服的，可以自收到仲裁裁决书之日起 15 日内向人民法院提起诉讼。因此，劳动纠纷当事人在提起劳动纠纷诉讼之前，必须依法先经过劳动纠纷仲裁，未经过劳动纠纷仲裁的劳动纠纷案件，人民法院一般不能受理
3	劳动纠纷诉讼适用民事诉讼法的规定	目前，我国还没有专门适用于劳动纠纷案件的诉讼法，在司法实务中，是由人民法院的民事审判庭受理劳动纠纷案件，并适用民事诉讼程序审理劳动纠纷案件

3. 劳动纠纷诉讼的受案范围

劳动纠纷诉讼的受案范围，即人民法院对劳动纠纷案件的主管范围，是指人民法院依法应当和能够受理的劳动纠纷案件的范围。凡属于人民法院主管的劳动纠纷案件，当事人起诉又符合条件的，人民法院应依法受理，并适用民事诉讼法规定的程序予以审判；凡不属于人民法院主管的劳动纠纷案件，人民法院无权受理。

劳动纠纷诉讼的受案范围在劳动纠纷诉讼制度中占有重要地位。只有明确劳动纠纷诉讼受案范围，才能确保人民法院正确行使对劳动纠纷案件的审判权，避免出现人民法院越权受理案件或相互推诿主管案件的现象，保障劳动纠纷当事人依法寻求司法救济的权利，维护用人单位和劳动者的合法权益。

根据《劳动法》、《劳动争议调解仲裁法》以及最高人民法院发布的《关于审理劳动争议案件适用法律若干问题的解释》的规定，人民法院受理劳动纠纷案件的范围分为以下两类：

（1）主体范围

人民法院受理劳动纠纷的主体范围见表 6-18。

6 劳动纠纷处理

人民法院受理劳动纠纷的主体范围　　　　　　　　　　　　表 6-18

序号	范　围
1	中国境内的企业、个体经济组织和与之形成劳动关系的劳动者
2	国家机关、事业单位、社会团体与本单位的工人以及其他与之建立劳动合同关系的劳动者
3	实行企业化管理的事业单位与其工作人员
4	个体工商户与其帮工、学徒
5	军队、武警部队的机关、事业组织和企业与其无军籍的职工

另外，如果我国公民与境外企业签订了劳动合同，而合同的履行地在我国领域内的，双方因履行劳动合同发生劳动纠纷，人民法院也可受理他们之间的纠纷。

(2) 内容范围

人民法院受理劳动纠纷的内容范围见表 6-19。

人民法院受理劳动纠纷的内容范围　　　　　　　　　　　　表 6-19

序号	范　围
1	因企业开除、除名、辞退职工和职工辞职、自动离职发生的纠纷
2	因执行国家有关工资、保险、福利、培训、劳动保护的规定发生的纠纷
3	因履行劳动合同发生的纠纷
4	劳动者与用人单位之间没有订立书面劳动合同，但已形成劳动关系后发生的纠纷
5	劳动者退休后，与尚未参加社会统筹的原用人单位因追索养老金、医疗费、工伤保险待遇和其他社会保险费而发生的纠纷

4. 劳动纠纷诉讼的管辖

劳动纠纷诉讼的管辖见表 6-20。

劳动纠纷诉讼的管辖　　　　　　　　　　　　表 6-20

序号	管辖范围	内　容
1	级别管辖	这是不同级别的人民法院受理第一审合同纠纷案件的权限分工： (1) 在全国有重大影响由最高人民法院受理； (2) 在本辖区内有重大影响由各省、自治区、直辖市高级人民法院受理； (3) 各省辖市、地区、自治州中级人民法院则受理在本辖区内有重大影响以及重大涉外的合同纠纷； (4) 除此之外的第一审合同纠纷案件，都由基层人民法院管辖
2	地域管辖	这是指同级人民法院在受理第一审合同纠纷案件时的权限分工： (1) 因合同纠纷提起的诉讼，由被告住所地或者合同履行地人民法院管辖； (2) 合同的双方当事人可以在书面合同中协议选择被告住所地、合同履行地、合同签订地、原告住所地、标的物所在地人民法院管辖

5. 劳动纠纷诉讼的程序

劳动纠纷诉讼的程序见表 6-21。

6.2 劳动纠纷的处理方法

劳动纠纷诉讼的程序　　　　　　　　　　　　　　　　　　　　　　　　　表 6-21

序号	程序	内　　容
1	起诉与受理	符合起诉条件的起诉人首先应向人民法院递交起诉状，并按被告人数目呈交副本。起诉状上应加盖本单位公章。案件受理时，应在受案后 5 天内将起诉状副本发送被告。被告应在收到副本后 15 天内提出答辩状。被告不提出答辩状时，并不影响法院的审理 根据我国《民事诉讼法》规定，因为合同纠纷，向人民法院起诉的，必须符合以下条件： （1）原告是与本案有直接利害关系的企事业单位、机关、团体或个体工商户、农村承包经营户； （2）有明确的被告、具体的诉讼请求和事实依据； （3）属于人民法院管辖范围和受诉人民法院管辖。 人民法院接到原告起诉状后，要审查是否符合起诉条件。符合起诉条件的，应于 7 天内立案，并通知原告；不符合起诉条件的，应于 7 天内通知原告不予受理，并说明理由
2	诉讼保全	在诉讼过程中，人民法院对于可能因当事人一方的行为或者其他原因，使将来的判决难以执行或不能执行的案件，可以根据对方当事人的申请，或者依照职权作出诉讼保全的裁定
3	调查研究搜集证据	立案受理后，审理该案人员必须认真审阅诉讼材料，进行调查研究和收集证据。证据主要有：书证；物证；视听资料；证人证言；当事人的陈述；鉴定结论；勘验笔录。 当事人对自己提出的主张，有责任提供证据。当事人及其诉讼代理人因客观原因不能自行收集的证据，或者人民法院认为审理案件需要的证据，人民法院应当调查收集。人民法院应当按照法定程序，全面地、客观地审查核实证据。 证据应当在法庭上出示，并由当事人互相质证。对涉及国家秘密、商业秘密和个人隐私的证据应当保密，需要在法庭出示的，不得在公开开庭时出示。经过法定程序公证证明的法律行为、法律事实和文书，人民法院应当作为认定事实的根据。但有相反证据足以推翻公证证明的除外。 书证应当提交原件。物证应当提交原物。提交原件或者原物确有困难的，可以提交复制品、照片、副本、节录本。提交外文书证，必须附有中文译本。 人民法院对视听资料，应当辨别真伪，并结合本案的其他证据，审查确定能否作为认定事实的根据
4	调解与审判	法院审理经济案件时，首先依法进行调解。如达成协议，则法院制定有法定内容的调解书。 调解未达成协议或调解书送达前有一方反悔时，人民法院应当及时判决。 在开庭审理前 3 天，法院应通知当事人和其他诉讼参与人，通过法庭上的调查和辩论，进一步审查证据、核对事实，以便根据事实与法律，作出公正合理的判决。 当事人不服地方人民法院第一审判决的，有权在判决书送达之日起 15 天内向上一级人民法院提起上诉。对第一审裁决不服的则应在 10 天内提起上诉。 第二审人民法院应当对上诉请求的有关事实和适用法律进行审查。经过审理，应根据不同情形，分别作出维持原判决、依法改判、发回原审人民法院重审的判决、裁定。 第二审判决是终审判决，当事人必须履行；否则法院将依法强制执行
5	执行	对于人民法院已经发生法律效力的调解书、判决书、裁定书，当事人应自动执行。不自动执行的，对方当事人可向原审法院申请执行。法院有权采取措施强制执行

6.3 劳务工资纠纷的应急预案

劳务工资纠纷是劳务纠纷中的主要形式，具有突发性、时段性以及群体性等特点。因此，应认真编制和实施劳务工资纠纷应急预案，以维护劳动者的合法权益和企业及社会的稳定，确保正常的公共秩序。

6.3.1 劳务工资纠纷的表现及原因

1. 劳务人员工资纠纷的表现形式

（1）企业内部闹事。
（2）围堵总承包企业和政府机关。
（3）聚众上访、提出仲裁和司法诉讼。

2. 劳务人员工资纠纷的主要原因

劳务人员工资纠纷的主要原因见表 6-22。

劳务人员工资纠纷的主要原因　　　　　　表 6-22

序号	主 要 原 因
1	建设单位和总承包单位拖欠工程款引发的工资纠纷
2	劳务分包单位内部管理混乱、考勤不清和工资发放不及时引发的工资纠纷
3	总承包单位和劳务分包单位由于劳务合同争议引发的工资纠纷
4	违法分包引发的工资纠纷。劳务人员工资纠纷发生的原因主要是施工企业将工程部分项目发包引发的工资纠纷给"包工头"，劳务作业完成后结算也与"包工头"结算，而且农民工工资通常由"包工头"发放。一旦结算完毕，"包工头"人走了而农民工工资没有支付，农民工就会向施工企业追讨而发生纠纷
5	"恶意讨薪"引发的工资纠纷

6.3.2 劳务工资纠纷应急处理的原则

1. 先行垫付原则

业主或工程总承包企业未按合同约定与建设工程承包企业结清工程款，致使建设工程承包企业拖欠农民工工资的，由业主或工程总承包企业先行垫付农民工被拖欠的工资，先行垫付的工资数额以未结清的工程额为限。

2. 优先支付原则

企业因被拖欠工程款导致拖欠农民工工资的，企业追回的被拖欠工程款，应优先用于支付拖欠的农民工工资。

3. 违法分包承担连带责任原则

工程总承包企业不得将工程违反规定发包、分包给不具备用工主体资格的组织或个人，否则应承担清偿拖欠工资连带责任。

6.3 劳务工资纠纷的应急预案

4. 及时裁决和强制执行原则

农民工与企业因工资支付发生争议的，按照国家劳动争议处理有关规定处理。对事实清楚、不及时裁决会导致农民工生活困难的工资争议案件以及涉及农民工工伤、患病期间工资待遇的争议案件，劳动争议仲裁委员会可部分裁决；企业不执行部分裁决的，当事人可依法向人民法院申请强制执行。

6.3.3 劳务工资纠纷应急预案的编制

劳务工资纠纷应急预案的编制内容见表6-23。

劳务工资纠纷应急预案的编制内容　　　　表6-23

序号	编制内容	备注
1	应急预案的目的、编写依据和适用范围	(1) 应急预案的目的。应急预案的目的，是为了最大限度降低劳务纠纷突发事件造成的经济损失和社会影响，积极稳妥地处理因劳务纠纷等问题引发的各种群体性事件，有效地控制事态，将不良影响限制在最小范围，保证建安施工企业的正常生产和管理秩序。 (2) 应急预案的编写依据。应急预案的编制，要本着确保社会稳定，建立和谐社会，预防为主，标本兼治的原则，按照国家住房和城乡建设部的相关要求编制。 (3) 应急预案的适用范围： 1) 发生劳务纠纷突发事件，造成一定的经济损失和社会影响； 2) 因劳务纠纷引发的各种群体性事件，造成一定的经济损失和社会影响的
2	应急机构体系及职责	(1) 应急机构体系： 1) 成立各级应急指挥领导小组，领导小组下设应急指挥领导小组办公室，各级领导小组成员应分别包括：总承包企业、所属子公司和项目部的主要负责人及相关管理部门负责人。 2) 成立行政保障和法律援助工作组、保稳定宣传工作组，确保应急预案的正常启动。 3) 应急情况紧急联系电话应包括： ① 领导小组办公室电话及联系人电话； ② 应急情况报警电话； ③ 当地派出所电话； ④ 当地建筑业主管部门电话。 (2) 工作职责： 1) 各级领导小组工作职责： ① 总承包企业领导小组职责：领导小组办公室负责分包劳务费拖欠情况及劳务费结算、支付、农民工工资发放情况的摸底排查，纠纷协调、督办，紧急情况处理等指导工作，并与施工单位形成保稳定管理体系，与分包队伍上级单位或相关省、市驻当地办事处保持联络。处理解决群体性突发事件。 公司法定代表人是群体性突发事件第一责任人，负责组织协调各方面工作，及时化解矛盾，防止发生群体性事件。领导本单位工作组处理群体性突发事件，确保应急资金的落实到位。

6 劳动纠纷处理

续表

序号	编制内容	备注
2	应急机构体系及职责	② 总承包企业的子公司领导小组职责：了解各项目部劳务作业人员动态，掌握劳务分包合同履约及劳务费支付情况，督促、检查、排查、通报劳务费。结算、兑付情况，加强实名制备案的监督管理工作，及时发现有矛盾激化趋势的事件，负责协助项目部协调纠纷、处理紧急情况；与分包队伍上级单位保持联络，出现应急前兆时应派人到现场与项目部配合，随时控制事态发展，保持与领导小组的联系，促使问题及时解决。进入应急状态紧急阶段时，及时向上级报告，并保证有专人在现场，尽可能控制事态，必要时与分包队伍的上级单位、相关省、市驻本地建设管理部门联系取得支持，并上报总承包企业领导小组。 子（分）公司领导小组应做好日常与劳务企业（队伍）人员的沟通、合作交流等，并开展维护稳定的宣传、教育等工作，开展与本地区建设行政管理部门、劳动和社会保障局、公安局、内保局、街道办事处、相关各省、市驻本地区建设管理部门、总承包企业等劳务企业保持日常联络，以备应急状态时及时发现、处理问题和便于求助。 ③ 项目经理部职责：各项目部劳务管理人员应掌握分包合同履约情况、工程量、劳务工作量和劳务费结算、支付、农民工工资发放的具体情况，还应按照"实名制"管理工作要求，将本项目部所有劳务作业队伍的人员花名册、合同备案资料、上岗证、考勤表、工资发放表按规定要求认真收集，归档备案。要认真观察本项目作业人员的思想动态和异常动态，认真做好思想政治工作，对有矛盾激化趋势的事件，应按组织体系及时汇报，及时化解矛盾，防止矛盾升级，不得忽视、隐瞒有矛盾激化趋势的事件的发生。出现应急前兆时，原则上由发生群体性事件的项目部组织本项目部人员出面调解处理，并保持与本单位应急指挥领导小组的联系，随时汇报事态进展。进入应急状态紧急阶段时，项目经理必须到现场，组织本项目部应急小组与劳务企业（作业队伍、作业班组）进行沟通，负责通过各种方式解决纠纷，确保稳定。 2）行政保障和法律援助工作组职责。保证应急领导小组成员通讯畅通，准备应急车辆，配合项目部工作，提供法律方面的支持。出现应急前兆时，应随时关注并与项目部保持联系，进入应急状态紧急阶段时，应保证备勤车辆、急救器材和药品，上级或地方政府领导到场时，负责相应的接待工作，并为项目部解决纠纷提供法律方面的支持。 3）保稳定宣传工作组职责。调查劳务企业人员的思想动态，协助领导小组和项目部及时调解矛盾；出现应急前兆时做好相关人员的思想工作，维护稳定；负责联系和接待新闻媒体，协调处理与新闻媒体的关系，负责对新闻媒体发布消息
3	应急措施	（1）在总承包机关或所属子公司办公楼出现紧急情况时，由应急指挥领导小组成员及工作组各司其职，维护现场秩序，进行劝阻和力争谈判解决矛盾。 （2）机关各部门人员在出现紧急情况时，部门内应当至少留1名员工负责保护部门内部的财物、资料。 （3）局势得到控制后，由群体性突发事件工作组和项目部有关人员出面与劳务企业对话，要求对方派代表与总承包企业就具体问题进行谈判，除代表外的其他人员应遣散或集中到会议室。 （4）如果对方不能够按总承包企业要求进行谈判，并且继续冲击总承包企业机关、扰乱了办公秩序，由现场总指挥决定报警，由行保、安全监管部门内勤进行报警

6.3 劳务工资纠纷的应急预案

续表

序号	编制内容	备 注
4	责任处理和后期处置	(1) 突发事件的处理： 1) 突发劳务纠纷事件，要立即上报加强农民工及劳务管理工作领导小组，相关人员按预案要求在第一时间赶到事件发生现场。加强农民工及劳务管理工作领导小组当即启动应急程序、开展工作的能力； 2) 发生纠纷事件的项目经理要协助上级公司处理突发纠纷事件，相关部门应积极配合； 3) 对突发劳务纠纷事件，要严格控制事态，坚持就地解决的原则； 4) 事件得到控制、平息后，要立即组织恢复生产秩序，采取一切措施消除负面影响。 (2) 责任处理： 1) 对违反各项规章制度，侵犯工人权益的劳务队伍视情节给予警告直至清理出场； 2) 按相关责任要求，对发生纠纷事件的总承包企业、所属子公司和项目相关责任人，追究责任； 3) 对纠纷事件不上报或瞒报，报告不及时的单位，视情节处以一定数额的罚款、通报批评并追究行政责任； 4) 对措施不得力，贻误时机，造成重大损失或影响的单位和项目经理，除通报批评、处以罚款外，要追究行政责任

6.3.4 劳务工资纠纷应急预案的实施要点

1. 突发事件应急状态描述

突发事件应急状态，应分为前兆阶段、紧急阶段、谈判阶段以及解决阶段四个阶段，见表6-24。

突发事件应急状态的分类　　　表6-24

序号	分类	具 体 情 况
1	前兆阶段	(1) 劳务企业（作业队伍、作业班组）向项目部或有关部室索要劳务费、材料费、租赁费、机具费等，出现矛盾并煽动员工以非正常手段解决时； (2) 劳务作业人员出现明显不满情绪时； (3) 按施工进度，劳务作业队伍应撤场，但占据施工场地或生活区拒不撤场时； (4) 劳务作业人员聚集到建设单位、总承包单位办公地点或围堵建设单位、总承包单位管理人员时； (5) 劳务作业人员聚集到项目部干扰、妨碍正常办公时
2	紧急阶段	(1) 劳务作业人员聚集到建设单位、总承包单位办公机关，干扰、妨碍正常办公时； (2) 劳务作业人员聚集到建设单位、总承包单位以及政府部门群访、群诉时； (3) 劳务作业人员采取影响社会治安等非正常手段制造影响时
3	谈判阶段	聚众妨碍正常办公的劳务作业人员情绪得到控制，所属施工单位负责人能与劳务企业负责人或代表正式对话时
4	解决阶段	(1) 与劳务企业负责人或代表达成一致意见且聚集的劳务作业人员已经疏散或退出占据的施工现场时； (2) 正常生产、办公秩序得到恢复时

2. 应急状态的报告程序

(1) 当发现出现应急状态的前兆阶段和紧急阶段所描述的情况时，有关人员必须向有关部门报告，报告顺序应如图 6-1 所示。

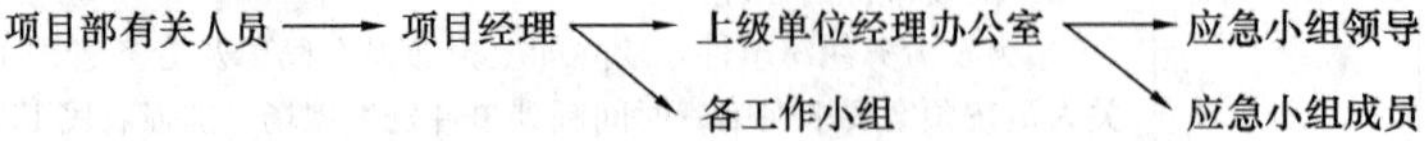

项目部有关人员 → 项目经理 → 上级单位经理办公室 ← 应急小组领导
　　　　　　　　　　↓　　　　　　　　　　　　　　　↑
　　　　　　　　各工作小组　　　　　　　　　　　应急小组成员

图 6-1　应急状态的报告顺序

(2) 相关部门接到报告的项目经理或各应急工作组应及时核实情况，并迅速向上一级报告，同时，尽可能控制事态发展。出现联络障碍不能按上述顺序报告时，可越级上报，直至报告给应急指挥领导小组。

3. 预案的启动和解除权限

各级应急领导小组组长接到报告后，应迅速组织应急领导小组成员核实情况，情况属实需要启动本预案时，应由组长宣布进入应急状态，并启动本预案。应急领导小组成员接到通知后组织工作组人员，履行应急职责，并由领导小组组长决定是否向上级主管部门汇报。

事态进入解决阶段后，应急小组组长视实际情况决定解除本预案。

4. "应急"资金准备

各施工单位应筹措一定比例资金，作为专项用于协调解决重大群体性事件的应急资金。

6.3.5　劳务工资纠纷的解决方法及途径

1. 劳务人员工资纠纷的解决方法

劳务人员工资纠纷的解决方法见表 6-25。

劳务人员工资纠纷的解决方法　　　表 6-25

序号	解　决　方　法
1	建立公司支付农民工工资的约束和保障机制，从根本上解决农民工工资拖欠问题： (1) 按照工程合同价款的一定比例向主管部门交纳职工工资保障金，工资保障金在工程合同价款中列支，专款专用。 (2) 公司应及时将工资保障金存入指定银行、专户存储、专款专用。 (3) 公司招收农民工，必须与农民工签订劳动合同，农民工依法享有劳动报酬、休息休假、劳动安全卫生以及保险福利的权利，并在规定期限内持农民工名册到当地劳动和社会保障行政主管部门备案。 (4) 公司应当以货币形式按月足额支付农民工工资，施工工程期限小于一个月的或者双方约定支付工资期限低于一个月的，另其约定。 (5) 在工程建设期间内及工程竣工后，有拖欠农民工工资行为的，由劳动和社会保障行政主管部门启动工资保障金，及时发放拖欠的农民工工资
2	建立企业信用档案制度。对存在拖欠农民工工资问题的劳务公司不予使用，挑选工资发放执行有信用的劳务公司
3	建立日常工作机制和监督机制。通过设立拖欠举报投诉电话，加强对各项目的监管，促使每个项目部依法支付农民工工资，落实清欠责任，及时兑现农民工工资

6.3 劳务工资纠纷的应急预案

续表

序号	解 决 方 法
4	建立欠薪应急周转金制度。其主要由公司一部分资金，组成欠薪保障应急基金，专门用于应付突发性、群体性的欠薪纠纷
5	提高农民工的法律维权意识。加强对国家有关法律法规的宣传力度，进一步提高广大农民朋友的法律法规保护意识，公司应设立农民工工资清欠举报电话，一旦发现有工程款拖欠，农民朋友能及时向公司反映，启动应急预案，及时解决
6	严格遵守"两个规范"，做好公司及各项目部劳动队伍管理和用工管理，从源头上杜绝发生农民工公司纠纷事件
7	完善法律法规，加大执法力度，用法律手段解决工资拖欠问题： （1）工资保障金制度。建设工程项目部开工前，公司要按照各省市规定比例足额将工资保障金存入建设部门指定的账户。工程竣工验收合格后如果没有拖欠工资的投诉，公司可以将本息一并支取。如有拖欠工资投诉，建设主管部门从保障基金中划支所欠款项。 （2）合同管理制度。公司实行分包时，要与分包企业签订合同，承担项目建设中发生的工资发放义务与责任。 （3）用工签发工票制度。企业如遇特殊情况不能按月发放工资时，向农民工签发工票，作为领取工资的依据，也可以作为农民工讨要被拖欠工资的凭证。 （4）按月发放工资制度。总承包企业按月凭工票向农民工足额发放工资。 （5）建立支付农民工工资公告制度。在施工现场设立公告牌、公示投诉电话、地址等相关信息。 （6）建立企业信用档案制度。对发生拖欠的项目部，公司将给予经济处罚

2. 劳务人员工资纠纷的解决途径

（1）由建设单位或总承包单位先行支付。

（2）责令用人单位按期支付工资和赔偿金。

（3）通过法律途径解决。

根据《劳动法》和国务院《劳动保障监察条例》等规定，用人单位不得克扣或无故拖欠劳动者工资。用人单位克扣或无故拖欠劳动者工资的，由劳动保障行政部门责令支付劳动者的工资报酬，逾期不支付的，责令用人单位按应付金额50%以上1倍以下的标准计算，向劳动者加付赔偿金。

如果务工人员遭遇用人单位的欠薪，应通过合法手段来讨要欠薪，不要以跳楼、堵路等过激行为威胁用人单位，否则一时冲动可能危害生命，还有可能因触犯刑律被追究责任。在用人单位拖欠工资的情况下，可以先与用人单位协商，如果协商无效解决，则可以通过下列法律途径来加以解决：

1）向当地劳动保障监察机构举报投诉。

2）向当地劳动争议仲裁委员会申请仲裁，需要注意的是，要在劳动争议发生之日起60日内向劳动争议仲裁委员会提出书面申请。

3）通过法律诉讼途径解决。此处主要可以分为以下三种情况：

① 劳动纠纷案件仲裁后一方不服的，可以向法院提出诉讼。

② 经仲裁后不服从，劳动仲裁裁决生效后，用人单位不执行的，可申请法院强制执行。

③ 属于劳务欠款类的可直接向法院提起民事诉讼。

6.4 工伤事故善后处理工作

6.4.1 工伤及工伤的认定

1. 工伤

当前国际上比较规范的"工伤"定义主要包括两个方面的内容：即由工作引起并在工作过程中发生的事故伤害和职业病伤害。

职业病是指企业、事业单位和个体经济组织的劳动者在职业活动中，因接触粉尘、放射性物质和其他有毒、有害物质等因素而引起的疾病。

2. 工伤的认定

（1）职工有下列情形之一的，应当认定为工伤：

1）在工作时间和工作场所内，因工作原因受到事故伤害的。

2）工作时间前后在工作场所内，从事与工作有关的预备性或者收尾性工作受到事故伤害的。

3）在工作时间和工作场所内，因履行工作职责受到暴力等意外伤害的。

4）患职业病的。

5）因工外出期间，由于工作原因受到伤害或者发生事故下落不明的。

6）在上下班途中，受到非本人主要责任的交通事故或者城市轨道交通、客运轮渡、火车事故伤害的。

7）法律、行政法规规定应当认定为工伤的其他情形。

（2）职工有下列情形之一的，视同工伤：

1）在工作时间和工作岗位，突发疾病死亡或者在48h之内经抢救无效死亡的。

2）在抢险救灾等维护国家利益、公共利益活动中受到伤害的。

3）职工原在军队服役，因战、因公负伤致残，已取得革命伤残军人证，到用人单位后旧伤复发的。

其中，职工有第1）、2）项项情形的，应享受工伤保险待遇；职工有第3）项情形的，应享受除一次性伤残补助金以外的工伤保险待遇。

（3）职工符合（1）、（2）项的规定，但是存在下列情形之一者，不得认定为工伤或者视同工伤：

1）故意犯罪的。

2）醉酒或者吸毒的。

3）自残或者自杀的。

6.4.2 工伤或伤亡职工的治疗与抚恤

1. 医疗费

（1）职工治疗工伤应当在签订服务协议的医疗机构就医，情况紧急时可以先到就近的医疗机构急救。

（2）治疗工伤所需费用符合工伤保险诊疗项目目录、工伤保险药品目录以及工伤保险住院服务标准的，从工伤保险基金支付。

（3）工伤职工治疗非工伤引发的疾病，则不能够享受工伤医疗待遇，按照基本医疗保险办法处理。

（4）住院伙食补助费由所在单位按照本单位因公出差伙食补助标准的70％发给住院伙食补助费。经医疗机构出具证明，报经办机构同意，工伤职工到统筹地区以外就医的，所需交通、食宿费用由所在单位按照本单位职工因公出差标准报销。

2．误工费（停工留薪期待遇）

（1）职工因工作遭受事故伤害或者患职业病需要暂停工作接受工伤医疗的，停工留薪期内，其原工资福利待遇不变，由原单位按月支付。

（2）停工留薪期通常不超过12个月。伤情严重或者特殊，经设区的市级劳动能力鉴定委员会确认，方可适当延长，然而，延长期限不得超过12个月。

（3）工伤职工在停工留薪期满后仍需治疗的，继续享受工伤医疗待遇。

3．护理费

（1）生活不能自理的工伤职工在停工留薪期需要护理的，由所在单位负责。

（2）工伤职工已经评定伤残等级并经劳动能力鉴定委员会确认需要生活护理的，从工伤保险基金按月支付生活护理费。生活护理费按照生活完全不能自理、生活大部分不能自理或者生活部分不能自理三个不同等级支付，其标准分别为统筹地区上年度职工月平均工资的50％、40％或者30％。各地规定不一。

4．职工因工致残享受的待遇

职工由于工伤致残，应享受的待遇见表6-26。

职工因工致残享受的待遇　　　　　　　　　　　　　表6-26

序号	伤残情况	应享受的待遇
1	职工因工致残被鉴定为一级至四级伤残的，保留劳动关系，退出工作岗位	（1）从工伤保险基金按伤残等级支付一次性伤残补助金，标准为：一级伤残为24个月的本人工资，二级伤残为22个月的本人工资，三级伤残为20个月的本人工资，四级伤残为18个月的本人工资。 （2）从工伤保险基金按月支付伤残津贴，标准为：一级伤残为本人工资的90％，二级伤残为本人工资的85％，三级伤残为本人工资的80％，四级伤残为本人工资的75％。伤残津贴实际金额低于当地最低工资标准的，由工伤保险基金补足差额。 （3）工伤职工达到退休年龄并办理退休手续后，停发伤残津贴，享受基本养老保险待遇。基本养老保险待遇低于伤残津贴的，由工伤保险基金补足差额。 职工因工致残被鉴定为一级至四级伤残的，由用人单位和职工个人以伤残津贴为基数，缴纳基本医疗保险费
2	职工因工致残被鉴定为五级、六级伤残	（1）从工伤保险基金按伤残等级支付一次性伤残补助金，标准为：五级伤残为16个月的本人工资，六级伤残为14个月的本人工资。 （2）保留与用人单位的劳动关系，由用人单位安排适当工作。难以安排工作的，由用人单位按月发给伤残津贴，标准为：五级伤残为本人工资的70％，六级伤残为本人工资的60％，并由用人单位按照规定为其缴纳应缴纳的各项社会保险费。伤残津贴实际金额低于当地最低工资标准的，由用人单位补足差额。 经职工本人提出，可以与用人单位解除或终止劳动关系，由用人单位分别以其解除或终止劳动关系时的统筹地区上年度职工月平均工资为基数，支付本人20个月、18个月的一次性工伤医疗补助金和35个月、30个月的一次性伤残就业补助金

续表

序号	伤残情况	应享受的待遇
3	职工因工致残被鉴定为七级至十级伤残	(1) 从工伤保险基金按伤残等级支付一次性伤残补助金，标准为：七级伤残为12个月的本人工资，八级伤残为10个月的本人工资，九级伤残为8个月的本人工资，十级伤残为6个月的本人工资。 (2) 劳动合同期满终止，或者职工本人提出解除劳动合同的，由用人单位分别按其解除或终止劳动合同时的统筹地区上年度职工月平均工资为基数，支付本人一次性工伤医疗补助金和一次性伤残就业补助金。一次性工伤医疗补助金的具体标准为：7级16个月，8级14个月，9级12个月，10级10个月；一次性伤残就业补助金的具体标准为：7级25个月，8级20个月，9级15个月，10级10个月

职工被确诊为职业病的，一次性工伤医疗补助金在上述标准基础上加发50%。

工伤职工距法定退休年龄5年以上的，一次性工伤医疗补助金和一次性伤残就业补助金全额支付；距法定退休年龄不足5年的，每减少1年一次性伤残就业补助金递减20%。距法定退休年龄不足1年的按一次性伤残就业补助金全额的10%支付；达到法定退休年龄的，不支付一次性工伤医疗补助金。

5. 因工死亡赔偿

职工因工死亡，其直系亲属按照下列规定从工伤保险基金领取丧葬补助金、供养亲属抚恤金以及一次性工亡补助金。

从2011年1月1日起，安全生产事故中一次性死亡补偿金标准，按上一年度全国城镇居民人均可支配收入的20倍计算。新标准实行后，在生产安全事故中死亡的职工家属最高能获得60万元补偿金，提高近两倍。

6. 非法用工伤亡赔偿

非法用工所致工伤应享受的赔偿见表6-27。

非法用工伤亡赔偿 表6-27

序号	应享受的赔偿
1	一次性赔偿包括受到事故伤害或患职业病的职工或童工在治疗期间的费用和一次性赔偿金，一次性赔偿金数额应当在受到事故伤害或患职业病的职工或童工死亡或者经劳动能力鉴定后确定
2	劳动能力鉴定按属地原则由单位所在地设区的市级劳动能力鉴定委员会办理。劳动能力鉴定费用由伤亡职工或者童工所在单位支付
3	职工或童工受到事故伤害或患职业病，在劳动能力鉴定之前进行治疗期间的生活费、医疗费、护理费、住院期间的伙食补助费及所需的交通费等费用，按照《工伤保险条例》规定的标准和范围，全部由伤残职工或童工所在单位支付
4	伤残的一次性赔偿金按以下标准支付： (1) 一级伤残的为赔偿基数的16倍； (2) 二级伤残的为赔偿基数的14倍； (3) 三级伤残的为赔偿基数的12倍； (4) 四级伤残的为赔偿基数的10倍； (5) 五级伤残的为赔偿基数的8倍； (6) 六级伤残的为赔偿基数的6倍； (7) 七级伤残的为赔偿基数的4倍； (8) 八级伤残的为赔偿基数的3倍； (9) 九级伤残的为赔偿基数的2倍； (10) 十级伤残的为赔偿基数的1倍

续表

序号	应享受的赔偿
5	死亡受到事故伤害或患职业病造成死亡的,按赔偿基数的10倍支付一次性赔偿金
6	赔偿基数,是指单位所在地工伤保险统筹地区上年度职工年平均工资

7. 其他情形

(1) 伤残津贴、供养亲属抚恤金以及生活护理费由统筹地区劳动保障行政部门根据职工平均工资和生活费用变化等情况适时调整。调整办法由省、自治区、直辖市人民政府规定。

(2) 职工因工外出期间发生事故或者在抢险救灾中下落不明的,从事故发生当月起3个月内照发工资,从第4个月起停发工资,由工伤保险基金向其供养亲属按月支付供养亲属抚恤金。生活有困难的,可以预支一次性工亡补助金的50%。职工被人民法院宣告死亡的,按照《工伤保险条例》第39条职工因工死亡的规定处理。

(3) 工伤职工具有下列情形之一者,将停止享受工伤保险待遇:
1) 丧失享受待遇条件的。
2) 拒不接受劳动能力鉴定的。
3) 拒绝治疗的。
4) 被判刑正在收监执行的。

(4) 用人单位分立、合并以及转让的,承继单位应当承担原用人单位的工伤保险责任;原用人单位已经参加工伤保险的,承继单位应当到当地经办机构办理工伤保险变更登记。

(5) 用人单位实行承包经营的,工伤保险责任由职工劳动关系所在单位承担。

(6) 职工被借调期间受到工伤事故伤害的,由原用人单位承担工伤保险责任,但原用人单位与借调单位可以约定补偿办法。

(7) 职工再次发生工伤,根据规定应当享受伤残津贴的,按照新认定的伤残等级享受伤残津贴待遇。

(8) 企业破产的,在破产清算时优先拨付依法应由单位支付的工伤保险待遇费用。

(9) 职工被派遣出境工作,依据前往国家或者地区的法律应当参加当地工伤保险的,参加当地工伤保险的,其国内工伤保险关系中止;不能参加当地工伤保险的,其国内工伤保险关系不中止。

(10) 本人工资是指工伤职工因工作遭受事故伤害或者患职业病前12个月平均月缴费工资。本人工资高于统筹地区职工平均工资300%的,按照统筹地区职工平均工资的300%计算;本人工资低于统筹地区职工平均工资60%的,按照统筹地区职工平均工资的60%计算。

6.4.3 工伤及伤亡保险事项的处理

工伤及伤亡保险事项的处理程序见表6-28。

6 劳动纠纷处理

工伤及伤亡保险事项的处理程序 表6-28

序号	程序名称	内容
1	工伤认定申请主体	(1) 用人单位申请工伤认定：当职工发生事故伤害或者按照职业病防治法规定被诊断、鉴定为职业病的场合，用人单位应当依法申请工伤认定，此系其法定义务。 (2) 受伤害职工或者其直系亲属、工会组织申请工伤认定：在用人单位未在规定的期限内提出工伤认定申请的场合，受伤害职工或者其直系亲属、工会组织可直接依法申请工伤认定。据此，此种申请必须满足一个前提条件，那就是用人单位未在规定的期限内提出工伤认定申请。而非职工一发生事故伤害或者一按职业病防治法规定被诊断、鉴定为职业病时就可以由受伤害职工或者其直系亲属、工会组织直接申请工伤认定。此种场合的直接申请工伤认定就受伤害职工或者其直系亲属来说，是其民事权利而非义务。同时，法律授权工会组织也享有工伤认定申请权，以维护受伤害职工的合法权益
2	工伤认定管辖	(1) 劳动保障行政部门。具体地说，应当向统筹地区劳动保障行政部门提出工伤认定申请。 (2) 依规定应向省级劳动保障行政部门提出工伤认定申请的，根据属地原则应向用人单位所在地设区的市级劳动保障行政部门提出
3	工伤认定申请时限	(1) 用人单位申请工伤认定时限：30日，自事故伤害发生之日或者被诊断、鉴定为职业病之日起算。遇有特殊情况，经报劳动保障行政部门同意，申请时限可以适当延长。至于何为"特殊情况"及何为"适当延长"由劳动保障行政部门酌情认定、决断。上述期间内，用人单位未申请工伤认定的，受伤害职工或者其直系亲属、工会组织申请工伤认定始得直接申请工伤认定。 (2) 受伤害职工或者其直系亲属、工会组织申请工伤认定时限：1年，自事故伤害发生之日或者被诊断、鉴定为职业病之日起算
4	工伤认定材料提交	(1) 填写由劳动保障部统一制定的《工伤认定申请表》。 (2) 劳动合同文本复印件或其他建立劳动关系的有效证明。 (3) 医疗机构出具的受伤后诊断证明书或者职业病诊断证明书（或者职业病诊断鉴定书）。 申请人提供材料不完整的，劳动保障行政部门应当当场或者在15个工作日内以书面形式一次性告知工伤认定申请人需要补正的全部材料
5	受理或不予受理	(1) 受理条件： 1) 申请材料完整； 2) 属于劳动保障行政部门管辖； 3) 受理时效尚未经过； 4) 申请主体合格。 上述四个条件须同时满足，否则，申请将不会被受理。劳动保障部门受理的，应当书面告知申请人并说明理由 (2) 不予受理：应当书面告知申请人并说明理由
6	证据的调查核实	(1) 劳动保障部门根据需要可以对提供的证据进行调查核实； (2) 劳动保障部门调查核实，应由两名以上人员共同进行，并出示执行公务的证件； (3) 调查核实时，依法行使职权并履行法定保密义务； (4) 根据工作需要，委托其他统筹地区的劳动保障行政部门或相关部门进行调查核实

6.4 工伤事故善后处理工作

续表

序号	程序名称	内　　容
7	举证责任	（1）原则上，适用谁主张，谁举证。否则，承担举证不能的不利后果； （2）职工或者其直系亲属认为是工伤，用人单位不认为是工伤的情况下，由该用人单位承担举证责任。用人单位拒不举证的，劳动保障行政部门可以根据受伤害职工提供的证据依法做出工伤认定结论
8	工伤认定决定	（1）认定决定包括工伤或视同工伤的认定决定和不属于工伤或不视同工伤的认定决定； （2）劳动保障行政部门应当自受理工伤认定申请之日起 60 日内作出工伤认定决定； （3）工伤认定决定应当依法载明必记事项； （4）工伤认定决定应加盖劳动保障行政部门工伤认定专用印章
9	送达与抄送	（1）劳动保障行政部门应当自工伤认定决定做出之日起 20 个工作日内，将工伤认定决定送达工伤认定申请人以及受伤害职工（或其直系亲属）和用人单位，并抄送社会保险经办机构； （2）工伤认定法律文书的送达按照《民事诉讼法》有关送达的规定执行
10	复议或诉讼	职工或者其直系亲属、用人单位对不予受理决定不服或者对工伤认定决定不服的，可以依法申请行政复议或者提起行政诉讼

7 劳务资料管理

7.1 劳务资料的收集与整理

7.1.1 劳务管理资料的种类与内容

1. 总承包公司管理资料和基本内容

总承包公司管理资料和基本内容见表 7-1。

总承包公司管理资料和基本内容 表 7-1

序号	资料的种类	内容
1	劳务分包合同	(1) 劳务分包合同应当由双方企业法定代表人或授权委托人签字并加盖企业公章，不得使用分公司、项目经理部印章； (2) 劳务分包合同不得包括大型机械、周转性材料租赁和主要材料采购内容； (3) 发包人、承包人约定劳务分包合同价款计算方式时，不得采用"暂估价"方式约定合同总价
2	中标通知书和新队伍引进考核表	项目部劳务员必须按照下述规定，保存好中标通知书和新队伍引进考核表备查： (1) 单项工程劳务合同估算价 50 万以上的须进行招投标选择队伍； (2) 新劳务企业、作业队伍引进须进行项目推荐、公司考察、综合评价和建筑集团公司审批手续
3	劳务费结算台账和支付凭证	劳务费结算台账和支付凭证是反映总承包方是否按规定及时结算和支付分包方劳务费的依据，也是检查劳务分包企业劳务作业人员能否按时发放工资的依据。 发包人、承包人就同一劳务作业内容另行订立的劳务分包合同与经备案的劳务分包合同实质性内容不一致的，应当以备案的劳务分包合同作为结算劳务分包合同价款的依据
4	人员增减台账	项目部劳务管理人员根据劳务分包企业现场实际人员变动情况登记造册，是保证进入现场分包人员接受安全教育、持证上岗、合法用工的基础管理工作，必须每日完成人员动态管理，建安总承包施工企业、项目经理部应当按照"八统一"标准做好施工人员实名管理
5	农民工夜校资料	总承包单位必须建立"农民工夜校"，将农民工教育培训工作纳入企业教育管理体系，其管理资料有： (1) "农民工夜校"组织机构及人员名单； (2) "农民工夜校"管理制度； (3) 农民工教育师资队伍名录及证书、证明； (4) "农民工夜校"培训记录

7.1 劳务资料的收集与整理

续表

序号	资料的种类	内 容
6	日常检查记录	(1) 项目部劳务员对分包方进场人员日常检查记录,是判定分包方该项目实际使用人员与非实际使用人员的重要资料; (2) 各项目经理部日常用工检查制度和劳务例会记录
7	劳务作业队伍考评表	(1)《劳务作业队伍考评表》; (2) 对作业队伍相关月度检查、季度考核、年度评价、分级评价的相关资料及报表
8	突发事件应急预案	(1) 项目部突发事件应急预案; (2) 定期检测、评估、监控及相应措施的资料记录
9	建筑集团公司和本公司管理文件汇编	—
10	劳务员岗位证书	—
11	行业和企业对劳务企业和施工作业队的综合评价资料	—

2. 分包企业管理资料和基本内容

分包企业管理资料和基本内容见表 7-2。

分包企业管理资料和基本内容　　　　　　　　　表 7-2

序号	资料的种类	内 容
1	劳务作业人员花名册和身份证明	(1) 劳务分包企业提供的进入施工现场人员花名册,是总承包单位掌控进场作业人员自然情况的重要材料。花名册必须包含姓名、籍贯、年龄、身份证号码、岗位证书编号、工种等重要信息。花名册也是总承包方在处理分包方劳务纠纷时识别是否参与发包工程施工作业的依据。因此,劳务员必须将劳务分包企业人员花名册和身份证明作为重要文件收集保管; (2) 劳务分包企业提供的进入施工现场人员花名册,必须由劳务分包企业审核盖章,必须由劳务分包企业所属省建管处审核盖章,必须由当地建设主管部门审核盖章,必须与现场作业人员实名相符; (3)《中华人民共和国劳动合同法》第七条规定:"用人单位自用工之日起即与劳动者建立劳动关系。"用人单位应当建立职工名册备查
2	劳务作业人员劳动合同	—
3	劳务作业人员工资表和考勤表	(1) 劳务作业人员工资表和考勤表,是劳务分包企业进场作业人员实际发生作业行为工资分配的证明,也是总承包单位协助劳务分包企业处理劳务纠纷的依据。因此,劳务作业人员工资表和考勤表应该作为劳务管理重要资料存档备查; (2) 建筑施工企业应当对劳动者出勤情况进行记录,作为发放工资的依据,并按照工资支付周期编制工资支付表,不得伪造、变造、隐匿、销毁出勤记录和工资支付表

7 劳务资料管理

续表

序号	资料的种类	内 容
4	施工作业人员岗位技能证书	—
5	施工队长备案手册	劳务企业在承揽劳务分包工程时，应当向劳务发包企业提供《建筑业企业档案管理手册》（以下简称《手册》），《手册》中应当包括拟承担该劳务分包工程施工队长的有关信息。劳务企业也可自愿到建设行政主管部门领取《建筑业企业劳务施工队长证书》。劳务发包企业不得允许《手册》中未记录的劳务企业施工队长进场施工
6	劳务分包合同及劳务作业人员备案证明	（1）劳务分包合同备案证和劳务作业人员备案证是建设行政主管部门和总承包企业对总承包单位发包分包工程及进场作业人员的管理证明，凡是未办理合同备案和人员备案的分包工程及人员，均属违法分包和非法用工； （2）发包人应当在劳务分包合同订立后7日内，到建设行政主管部门办理劳务分包合同及在京施工人员备案
7	劳务员岗位证书	劳务员岗位证书是总承包单位和劳务分包企业施工现场劳务管理岗位人员经培训上岗从事劳务管理工作的证明。各项目部必须按照建设行政主管部门和总承包企业要求设置专兼职劳务员，经培训持证上岗
8	行业和企业对劳务企业和施工作业队的信用评价资料	（1）建筑行业劳务企业施工作业队信用评价等级名录； （2）行业协会颁发的《建筑业施工作业队信用等级证书》

7.1.2 劳务资料管理

劳务资料的管理，应建立《工程资料管理》、《总包单位管理》、《劳务分包单位管理》、《劳务人员管理》以及《劳务人员工资管理》五个档案盒。

1. 工程资料管理

工程资料管理档案盒内目录与具体内容要求，见表7-3。

工程资料管理　　　　表7-3

序号	档案盒内目录	具体内容要求
1	工程团体人身伤害保险	从安全报监中复印存档
2	上级主管部门及公司例行检查记录及整改措施	公司月检及季度评分资料、上级主管部门检查资料及整改回执，存档备查
3	项目部对分包方例行检查记录及整改措施	项目周检中应包含劳务检查内容，将周检资料存档
4	项目劳务月报	报公司的劳务月报

2. 总包单位管理

总包单位管理档案盒内目录与具体内容要求，见表7-4。

7.1 劳务资料的收集与整理

总包单位管理　　　　　　　　　　　　　　　　　　　　　表 7-4

序号	档案盒内目录	具体内容要求
1	总包单位管理	存放总包单位的资质等整套资料（包括总包企业营业执照、税务登记证、资质证书、安全生产许可证、外地企业信用登记证，每证加盖公章）及总包合同
2	现场管理人员花名册	现场实际管理人员花名册
3	现场管理人员上岗证	现场实际管理人员上岗证
4	现场管理人员劳动合同、社保	现场实际管理人员的劳动合同及社保（加盖公章）（人力资源）
5	现场管理人员身份证复印件	现场实际管理人员身份证复印件（人力资源）
6	现场管理人员考勤	现场实际管理人员考勤
7	其他	分包款拨付证明等

3. 劳务分包单位管理

劳务分包单位管理档案盒内目录与具体内容要求，见表 7-5。

劳务分包单位管理　　　　　　　　　　　　　　　　　　　表 7-5

序号	档案盒内目录	具体内容要求
1	劳务分包登记表、劳务分包公示牌	劳务分包登记表为监理单位对劳务分包单位的认可证明，此表须加盖劳务单位、总包单位、监理或甲方公章，劳务分包公示牌，应有监理单位填写，内容工整齐全
2	劳务分包单位资料	存放分包单位的资质等整套资料包括分包企业营业执照、税务登记证、资质证书、安全生产许可证、法人证明书（法人授权委托书）、外地企业信用登记证，每证加盖公章及劳务分包合同
3	劳务分包管理人员管理	分包管理人员花名册
		身份证复印件存档
		劳动合同——劳务公司与管理人员签订的合同（应有劳务公司法人签字），劳动合同加盖劳务公司公章
		社保——劳务公司为其管理人员所投社保证明复印件加盖公章存档
		管理人员岗位证书原件、复印件盖公章存档
		劳务工长证书原件存档，数量不足应及时办理

4. 劳务人员管理

劳务人员管理档案盒内目录与具体内容要求，见表 7-6。

劳务人员管理　　　　　　　　　　　　　　　　　　　　　表 7-6

序号	档案盒内目录	具体内容要求
1	劳务人员花名册登记	劳务人员花名册登记表
2	劳动合同、身份证	劳动合同须100%签订一式三份（分包单位须盖公章、委托代理人签字，农民工签字摁手印），身份证复印件存档
3	持证上岗管理、考勤记录管理	上岗证办理（100%办理），考勤表格
4	宿舍信息卡	宿舍信息卡（标准化示范工地）

5. 劳务人员工资管理

劳务人员工资管理档案盒内目录与具体内容要求，见表7-7。

劳务人员工资管理　　　　　　　　　表7-7

序号	档案盒内目录	具体内容要求
1	农民工工资管理制度	发放制度、监控制度、应急预案（建立公司级及项目部级）
2	总、分包企业及项目部清欠机构电话公示	应将总、分包企业及项目部清欠机构电话进行公示
3	月度农民工工资结算	月度农民工工资结算
4	工资发放表	工资发放表（工资发放表须附"银行返盘文件"）
5	个人工资台账	个人工资台账
6	退场工资结算	退场工资结算
7	农民工工资公示	公示加盖劳务公司公章的"银行返盘文件"；无返盘文件，公示工资发放表

7.2 劳务资料档案编制

7.2.1 劳务管理资料档案编制要求

劳务管理资料档案的编制要求见表7-8。

劳务管理资料档案编制要求　　　　　　　　　表7-8

序号	编制要求
1	劳务资料必须真实准确，与实际情况相符。资料尽量使用原件，为复印件时需注明原件存在位置
2	劳务资料要保证字迹清晰、图样清晰、表格整洁，签字盖章手续完备。要印版的资料，签名栏须手签。照片采用照片档案相册管理，要求图像清晰，文字说明准确
3	归档的资料要求配有档案目录，档案资料必须真实、有效、完整
4	按照"一案一卷"的档案资料管理原则进行规范整理，按照形成规律和特点，区别不同价值，便于保管和利用

7.2.2 劳务管理资料档案保管

劳务管理资料档案的保管要求见表7-9。

7.2 劳务资料档案编制

劳务管理资料档案的保管要求　　　　表 7-9

序号	保 管 要 求
1	劳务管理资料档案最低保存年限：合同协议类 8 年，文件记录类 8 年，劳务费发放类 8 年，统计报表类 5 年
2	档案柜架摆放要科学和便于查找。要定期进行档案的清理核对工作，做到账物相符，对破损或变质的档案要及时进行修补和复制
3	要定期对保管期限已满的档案进行鉴定，准确地判定档案的存毁。档案的鉴定工作，应在档案分管负责人的领导下，由相关业务人员组成鉴定小组，对确无保存价值的档案提出销毁意见，进行登记造册，经主管领导审批后销毁
4	档案管理人员要认真做好劳务档案的归档工作。劳务档案现代化管理应与企业信息化建设同步发展，列入办公自动化系统并同步进行，不断提高档案管理水平
5	档案资料应使用统一规格的文件盒、文件夹进行管理保存

参 考 文 献

[1] 国家标准.《建筑与市政工程施工现场专业人员职业标准》(JGJ/T 250—2011)[S]. 中国建筑工业出版社，2012.
[2] 侯增艳. 人力资源服务机构管理及劳务派遣用工现状研究[M]. 北京：中国人事出版社，2013.
[3] 魏文静. 人力资源管理实用必备全书[M]. 北京：经济科学出版社，2012.
[4] 詹德强. 最新劳动争议处理实务指引[M]. 北京：中国法制出版社，2012.
[5] 黄淑森，程建伟. 建筑施工组织与项目管理[M]. 北京：机械工业出版社，2012.